权威·前沿·原创

皮书系列为
"十二五""十三五"国家重点图书出版规划项目

欧洲移民蓝皮书
BLUE BOOK OF EUROPEAN MIGRATION

欧洲移民发展报告（2018）

ANNUAL REPORT ON THE DEVELOPMENT OF EUROPEAN MIGRATION (2018)

难民危机与管理

Refugee Crisis and Management

主　编／毛国民
副主编／刘齐生

社会科学文献出版社
SOCIAL SCIENCES ACADEMIC PRESS (CHINA)

图书在版编目(CIP)数据

欧洲移民发展报告:难民危机与管理.2018/毛国民主编.--北京:社会科学文献出版社,2018.5
(欧洲移民蓝皮书)
ISBN 978-7-5201-2675-5

Ⅰ.①欧… Ⅱ.①毛… Ⅲ.①移民-研究报告-欧洲-2018 Ⅳ.①D750.38

中国版本图书馆CIP数据核字(2018)第092138号

欧洲移民蓝皮书
欧洲移民发展报告(2018)
——难民危机与管理

主　　编／毛国民
副 主 编／刘齐生

出 版 人／谢寿光
项目统筹／邓泳红　陈晴钰
责任编辑／陈晴钰

出　　版／社会科学文献出版社·皮书出版分社(010)59367127
　　　　　地址:北京市北三环中路甲29号院华龙大厦　邮编:100029
　　　　　网址:www.ssap.com.cn
发　　行／市场营销中心(010)59367081　59367018
印　　装／三河市龙林印务有限公司

规　　格／开　本:787mm×1092mm　1/16
　　　　　印　张:16.5　字　数:247千字
版　　次／2018年5月第1版　2018年5月第1次印刷
书　　号／ISBN 978-7-5201-2675-5
定　　价／89.00元

皮书序列号／PSN B-2018-714-1/1

本书如有印装质量问题,请与读者服务中心(010-59367028)联系

版权所有 翻印必究

《欧洲移民发展报告（2018）》编委会

主　　　编　毛国民

副 主 编　刘齐生

学 术 顾 问　沈雁南

编委会成员　（按姓氏笔画排序）

　　　　　　　万晓宏　毛国民　刘齐生　刘春燕　阳爱民
　　　　　　　张建武　陈彦辉　陈晓毅　罗贻乐　柳玉臻
　　　　　　　黄心怡　程永林　臧　宇
　　　　　　　Alessandra Venturini　Dominique Vidal

主要编撰者简介

毛国民 安徽人,博士、教授、硕士生导师。现任广东外语外贸大学政治与公共管理学院副院长,兼任国际移民研究中心(广东外语外贸大学与广东省民族宗教研究院合作成立)主任、广东省社会管理研究会常务理事等学术职务。曾主持国家社会科学规划项目"契约与关系互补的乡村治理"、教育部社会科学规划项目"外籍人聚集区治理模式创新研究——以广州古代蕃坊和当代外籍人聚集区管理经验为例"等多项省部级以上课题,撰写多部国际移民领域的相关著作,公开发表文章26篇。

刘齐生 新疆人,博士、教授、博士生导师。现任广东外语外贸大学西方语言文化学院副院长,教育部高等学校教学指导委员会德语分委会委员,《德语人文研究》杂志编委会成员。曾主持教育部区域与国别研究项目"欧洲移民政策研究",省级项目"跨文化企业交际——德资在华企业中的文化冲突"和市厅级项目"欧洲拉美国家涉华舆情研究",在语言学研究领域著书多部,出版教材、译著等,并指导硕士和博士研究。

序　言

2016年6月，中国成为国际移民组织正式成员国，这标志着中国进入新的移民管理时代。在当代，随着经济实力的增强和国际形象的提升，中国已经成为有吸引力的移民目的国。如何管理外国人，保证其有序流动和社会融合，成为中国移民管理的重大课题。在全球化时代，中国移民管理既要挖掘我国的传统智慧，又要学习世界各国经验；既要结合中国的当代国情，又要综合考虑国际形势。

难民研究是国际移民研究的重要分支，是当代欧洲的热点话题。欧洲各国难民管理经验不同，这反映出难民接纳不仅有人道主义考虑，更涉及国家主权和国家利益的维护。研究欧洲的移民和难民管理，可以帮助中国更好地了解欧洲和世界各地的人口流动，并对中国当代和未来的移民和难民管理提供借鉴。更为重要的是，可以让我们站在"人类命运共同体"的高度促进全球治理变革。

广东外语外贸大学是一所具有鲜明国际化特色的高水平大学，是华南地区外国语言文化、对外经济贸易、国际战略研究的重要基地。2016年12月，广东外语外贸大学与广东省民族宗教研究院合作成立了国际移民研究中心。2017年1月，广东外语外贸大学设立了"欧洲移民危机管理研究团队"，并整合本校专家资源，同时邀请国内外专家参与，广东外语外贸大学与社会科学文献出版社合作，组织编写和出版"欧洲移民蓝皮书"系列，并首辑出版《欧洲移民发展报告（2018）》。

在此我代表广东外语外贸大学，祝贺《欧洲移民发展报告（2018）》的出版，并向全体编委和作者表示感谢，他们用智慧、热忱和努力贡献了高质量的学术成果，丰富了我们对欧洲和国际移民的认识。希望本蓝皮书能够为中国政府部门和社会各界提供有价值的参考。

隋广军

广东外语外贸大学党委书记、校长

摘 要

《欧洲移民发展报告（2018）》是国内首本以欧洲为研究区域的国际移民蓝皮书，由广东外语外贸大学国际移民研究中心（广东外语外贸大学与广东省民族宗教研究院）与广东外语外贸大学"欧洲移民危机管理研究团队"编写完成。除来自广东外语外贸大学的专家以外，本书还邀请了来自中国社会科学院欧洲研究所以及法国和意大利高校的专家参与写作。

2015年，数百万来自中东、北非和西亚的难民涌入欧洲，使欧洲面临第二次世界大战后"最严重的难民危机"。2016~2017年，虽然难民规模总体呈现缩减趋势，但难民构成发生了显著变化，是否接收难民和如何促进难民融入，持续考验着欧盟和欧洲各国的移民和难民管理体系，并对欧盟一体化和欧洲各国政治、经济、社会、文化和外交的影响不断加剧。欧洲难民管理理念和经验显示出国际人道主义原则与国家利益之间的矛盾，能否形成切实有效的欧盟与难民来源国之间的合作成为难民危机解决的症结。

本书主题为欧洲难民与移民管理，分为主题报告、专题报告、国别与区域研究、附录四部分。主题报告侧重分析2016~2017年移民（难民）形势的发展状况及其特点，并综合考察和分析了欧盟和欧洲各国的难民管理经验，及难民危机对欧洲政治生态和欧盟成员国间关系的影响。专题报告分别从社会、经济、文化和外交等角度分析了移民和难民危机对欧洲的影响，特别是对社会安全、经济增长、媒体报道和外交合作的影响。国别与区域研究选择了德国、法国、意大利、瑞士、英国、波兰和北欧等国家和地区，具体介绍各国或地区的移民（难民）发展状况和

管理经验。本书一方面致力于把握欧洲移民(难民)危机的新发展,另一方面致力于更广泛地讨论欧洲各国在难民危机中的管理策略、经验和成效。

关键词: 难民 政治 欧洲 移民

目 录

Ⅰ 主题报告

B.1 难民危机冲击下的欧洲移民管理 …………………… 毛国民 / 001
B.2 难民危机后的欧盟国家政治生态 ……………………… 刘齐生 / 024
B.3 难民危机对欧盟和成员国间关系的影响分析
　　　　………………………………………… Dominique Vidal / 040

Ⅱ 专题报告

B.4 移民问题对欧洲社会的影响 …………………… 田德文　姜程淞 / 054
B.5 移民对欧洲社会经济的影响探析：经验与证据
　　　　………………………………………… 程永林　侯雅玲 / 072
B.6 媒体与欧洲移民/难民危机 ……………………………… 杜慧贞 / 086
B.7 意大利—利比亚移民管控合作的进展与局限
　　　　………………………………………… 臧　宇　熊　倩 / 106

Ⅲ 国别与区域研究

B.8 德国移民现状及政策分析 …………………………………… 林　璐 / 120

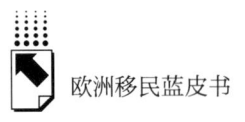

B.9　马克龙时代法国难民政策分析⋯⋯⋯⋯⋯⋯⋯⋯⋯⋯王　牧 / 134

B.10　意大利的庇护申请政策、成效与新进展

⋯⋯⋯⋯⋯⋯⋯⋯⋯⋯⋯⋯⋯Alessandra Venturini / 147

B.11　多元文化背景下的瑞士难民问题⋯⋯⋯⋯⋯⋯⋯刘　巍 / 162

B.12　移民危机冲击下的英国社会分裂和治理困境⋯⋯⋯刘春燕 / 176

B.13　北欧国家难民应对和管理：以瑞典为例⋯⋯⋯⋯⋯柳玉臻 / 192

B.14　当今欧盟内部的中东欧移民图景分析：以波兰为例⋯⋯张和轩 / 205

Ⅳ　附　录

B.15　统计数据⋯⋯⋯⋯⋯⋯⋯⋯⋯⋯⋯⋯⋯⋯⋯⋯⋯⋯⋯⋯ / 217

B.16　2017年欧洲移民大事记⋯⋯⋯⋯⋯⋯⋯⋯⋯⋯⋯赵　凯 / 221

Abstract⋯⋯⋯⋯⋯⋯⋯⋯⋯⋯⋯⋯⋯⋯⋯⋯⋯⋯⋯⋯⋯⋯⋯⋯ / 237

Contents⋯⋯⋯⋯⋯⋯⋯⋯⋯⋯⋯⋯⋯⋯⋯⋯⋯⋯⋯⋯⋯⋯⋯⋯ / 239

皮书数据库阅读 **使用指南**

主题报告
Keynote Reports

B.1
难民危机冲击下的欧洲移民管理

毛国民*

摘　要： 2016~2017年欧洲难民危机呈现新的变化和特点。虽然首次避难申请总量呈现下降趋势，但难民来源国和难民构成发生了明显变化，再加上避难申请累计严重，欧洲各国压力依然很大。难民治理策略和成效考验着欧盟政治、经济、社会、文化和外交，特别是政治平衡被动摇，经济冲击剧烈，价值观冲突明显，非传统安全问题凸显。难民危机管理上，欧盟总体用"推""拉"相结合策略限制和引导难民，各国应对难民危机的主要模式有共和同化模式、分化排斥模式和多元文化模式。当前，欧洲难民危机因各国政

---

* 毛国民，博士、教授、硕士生导师，广东外语外贸大学政治与公共管理学院副院长，兼任国际移民研究中心主任、广东省社会管理研究会常务理事。主要研究方向为政治社会学、国际移民。

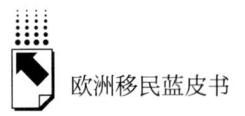

策的总体收紧而有所缓解，但隐患依然存在。难民危机引发了欧盟内部的分裂，显露出欧盟的合法性危机。在未来，欧盟及其成员国应加强内部合作及国际合作，帮助移民和难民来源国经济和社会发展，从根源上化解难民危机。

关键词： 难民危机　欧盟　移民　危机管理

2011年中东、北非变局后，特别是叙利亚连绵不断的战争，使大量难民通过正规或非正规途径进入欧洲寻求避难。2015年申请避难人数超过100万，成为欧洲在第二次世界大战后面临的"最严重的难民危机"。[①] 在这样的背景下，难民管理成为欧洲各国移民治理重点。2016～2017年，欧洲难民危机进一步发展，呈现新的变化和特点，难民治理策略和成效对欧盟和欧洲各国政治、经济、社会、文化和外交影响不断加剧。

一　欧洲难民危机发展状况及其特点

欧洲难民危机的形成有多种原因，但主要是因为中东、北非、西亚等地区的政治变局和社会动荡。到目前为止，这些地区仍没有趋于社会稳定的征兆，故而移民（难民）依然源源不断地离开本国和本地区。[②] 由于地缘、历史传统、经济发达、福利优厚等因素的吸引，欧洲成为移民（难民）跨境流动主要目的地。[③] 从欧洲统计局公布的最新申请避难数据看，2016～2017年欧洲移民（难民）危机发展呈现以下特点。

---

① Filio Kontrafouri, "Europe faces worst refugee crisis since WWII", CCTV. Com, http://english.cntv.cn/2015/12/19/VIDE1450500961212951.shtml.
② 黄平、周弘、江学时：《欧洲发展报告（2015～2016）》，社会科学文献出版社，2016年。
③ 宋全成：《欧洲难民危机：结构、成因及影响分析》，《德国研究》2015年第3期，第41～53页。

（一）从移民（难民）到达国看，难民首次避难申请数总体呈下降趋势的同时，有些国家不降反升

就首次避难申请总数来看，从欧盟以外国家和地区进入欧盟28个成员国（包括英国）和4个相关国家（冰岛、列支敦士登、挪威和瑞士）的难民总数在下降（见图1，详细国别数据见附录统计表1）。2015年欧盟28个国家接收的难民申请达到了顶峰，总计1322825人；2016年，难民申请总数年度下降4.68%，但也达到1260910人；2017年出现明显下降，全年共有649850人，下降48.5%。[1] 特别是匈牙利、奥地利、芬兰、瑞典、挪威等国家下降迅速，如匈牙利2015年首次避难申请人数为177135人，2016年为29430人，年度下降83.4%；2017年为3100人，下降89.5%。

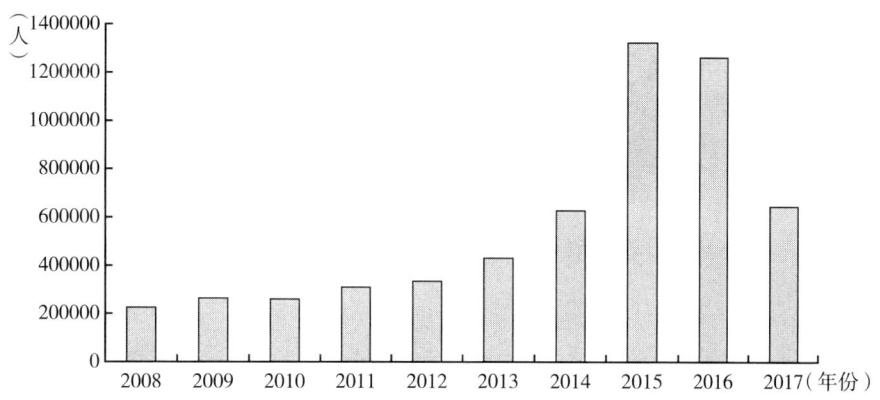

图1　欧盟（28国）接收首次避难申请数年度变化

资料来源：欧洲统计局，http://ec.europa.eu/eurostat/statistics-explained/index.php/Asylum_statistics。

在总量下降的同时，难民分布极不均匀，一些国家集中程度依然很高，如2016年、2017年德国、意大利、法国是申请避难人数最多的国家。其

---

[1] 欧洲统计局，http://ec.europa.eu/eurostat/statistics-explained/index.php/Asylum_statistics。

中，德国 2016 年和 2017 年度申请数分别为 745155 人、198255 人，分别占欧盟（28 国）的 59%、30.5%；如果计算德国、意大利和法国三个国家的申请总数，2016 年和 2017 年度分别占欧盟（28 国）的 76%、64%，已经占据了大部分。

相反，有一些国家虽然申请总数不大，但在欧洲总体难民申请呈下降趋势的时候在 2016 年和 2017 年不降反升，主要有希腊、西班牙、意大利、塞浦路斯、葡萄牙、罗马尼亚、斯洛文尼亚等国。例如，2016 年希腊难民申请总数为 51110 人，较 2015 年（13205 人）增长了 287%；2017 年有 57020 人，较 2015 年增长了 332%。

（二）从难民的来源国看，主要来源国未变，但西亚和非洲国家难民申请人数增加明显

从欧洲统计局最新数据看（见图 2，详细数据见附录统计数据表 2），当前欧洲难民主要来自叙利亚、阿富汗和伊拉克三个国家。其中，2016 年首次申请避难的叙利亚人数为 334865，占欧盟（28 国）首次申请避难人数的 27%；阿富汗人数为 182970，占欧盟（28 国）首次申请避难人数的 15%；伊拉克人数为 127095，占欧盟（28 国）首次申请避难人数的 10%。2017 年，首次申请避难的叙利亚人数为 105235，占欧盟（28 国）首次申请避难人数的 16%；阿富汗人数为 44960，占欧盟（28 国）首次申请避难人数的 6.9%；伊拉克人数为 48325，占欧盟（28 国）首次申请避难人数的 7.4%。从数据看，三个国家首次申请避难人数总和，2016 年占欧盟（28 国）首次申请避难人数的 51%；而 2017 年占欧盟（28 国）首次申请避难人数的 31%。

2016 年和 2017 年，欧洲难民主要来源国的人数基本持平。但是，有几个非主要来源国，如阿尔巴尼亚和乌克兰等国的难民人数却明显下降。例如，阿尔巴尼亚难民占欧盟（28 国）首次申请避难人数的比重，从 2015 年的 5% 下降到了 2016 年的 2% 和 2017 年的 3.4%，下降近一半。另外，来自西亚国家的难民数有明显增加，主要是伊朗、阿富汗和伊拉克等国。其中，

伊朗难民人数增加最为显著，从2015年的2.01%增长到2016年的3.28%和2017年的2.63%。非洲国家的难民数也有明显增加，特别是尼日利亚、几内亚、摩洛哥和科特迪瓦等国。其中，尼日利亚难民人数增加最为显著，自2015年的2%增长到2016年的3.79%和2017年的5.93%。

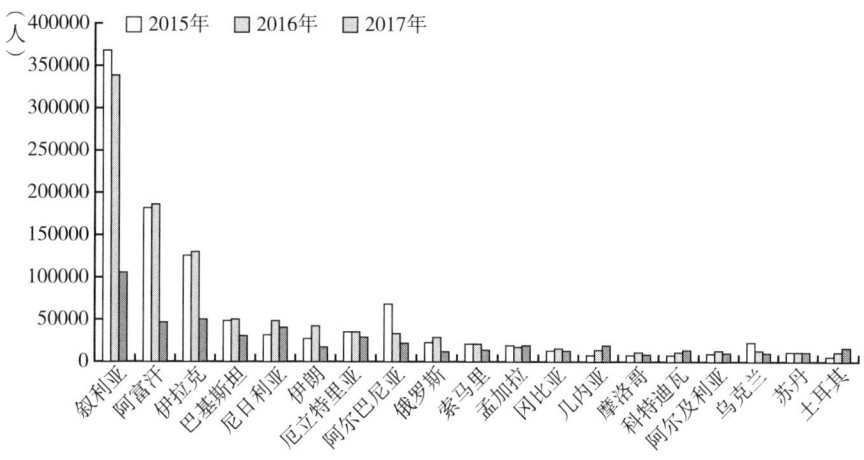

图2 欧洲难民的主要来源国变化

资料来源：根据欧洲统计局公布数据整理，http://ec.europa.eu/eurostat/statistics-explained/index.php/Asylum_statistics。

（三）从难民构成看，男性是女性的两倍；但2016年和2017年男性数量减少，妇女儿童数量增加

从欧洲统计局数据看（见表1，详细数据见附录统计数据表3），2016年男性人数为851400人，女性人数为405920人，总体上男性人数为女性人数的两倍以上。18~34岁是避难申请者中的最主要群体，约占总人数的53%；其次是小于14岁群体和35~64岁群体。与2015年相比，2016年和2017年，男性群体除小于14岁的年龄段外，各个年龄群体总量都有明显下降，其中14~17岁群体2016年减少了24025人，下降23%，2017年下降73%。2016年和2017年，女性各个年龄段的比例都有上升。其中14~17岁群体2016年减少了24025人，下降了23%，2017年下降52%。2016年

和2017年，女性多个年龄段的比例都有上升。其中，14～17岁群体2016年增加了1510人，女性比例为23.2%；2017年虽然数量上减少12425人，但女性在难民总数中的比例有所上升，为23.6%。特别明显的特点是：与2015年相比，2016年和2017年难民中的妇女、儿童（小于14岁）比例都有增加，其中儿童比例分别为23.2%和25.7%。

表1 2015～2017年难民申请者的性别和年龄比例变化

单位：%

年龄段	女性占各年龄段总数比例			儿童(14岁以下)比例		
	2015年	2016年	2017年	2015年	2016年	2017年
<14岁	45.2	46.9	47.9	19.4	23.2	25.7
14～17岁	17.9	23.2	23.6			
18～34岁	21.4	35.9	30.3			
35～64岁	32.5	37.2	44.3			
>65岁	53.2	36.3	63.1			
平均(岁)	27.8	37.5	36.9			

资料来源：根据欧洲统计局公布数据整理，http：//ec. europa. eu/eurostat/statistics – explained/index. php/Asylum_ statistics。

（四）从难民身份获得情况看，申请通过总量增加，但各国差异明显

2016年和2017年，避难申请初审决议的总量比2015年显著增加，分别增加879125人、512270人。总计难民认定、辅助性保护、公约难民及人道主义保护的数据，2015年欧盟28个成员国共批准了615020份避难申请，申请通过率占申请总量的68.32%。对比而言，2016年和2017年，获得难民身份批准的总量仍在增加，申请通过率分别为75.64%和62.59%。尽管申请成功率有提高，但考虑到累计案例处理的延迟效应，避难申请被拒者的累计规模也增长了很多（见表2，详细数据见统计数据表4）。从难民资格批准情况来看，2015年批准率最高的国家是保加利亚（95.07%）和马耳他（91.26%），而批准率最低的国家是匈牙利（25.73%）和拉脱维亚（21.62%）。2016年批

准率最高的国家是马耳他（90.67%）和斯洛伐克（90.32%），而批准率最低的国家是匈牙利（15.54%）、波兰（21.96%）和冰岛（29.92%）。2017年批准率最高的国家是列支敦士登（100%）和瑞士（94.76%），而批准率最低的国家是捷克共和国（23.81%）（见附录统计数据表4）。

表2 避难申请初审决议分类与总量

单位：人

分类	2015年	2016年	2017年
难民认定（Positive Decisions）	307510	672900	441990
辅助性保护（Subsidiary Protection）	55970	257915	157535
日内瓦公约难民（Geneva Convention Status）	229460	366485	221545
人道主义保护（Humanitarian Status）	22080	48505	62920
难民拒绝（Rejected）	285165	433505	528465
总计	900185	1779310	1412455

资料来源：根据欧洲统计局公布数据整理，http://appsso.eurostat.ec.europa.eu/nui/show.do?dataset=migr_asydcfstq&lang=en。

综上分析，我们对当前欧洲难民危机发展总体状况的判断是：2016年和2017年进入欧盟国家的难民总量下降，但少数成员国难民申请有增长；难民依然集中在德国、意大利和法国等几个主要国家。从难民的来源看，来自叙利亚的难民总量明显降低，但是来自西亚和非洲的难民数量在增加。从难民的构成看，儿童（0~14岁）和妇女的比例和总量都在增长。从难民身份的获得看，欧盟成员国加快了难民审批的速度，总体通过率有提高，同时避难申请被拒者的规模因累计也显著增长；另外，欧盟各国难民接收情况差异较大，南欧国家难民批准率高，而东欧国家的难民拒绝率高。

分析难民申请总量的降低和选择进入国家的变化，主要原因有三：一是欧盟和土耳其在2016年3月达成了解决难民危机协议①，在很大程度上阻

---

① 2016年3月，土耳其与欧盟就解决难民危机达成协议，难民更难通过土耳其穿越爱琴海偷渡到欧洲，黑海通道成为难民的新选择。土耳其海岸警卫队公布的数据显示，土方2017年以来在爱琴海和黑海共拦截了1.46万名难民，其中8月拦截2669人，比2016年同期增加1066人。

止了难民经非正规途径经过土耳其而进入欧洲的通道。二是欧盟各国普遍加强了边境管控,特别是意大利和利比亚的合作管控,也在一定程度上限制了难民经地中海进入欧洲的通道。三是难民在原有进入欧洲的通道被管控的同时,开辟了新的路线进入欧洲,特别是经过西班牙在非洲的"飞地"和西地中海等进入欧洲,因而进入希腊、西班牙的难民人数有显著增长。

随着欧盟各国难民管控和难民政策变化,避难申请者的来源国和构成也发生了相应的变化。除三个难民的主要来源国——叙利亚、阿富汗和伊拉克外,来自非洲国家,特别是来自尼日利亚、几内亚和摩洛哥的避难申请者显著增多。这种现象表明进入欧洲的避难申请者并非完全是为了逃避迫害,寻求经济机会的移民也夹杂在其中,流向欧盟的难民实际上是一种混合流动。另外,随着难民身份的认定加速,难民的家庭移民也开始加速,由于欧盟国家对人道主义理念的坚持,女性和儿童在难民申请者总体中的比例不断提高。

二 难民对欧洲政治、经济、社会、文化和外交的影响

难民危机从 2014 年初现端倪,到 2015 年彻底爆发,以不可阻挡之势席卷整个欧洲。危机一直延续到 2017 年,当下才有所缓解。目前,除意大利地中海沿岸依然受到难民和移民的冲击之外,欧盟其他成员国已经恢复常态,临时难民接收中心多已撤销,堆积如山的避难申请已减少。但是,这场难民危机给欧洲带来了重重影响。

(一)政治与外交:政治平衡被动摇,民粹主义抬头

从政治上看,英国脱欧、恐怖主义事件升级和欧洲民粹主义抬头都与该危机直接或间接相关。欧洲难民危机延续至今,除意大利地中海沿岸外,其他欧盟成员国难民进入数量有所减少。但是,此次危机对欧洲政治领域的深层影响并没有消退,矛盾也没有得到解决,对欧盟的发展仍然存在潜在威胁。

1. 移民和难民潮动摇了欧盟政治平衡

现在估计移民问题带来的影响为时尚早，但可以肯定移民和难民潮已大大动摇了欧盟政治平衡。首先，移民危机是欧盟成员国之间关系紧张的重要源头。其中的几个成员国，比如德国、希腊和意大利，抱怨其他欧洲国家不愿意分担收留难民的压力。从地理位置看，欧洲毗邻中东和北非，难民可非法通过地中海进入欧洲边境国家，也可以走陆路穿过土耳其偷渡至发达的欧盟国家，而根据《国际难民法》的"不推回原则"，任何国家都不得把难民推回其生命或自由可能遭受威胁的地方。因此，意大利、西班牙等边境国家不得不应付大量的偷渡难民。以西班牙为例，截至2017年11月，已有约9300名难民和非法移民从海路到达西班牙，另有3500人进入休达和梅利利亚，它们是西班牙位于非洲大陆的两块"飞地"①。但是，欧洲各国无法围绕难民问题达成共识，主要争端集中在如何履行《都柏林协议》上。于是，反对接收难民的一派认为，"不推回原则"其实质是让欧洲边境的几个国家承担接收难民的压力，而北方富裕的欧洲国家却规避了风险。于是，在2017年塔林会议上，欧洲边境的意大利主张将从地中海救起的难民运往其他欧盟国，这一提议被德国、法国等北方富裕的欧洲国家回绝，并坚持欧盟必须遵守"都柏林规则"。各国在难民问题上均不肯放弃本国立场，东欧国家拒绝履行欧盟摊派的难民与移民，欧盟内各国也没有恢复自由进出的状态，欧盟内部无法达成共识。

其次，移民危机引起欧洲东西方的再次分化。曾属于苏联阵营的中欧和东欧国家拒绝欧盟委员会规定的难民分配制度。2017年6月13日，欧盟委员会主管移民、内部事务与公民事务的委员阿夫拉莫普洛斯在欧盟总部举行的新闻发布会上表示，针对波兰、匈牙利及捷克三国拒绝履行欧盟难民分配协议问题，欧委会将对这三个东欧国家启动违规程序。与此同时，波兰等中东欧国家拒绝接受欧盟难民分配方案的态度也日趋强硬，双方围绕这一问题

---

① 《联合国难民署：西班牙应付不了这么多偷渡难民》，新华网，http：//news.xinhuanet.com/world/2017-08/19/c_129684427.htm。

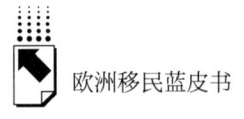

的对立日益加剧。

最后,对移民的恐惧表现在各国政党更替上,甚至国家脱欧。民众对接收一大批移民有一种恐惧感,使得许多英国选民投票支持英国脱离欧盟。虽然脱欧前英国是欧盟国中接收难民庇护申请较少的国家,但是英国民众仍然对移民问题忧心忡忡。英国人口增长的主要驱动力是外来移民,当下由于经济不景气,普通民众不能从欧盟享受更多的利益与好处,与此同时英国又必须接受欧盟难民摊派协议,接收难民。于是,英国中下层阶级主张脱欧,认为外来移民侵蚀了英国人的就业机会与福利资源,希望政府能将有限的财政资源用在本国公民身上。

2. 难民危机使民粹主义日益抬头,政党生态碎片化,传统大党式微

在是否接纳难民问题上,欧洲社会日益分裂,极大凸显出普通民众和政治精英阶层价值观之间的差异,并导致欧洲民粹主义盛行,政党生态碎片化,传统大党影响式微。

难民问题不仅造成欧洲的人口压力,而且造成民族主义走向极端化。2017年欧洲大选年,荷、法、德、奥的议会选举成为欧洲向右转的标志。荷兰极右翼政党自由党以"反穆斯林""反移民"和"反欧盟"著称,其党首威尔德斯主张"把荷兰还给荷兰人"。2017年的大选后,自由党一跃成为荷兰第二大党,获得130万选民的投票支持,成为荷兰最大的反对党,民粹主义进一步在民众中散播。2017年9月25日,德国大选结果正式出炉,德国右翼民粹政党——德国另类选择党(AfD),赢得了13.5%的选票,成为德国第三大党。德国维护欧盟统一的默克尔,虽然赢得大选,但是选票大量流失。在奥地利大选中,右翼人民党也成为奥地利议会第一大党。法国选举情况也十分类似。种种迹象表明,欧洲民粹主义实力在明显增强,民众排外移民(难民)的情绪逐步加重。

3. 难民危机下恐怖袭击陡增,恐怖事件升级

欧洲恐怖主义袭击2017年频频发生,与难民潮有密切关系。由于恐怖分子多有难民和移民背景,更加大了普通民众对政府难民政策的不满。1985年法、德等五国签署了《申根协定》,促进人口与资源流动,该协定

皮书系列
2018年

智库成果出版与传播平台

社会科学文献出版社
SOCIAL SCIENCES ACADEMIC PRESS (CHINA)

社长致辞

蓦然回首，皮书的专业化历程已经走过了二十年。20年来从一个出版社的学术产品名称到媒体热词再到智库成果研创及传播平台，皮书以专业化为主线，进行了系列化、市场化、品牌化、数字化、国际化、平台化的运作，实现了跨越式的发展。特别是在党的十八大以后，以习近平总书记为核心的党中央高度重视新型智库建设，皮书也迎来了长足的发展，总品种达到600余种，经过专业评审机制、淘汰机制遴选，目前，每年稳定出版近400个品种。"皮书"已经成为中国新型智库建设的抓手，成为国际国内社会各界快速、便捷地了解真实中国的最佳窗口。

20年孜孜以求，"皮书"始终将自己的研究视野与经济社会发展中的前沿热点问题紧密相连。600个研究领域，3万多位分布于800余个研究机构的专家学者参与了研创写作。皮书数据库中共收录了15万篇专业报告，50余万张数据图表，合计30亿字，每年报告下载量近80万次。皮书为中国学术与社会发展实践的结合提供了一个激荡智力、传播思想的入口，皮书作者们用学术的话语、客观翔实的数据谱写出了中国故事壮丽的篇章。

20年跬步千里，"皮书"始终将自己的发展与时代赋予的使命与责任紧紧相连。每年百余场新闻发布会，10万余次中外媒体报道，中、英、俄、日、韩等12个语种共同出版。皮书所具有的凝聚力正在形成一种无形的力量，吸引着社会各界关注中国的发展，参与中国的发展，它是我们向世界传递中国声音、总结中国经验、争取中国国际话语权最主要的平台。

皮书这一系列成就的取得，得益于中国改革开放的伟大时代，离不开来自中国社会科学院、新闻出版广电总局、全国哲学社会科学规划办公室等主管部门的大力支持和帮助，也离不开皮书研创者和出版者的共同努力。他们与皮书的故事创造了皮书的历史，他们对皮书的拳拳之心将继续谱写皮书的未来！

现在，"皮书"品牌已经进入了快速成长的青壮年时期。全方位进行规范化管理，树立中国的学术出版标准；不断提升皮书的内容质量和影响力，搭建起中国智库产品和智库建设的交流服务平台和国际传播平台；发布各类皮书指数，并使之成为中国指数，让中国智库的声音响彻世界舞台，为人类的发展做出中国的贡献——这是皮书未来发展的图景。作为"皮书"这个概念的提出者，"皮书"从一般图书到系列图书和品牌图书，最终成为智库研究和社会科学应用对策研究的知识服务和成果推广平台这整个过程的操盘者，我相信，这也是每一位皮书人执着追求的目标。

"当代中国正经历着我国历史上最为广泛而深刻的社会变革，也正在进行着人类历史上最为宏大而独特的实践创新。这种前无古人的伟大实践，必将给理论创造、学术繁荣提供强大动力和广阔空间。"

在这个需要思想而且一定能够产生思想的时代，皮书的研创出版一定能创造出新的更大的辉煌！

社会科学文献出版社社长
中国社会学会秘书长

2017年11月

社会科学文献出版社简介

社会科学文献出版社(以下简称"社科文献出版社")成立于1985年,是直属于中国社会科学院的人文社会科学学术出版机构。成立至今,社科文献出版社始终依托中国社会科学院和国内外人文社会科学界丰厚的学术出版和专家学者资源,坚持"创社科经典,出传世文献"的出版理念、"权威、前沿、原创"的产品定位以及学术成果和智库成果出版的专业化、数字化、国际化、市场化的经营道路。

社科文献出版社是中国新闻出版业转型与文化体制改革的先行者。积极探索文化体制改革的先进方向和现代企业经营决策机制,社科文献出版社先后荣获"全国文化体制改革工作先进单位"、中国出版政府奖·先进出版单位奖、中国社会科学院先进集体、全国科普工作先进集体等荣誉称号。多人次荣获"第十届韬奋出版奖""全国新闻出版行业领军人才""数字出版先进人物""北京市新闻出版广电行业领军人才"等称号。

社科文献出版社是中国人文社会科学学术出版的大社名社,也是以皮书为代表的智库成果出版的专业强社。年出版图书2000余种,其中皮书400余种,出版新书字数5.5亿字,承印与发行中国社科院院属期刊72种,先后创立了皮书系列、列国志、中国史话、社科文献学术译库、社科文献学术文库、甲骨文书系等一大批既有学术影响又有市场价值的品牌,确立了在社会学、近代史、苏东问题研究等专业学科及领域出版的领先地位。图书多次荣获中国出版政府奖、"三个一百"原创图书出版工程、"五个'一'工程奖"、"大众喜爱的50种图书"等奖项,在中央国家机关"强素质·做表率"读书活动中,入选图书品种数位居各大出版社之首。

社科文献出版社是中国学术出版规范与标准的倡议者与制定者,代表全国50多家出版社发起实施学术著作出版规范的倡议,承担学术著作规范国家标准的起草工作,率先编撰完成《皮书手册》对皮书品牌进行规范化管理,并在此基础上推出中国版芝加哥手册 ——《社科文献出版社学术出版手册》。

社科文献出版社是中国数字出版的引领者,拥有皮书数据库、列国志数据库、"一带一路"数据库、减贫数据库、集刊数据库等4大产品线11个数据库产品,机构用户达1300余家,海外用户百余家,荣获"数字出版转型示范单位""新闻出版标准化先进单位""专业数字内容资源知识服务模式试点企业标准化示范单位"等称号。

社科文献出版社是中国学术出版走出去的践行者。社科文献出版社海外图书出版与学术合作业务遍及全球40余个国家和地区,并于2016年成立俄罗斯分社,累计输出图书500余种,涉及近20个语种,累计获得国家社科基金中华学术外译项目资助76种、"丝路书香工程"项目资助60种、中国图书对外推广计划项目资助71种以及经典中国国际出版工程资助28种,被五部委联合认定为"2015-2016年度国家文化出口重点企业"。

如今,社科文献出版社完全靠自身积累拥有固定资产3.6亿元,年收入3亿元,设置了七大出版分社、六大专业部门,成立了皮书研究院和博士后科研工作站,培养了一支近400人的高素质与高效率的编辑、出版、营销和国际推广队伍,为未来成为学术出版的大社、名社、强社,成为文化体制改革与文化企业转型发展的排头兵奠定了坚实的基础。

 宏观经济类 | 皮书系列 重点推荐

宏观经济类

经济蓝皮书

2018年中国经济形势分析与预测

李平 / 主编　2017年12月出版　定价：89.00元

◆ 本书为总理基金项目，由著名经济学家李扬领衔，联合中国社会科学院等数十家科研机构、国家部委和高等院校的专家共同撰写，系统分析了2017年的中国经济形势并预测2018年中国经济运行情况。

城市蓝皮书

中国城市发展报告 No.11

潘家华　单菁菁 / 主编　2018年9月出版　估价：99.00元

◆ 本书是由中国社会科学院城市发展与环境研究中心编著的，多角度、全方位地立体展示了中国城市的发展状况，并对中国城市的未来发展提出了许多建议。该书有强烈的时代感，对中国城市发展实践有重要的参考价值。

人口与劳动绿皮书

中国人口与劳动问题报告 No.19

张车伟 / 主编　2018年10月出版　估价：99.00元

◆ 本书为中国社会科学院人口与劳动经济研究所主编的年度报告，对当前中国人口与劳动形势做了比较全面和系统的深入讨论，为研究中国人口与劳动问题提供了一个专业性的视角。

宏观经济类・区域经济类

中国省域竞争力蓝皮书
中国省域经济综合竞争力发展报告（2017~2018）
李建平　李闽榕　高燕京/主编　2018年5月出版　估价：198.00元

◆ 本书融多学科的理论为一体，深入追踪研究了省域经济发展与中国国家竞争力的内在关系，为提升中国省域经济综合竞争力提供有价值的决策依据。

金融蓝皮书
中国金融发展报告（2018）
王国刚/主编　2018年6月出版　估价：99.00元

◆ 本书由中国社会科学院金融研究所组织编写，概括和分析了2017年中国金融发展和运行中的各方面情况，研讨和评论了2017年发生的主要金融事件，有利于读者了解掌握2017年中国的金融状况，把握2018年中国金融的走势。

区域经济类

京津冀蓝皮书
京津冀发展报告（2018）
祝合良　叶堂林　张贵祥/等著　2018年6月出版　估价：99.00元

◆ 本书遵循问题导向与目标导向相结合、统计数据分析与大数据分析相结合、纵向分析和长期监测与结构分析和综合监测相结合等原则，对京津冀协同发展新形势与新进展进行测度与评价。

社会政法类

社会政法类

社会蓝皮书
2018年中国社会形势分析与预测
李培林　陈光金　张翼／主编　2017年12月出版　定价：89.00元

◆ 本书由中国社会科学院社会学研究所组织研究机构专家、高校学者和政府研究人员撰写，聚焦当下社会热点，对2017年中国社会发展的各个方面内容进行了权威解读，同时对2018年社会形势发展趋势进行了预测。

法治蓝皮书
中国法治发展报告No.16（2018）
李林　田禾／主编　2018年3月出版　定价：128.00元

◆ 本年度法治蓝皮书回顾总结了2017年度中国法治发展取得的成就和存在的不足，对中国政府、司法、检务透明度进行了跟踪调研，并对2018年中国法治发展形势进行了预测和展望。

教育蓝皮书
中国教育发展报告（2018）
杨东平／主编　2018年3月出版　定价：89.00元

◆ 本书重点关注了2017年教育领域的热点，资料翔实，分析有据，既有专题研究，又有实践案例，从多角度对2017年教育改革和实践进行了分析和研究。

皮书系列 重点推荐　社会政法类

社会体制蓝皮书
中国社会体制改革报告 No.6（2018）

龚维斌 / 主编　2018 年 3 月出版　定价：98.00 元

◆ 本书由国家行政学院社会治理研究中心和北京师范大学中国社会管理研究院共同组织编写，主要对 2017 年社会体制改革情况进行回顾和总结，对 2018 年的改革走向进行分析，提出相关政策建议。

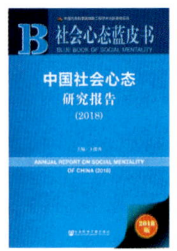

社会心态蓝皮书
中国社会心态研究报告（2018）

王俊秀　杨宜音 / 主编　2018 年 12 月出版　估价：99.00 元

◆ 本书是中国社会科学院社会学研究所社会心理研究中心"社会心态蓝皮书课题组"的年度研究成果，运用社会心理学、社会学、经济学、传播学等多种学科的方法进行了调查和研究，对于目前中国社会心态状况有较广泛和深入的揭示。

华侨华人蓝皮书
华侨华人研究报告（2018）

贾益民 / 主编　2017 年 12 月出版　估价：139.00 元

◆ 本书关注华侨华人生产与生活的方方面面。华侨华人是中国建设 21 世纪海上丝绸之路的重要中介者、推动者和参与者。本书旨在全面调研华侨华人，提供最新涉侨动态、理论研究成果和政策建议。

民族发展蓝皮书
中国民族发展报告（2018）

王延中 / 主编　2018 年 10 月出版　估价：188.00 元

◆ 本书从民族学人类学视角，研究近年来少数民族和民族地区的发展情况，展示民族地区经济、政治、文化、社会和生态文明"五位一体"建设取得的辉煌成就和面临的困难挑战，为深刻理解中央民族工作会议精神、加快民族地区全面建成小康社会进程提供了实证材料。

产业经济类

房地产蓝皮书
中国房地产发展报告No.15（2018）

李春华 王业强/主编　2018年5月出版　估价：99.00元

◆ 2018年《房地产蓝皮书》持续追踪中国房地产市场最新动态，深度剖析市场热点，展望2018年发展趋势，积极谋划应对策略。对2017年房地产市场的发展态势进行全面、综合的分析。

新能源汽车蓝皮书
中国新能源汽车产业发展报告（2018）

中国汽车技术研究中心　日产（中国）投资有限公司
东风汽车有限公司/编著　2018年8月出版　估价：99.00元

◆ 本书对中国2017年新能源汽车产业发展进行了全面系统的分析，并介绍了国外的发展经验。有助于相关机构、行业和社会公众等了解中国新能源汽车产业发展的最新动态，为政府部门出台新能源汽车产业相关政策法规、企业制定相关战略规划，提供必要的借鉴和参考。

行业及其他类

旅游绿皮书
2017~2018年中国旅游发展分析与预测

中国社会科学院旅游研究中心/编　2018年1月出版　定价：99.00元

◆ 本书从政策、产业、市场、社会等多个角度勾画出2017年中国旅游发展全貌，剖析了其中的热点和核心问题，并就未来发展作出预测。

行业及其他类

民营医院蓝皮书
中国民营医院发展报告（2018）

薛晓林/主编　2018年11月出版　估价：99.00元

◆ 本书在梳理国家对社会办医的各种利好政策的前提下，对我国民营医疗发展现状、我国民营医院竞争力进行了分析，并结合我国医疗体制改革对民营医院的发展趋势、发展策略、战略规划等方面进行了预估。

会展蓝皮书
中外会展业动态评估研究报告（2018）

张敏/主编　2018年12月出版　估价：99.00元

◆ 本书回顾了2017年的会展业发展动态，结合"供给侧改革"、"互联网+"、"绿色经济"的新形势分析了我国展会的行业现状，并介绍了国外的发展经验，有助于行业和社会了解最新的展会业动态。

中国上市公司蓝皮书
中国上市公司发展报告（2018）

张平　王宏淼/主编　2018年9月出版　估价：99.00元

◆ 本书由中国社会科学院上市公司研究中心组织编写的，着力于全面、真实、客观反映当前中国上市公司财务状况和价值评估的综合性年度报告。本书详尽分析了2017年中国上市公司情况，特别是现实中暴露出的制度性、基础性问题，并对资本市场改革进行了探讨。

工业和信息化蓝皮书
人工智能发展报告（2017～2018）

尹丽波/主编　2018年6月出版　估价：99.00元

◆ 本书国家工业信息安全发展研究中心在对2017年全球人工智能技术和产业进行全面跟踪研究基础上形成的研究报告。该报告内容翔实、视角独特，具有较强的产业发展前瞻性和预测性，可为相关主管部门、行业协会、企业等全面了解人工智能发展形势以及进行科学决策提供参考。

 国际问题与全球治理类

国际问题与全球治理类

世界经济黄皮书

2018年世界经济形势分析与预测

张宇燕 / 主编　2018年1月出版　定价：99.00元

◆ 本书由中国社会科学院世界经济与政治研究所的研究团队撰写，分总论、国别与地区、专题、热点、世界经济统计与预测等五个部分，对2018年世界经济形势进行了分析。

国际城市蓝皮书

国际城市发展报告（2018）

屠启宇 / 主编　2018年2月出版　定价：89.00元

◆ 本书作者以上海社会科学院从事国际城市研究的学者团队为核心，汇集同济大学、华东师范大学、复旦大学、上海交通大学、南京大学、浙江大学相关城市研究专业学者。立足动态跟踪介绍国际城市发展时间中，最新出现的重大战略、重大理念、重大项目、重大报告和最佳案例。

非洲黄皮书

非洲发展报告 No.20（2017～2018）

张宏明 / 主编　2018年7月出版　估价：99.00元

◆ 本书是由中国社会科学院西亚非洲研究所组织编撰的非洲形势年度报告，比较全面、系统地分析了2017年非洲政治形势和热点问题，探讨了非洲经济形势和市场走向，剖析了大国对非洲关系的新动向；此外，还介绍了国内非洲研究的新成果。

皮书系列重点推荐　国别类

国 别 类

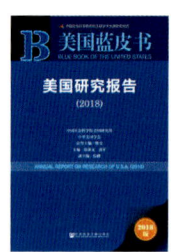

美国蓝皮书
美国研究报告（2018）

郑秉文　黄平 / 主编　2018 年 5 月出版　估价：99.00 元

◆ 本书是由中国社会科学院美国研究所主持完成的研究成果，它回顾了美国 2017 年的经济、政治形势与外交战略，对美国内政外交发生的重大事件及重要政策进行了较为全面的回顾和梳理。

德国蓝皮书
德国发展报告（2018）

郑春荣 / 主编　2018 年 6 月出版　估价：99.00 元

◆ 本报告由同济大学德国研究所组织编撰，由该领域的专家学者对德国的政治、经济、社会文化、外交等方面的形势发展情况，进行全面的阐述与分析。

俄罗斯黄皮书
俄罗斯发展报告（2018）

李永全 / 编著　2018 年 6 月出版　估价：99.00 元

◆ 本书系统介绍了 2017 年俄罗斯经济政治情况，并对 2016 年该地区发生的焦点、热点问题进行了分析与回顾；在此基础上，对该地区 2018 年的发展前景进行了预测。

文化传媒类

新媒体蓝皮书
中国新媒体发展报告 No.9（2018）

唐绪军/主编　2018年6月出版　估价：99.00元

◆ 本书是由中国社会科学院新闻与传播研究所组织编写的关于新媒体发展的最新年度报告，旨在全面分析中国新媒体的发展现状，解读新媒体的发展趋势，探析新媒体的深刻影响。

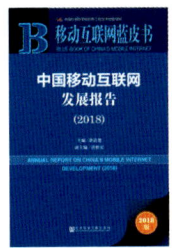

移动互联网蓝皮书
中国移动互联网发展报告（2018）

余清楚/主编　2018年6月出版　估价：99.00元

◆ 本书着眼于对2017年度中国移动互联网的发展情况做深入解析，对未来发展趋势进行预测，力求从不同视角、不同层面全面剖析中国移动互联网发展的现状、年度突破及热点趋势等。

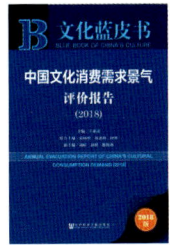

文化蓝皮书
中国文化消费需求景气评价报告（2018）

王亚南/主编　2018年3月出版　定价：99.00元

◆ 本书首创全国文化发展量化检测评价体系，也是至今全国唯一的文化民生量化检测评价体系，对于检验全国及各地"以人民为中心"的文化发展具有首创意义。

地方发展类

北京蓝皮书
北京经济发展报告（2017~2018）

杨松 / 主编　2018 年 6 月出版　估价：99.00 元

◆ 本书对 2017 年北京市经济发展的整体形势进行了系统性的分析与回顾，并对 2018 年经济形势走势进行了预测与研判，聚焦北京市经济社会发展中的全局性、战略性和关键领域的重点问题，运用定量和定性分析相结合的方法，对北京市经济社会发展的现状、问题、成因进行了深入分析，提出了可操作性的对策建议。

温州蓝皮书
2018 年温州经济社会形势分析与预测

蒋儒标　王春光　金浩 / 主编　2018 年 6 月出版　估价：99.00 元

◆ 本书是中共温州市委党校和中国社会科学院社会学研究所合作推出的第十一本温州蓝皮书，由来自党校、政府部门、科研机构、高校的专家、学者共同撰写的 2017 年温州区域发展形势的最新研究成果。

黑龙江蓝皮书
黑龙江社会发展报告（2018）

王爱丽 / 主编　2018 年 1 月出版　定价：89.00 元

◆ 本书以千份随机抽样问卷调查和专题研究为依据，运用社会学理论框架和分析方法，从专家和学者的独特视角，对 2017 年黑龙江省关系民生的问题进行广泛的调研与分析，并对 2017 年黑龙江省诸多社会热点和焦点问题进行了有益的探索。这些研究不仅可以为政府部门更加全面深入了解省情、科学制定决策提供智力支持，同时也可以为广大读者认识、了解、关注黑龙江社会发展提供理性思考。

宏观经济类

城市蓝皮书
中国城市发展报告（No.11）
著(编)者：潘家华 单菁菁
2018年9月出版 / 估价：99.00元
PSN B-2007-091-1/1

城乡一体化蓝皮书
中国城乡一体化发展报告（2018）
著(编)者：付崇兰
2018年9月出版 / 估价：99.00元
PSN B-2011-226-1/2

城镇化蓝皮书
中国新型城镇化健康发展报告（2018）
著(编)者：张占斌
2018年8月出版 / 估价：99.00元
PSN B-2014-396-1/1

创新蓝皮书
创新型国家建设报告（2018~2019）
著(编)者：詹正茂
2018年12月出版 / 估价：99.00元
PSN B-2009-140-1/1

低碳发展蓝皮书
中国低碳发展报告（2018）
著(编)者：张希良 齐晔
2018年6月出版 / 估价：99.00元
PSN B-2011-223-1/1

低碳经济蓝皮书
中国低碳经济发展报告（2018）
著(编)者：薛进军 赵忠秀
2018年11月出版 / 估价：99.00元
PSN B-2011-194-1/1

发展和改革蓝皮书
中国经济发展和体制改革报告No.9
著(编)者：邹东涛 王再文
2018年1月出版 / 估价：99.00元
PSN B-2008-122-1/1

国家创新蓝皮书
中国创新发展报告（2017）
著(编)者：陈劲 2018年5月出版 / 估价：99.00元
PSN B-2014-370-1/1

金融蓝皮书
中国金融发展报告（2018）
著(编)者：王国刚
2018年6月出版 / 估价：99.00元
PSN B-2004-031-1/7

经济蓝皮书
2018年中国经济形势分析与预测
著(编)者：李平 2017年12月出版 / 定价：89.00元
PSN B-1996-001-1/1

经济蓝皮书春季号
2018年中国经济前景分析
著(编)者：李扬 2018年5月出版 / 估价：99.00元
PSN B-1999-008-1/1

经济蓝皮书夏季号
中国经济增长报告（2017~2018）
著(编)者：李扬 2018年9月出版 / 估价：99.00元
PSN B-2010-176-1/1

农村绿皮书
中国农村经济形势分析与预测（2017~2018）
著(编)者：魏后凯 黄秉信
2018年4月出版 / 定价：99.00元
PSN G-1998-003-1/1

人口与劳动绿皮书
中国人口与劳动问题报告No.19
著(编)者：张车伟 2018年11月出版 / 估价：99.00元
PSN G-2000-012-1/1

新型城镇化蓝皮书
新型城镇化发展报告（2017）
著(编)者：李伟 宋敏
2018年3月出版 / 估价：98.00元
PSN B-2005-038-1/1

中国省域竞争力蓝皮书
中国省域经济综合竞争力发展报告（2016~2017）
著(编)者：李建平 李闽榕
2018年2月出版 / 定价：198.00元
PSN B-2007-088-1/1

中小城市绿皮书
中国中小城市发展报告（2018）
著(编)者：中国城市经济学会中小城市经济发展委员会
中国城镇化促进会中小城市发展委员会
《中国中小城市发展报告》编纂委员会
中小城市发展战略研究院
2018年11月出版 / 估价：128.00元
PSN G-2010-161-1/1

区域经济类

东北蓝皮书
中国东北地区发展报告（2018）
著（编）者：姜晓秋　2018年11月出版 / 估价：99.00元
PSN B-2006-067-1/1

金融蓝皮书
中国金融中心发展报告（2017~2018）
著（编）者：王力 黄育华　2018年11月出版 / 估价：99.00元
PSN B-2011-186-6/7

京津冀蓝皮书
京津冀发展报告（2018）
著（编）者：祝合良 叶堂林 张贵祥
2018年6月出版 / 估价：99.00元
PSN B-2012-262-1/1

西北蓝皮书
中国西北发展报告（2018）
著（编）者：王福生 马廷旭 董秋生
2018年1月出版 / 定价：99.00元
PSN B-2012-261-1/1

西部蓝皮书
中国西部发展报告（2018）
著（编）者：璋勇 任保平　2018年8月出版 / 估价：99.00元
PSN B-2005-039-1/1

长江经济带产业蓝皮书
长江经济带产业发展报告（2018）
著（编）者：吴传清　2018年11月出版 / 估价：128.00元
PSN B-2017-666-1/1

长江经济带蓝皮书
长江经济带发展报告（2017~2018）
著（编）者：王振　2018年11月出版 / 估价：99.00元
PSN B-2016-575-1/1

长江中游城市群蓝皮书
长江中游城市群新型城镇化与产业协同发展报告（2018）
著（编）者：杨刚强　2018年11月出版 / 估价：99.00元
PSN B-2016-578-1/1

长三角蓝皮书
2017年创新融合发展的长三角
著（编）者：刘飞跃　2018年5月出版 / 估价：99.00元
PSN B-2005-038-1/1

长株潭城市群蓝皮书
长株潭城市群发展报告（2017）
著（编）者：张萍 朱有志　2018年6月出版 / 估价：99.00元
PSN B-2008-109-1/1

特色小镇蓝皮书
特色小镇智慧运营报告（2018）：顶层设计与智慧架构标准
著（编）者：陈劲　2018年1月出版 / 定价：79.00元
PSN B-2018-692-1/1

中部竞争力蓝皮书
中国中部经济社会竞争力报告（2018）
著（编）者：教育部人文社会科学重点研究基地南昌大学中国
　　　　　中部经济社会发展研究中心
2018年12月出版 / 估价：99.00元
PSN B-2012-276-1/1

中部蓝皮书
中国中部地区发展报告（2018）
著（编）者：宋亚平　2018年12月出版 / 估价：99.00元
PSN B-2007-089-1/1

区域蓝皮书
中国区域经济发展报告（2017~2018）
著（编）者：赵弘　2018年5月出版 / 估价：99.00元
PSN B-2004-034-1/1

中三角蓝皮书
长江中游城市群发展报告（2018）
著（编）者：秦尊文　2018年9月出版 / 估价：99.00元
PSN B-2014-417-1/1

中原蓝皮书
中原经济区发展报告（2018）
著（编）者：李英杰　2018年6月出版 / 估价：99.00元
PSN B-2011-192-1/1

珠三角流通蓝皮书
珠三角商圈发展研究报告（2018）
著（编）者：王先庆 林至颖　2018年7月出版 / 估价：99.00元
PSN B-2012-292-1/1

社会政法类

北京蓝皮书
中国社区发展报告（2017~2018）
著（编）者：于燕燕　2018年9月出版 / 估价：99.00元
PSN B-2007-083-5/8

殡葬绿皮书
中国殡葬事业发展报告（2017~2018）
著（编）者：李伯森　2018年6月出版 / 估价：158.00元
PSN G-2010-180-1/1

城市管理蓝皮书
中国城市管理报告（2017-2018）
著（编）者：刘林 刘承水　2018年5月出版 / 估价：158.00元
PSN B-2013-336-1/1

城市生活质量蓝皮书
中国城市生活质量报告（2017）
著（编）者：张连城 张平 杨春学 郎丽华
2017年12月出版 / 定价：89.00元
PSN B-2013-326-1/1

皮书系列 2018全品种

社会政法类

城市政府能力蓝皮书
中国城市政府公共服务能力评估报告（2018）
著（编）者：何艳玲　2018年5月出版／估价：99.00元
PSN B-2013-338-1/1

创业蓝皮书
中国创业发展研究报告（2017~2018）
著（编）者：黄群慧　赵卫星　钟宏武
2018年11月出版／估价：99.00元
PSN B-2016-577-1/1

慈善蓝皮书
中国慈善发展报告（2018）
著（编）者：杨团　2018年6月出版／估价：99.00元
PSN B-2009-142-1/1

党建蓝皮书
党的建设研究报告No.2（2018）
著（编）者：崔建民　陈东平　2018年6月出版／估价：99.00元
PSN B-2016-523-1/1

地方法治蓝皮书
中国地方法治发展报告No.3（2018）
著（编）者：李林　田禾　2018年6月出版／估价：118.00元
PSN B-2016-442-1/1

电子政务蓝皮书
中国电子政务发展报告（2018）
著（编）者：李季　2018年8月出版／估价：99.00元
PSN B-2003-022-1/1

儿童蓝皮书
中国儿童参与状况报告（2017）
著（编）者：苑立新　2017年12月出版／定价：89.00元
PSN B-2017-682-1/1

法治蓝皮书
中国法治发展报告No.16（2018）
著（编）者：李林　田禾　2018年3月出版／估价：128.00元
PSN B-2004-027-1/3

法治蓝皮书
中国法院信息化发展报告No.2（2018）
著（编）者：李林　田禾　2018年2月出版／估价：118.00元
PSN B-2017-604-3/3

法治政府蓝皮书
中国法治政府发展报告（2017）
著（编）者：中国政法大学法治政府研究院
2018年3月出版／定价：158.00元
PSN B-2015-502-1/2

法治政府蓝皮书
中国法治政府评估报告（2018）
著（编）者：中国政法大学法治政府研究院
2018年9月出版／估价：168.00元
PSN B-2016-576-2/2

反腐倡廉蓝皮书
中国反腐倡廉建设报告No.8
著（编）者：张英伟　2018年12月出版／估价：99.00元
PSN B-2012-259-1/1

扶贫蓝皮书
中国扶贫开发报告（2018）
著（编）者：李培林　魏后凯　2018年12月出版／估价：128.00元
PSN B-2016-599-1/1

妇女发展蓝皮书
中国妇女发展报告No.6
著（编）者：王金玲　2018年9月出版／估价：158.00元
PSN B-2006-069-1/1

妇女教育蓝皮书
中国妇女教育发展报告No.3
著（编）者：张李玺　2018年10月出版／估价：99.00元
PSN B-2008-121-1/1

妇女绿皮书
2018年：中国性别平等与妇女发展报告
著（编）者：谭琳　2018年12月出版／估价：99.00元
PSN G-2006-073-1/1

公共安全蓝皮书
中国城市公共安全发展报告（2017~2018）
著（编）者：黄育华　杨文明　赵建辉
2018年6月出版／估价：99.00元
PSN B-2017-628-1/1

公共服务蓝皮书
中国城市基本公共服务力评价（2018）
著（编）者：钟君　刘志昌　吴正昊
2018年12月出版／估价：99.00元
PSN B-2011-214-1/1

公民科学素质蓝皮书
中国公民科学素质报告（2017~2018）
著（编）者：李群　陈雄　马宗文
2017年12月出版／定价：89.00元
PSN B-2014-379-1/1

公益蓝皮书
中国公益慈善发展报告（2016）
著（编）者：朱健刚　胡小军　2018年6月出版／估价：99.00元
PSN B-2012-283-1/1

国际人才蓝皮书
中国国际移民报告（2018）
著（编）者：王辉耀　2018年6月出版／估价：99.00元
PSN B-2012-304-3/4

国际人才蓝皮书
中国留学发展报告（2018）No.7
著（编）者：王辉耀　苗绿　2018年12月出版／估价：99.00元
PSN B-2012-244-2/4

海洋社会蓝皮书
中国海洋社会发展报告（2017）
著（编）者：崔凤　宋宁而　2018年3月出版／定价：99.00元
PSN B-2015-478-1/1

行政改革蓝皮书
中国行政体制改革报告No.7（2018）
著（编）者：魏礼群　2018年6月出版／估价：99.00元
PSN B-2011-231-1/1

皮书系列 2018全品种 社会政法类

华侨华人蓝皮书
华侨华人研究报告（2017）
著(编)者：张禹东 庄国土　2017年12月出版 / 定价：148.00元
PSN B-2011-204-1/1

互联网与国家治理蓝皮书
互联网与国家治理发展报告（2017）
著(编)者：张志安　2018年1月出版 / 定价：98.00元
PSN B-2017-671-1/1

环境管理蓝皮书
中国环境管理发展报告（2017）
著(编)者：李金惠　2017年12月出版 / 定价：98.00元
PSN B-2017-678-1/1

环境竞争力绿皮书
中国省域环境竞争力发展报告（2018）
著(编)者：李建平 李闽榕 王金南
2018年11月出版 / 估价：198.00元
PSN G-2010-165-1/1

环境绿皮书
中国环境发展报告（2017~2018）
著(编)者：李波　2018年6月出版 / 估价：99.00元
PSN G-2006-048-1/1

家庭蓝皮书
中国"创建幸福家庭活动"评估报告（2018）
著(编)者：国务院发展研究中心"创建幸福家庭活动评估"课题组
2018年12月出版 / 估价：99.00元
PSN B-2015-508-1/1

健康城市蓝皮书
中国健康城市建设研究报告（2018）
著(编)者：王鸿春 盛继洪　2018年12月出版 / 估价：99.00元
PSN B-2016-564-2/2

健康中国蓝皮书
社区首诊与健康中国分析报告（2018）
著(编)者：高和荣 杨叔禹 姜杰
2018年6月出版 / 估价：99.00元
PSN B-2017-611-1/1

教师蓝皮书
中国中小学教师发展报告（2017）
著(编)者：曾晓东 鱼霞
2018年6月出版 / 估价：99.00元
PSN B-2012-289-1/1

教育扶贫蓝皮书
中国教育扶贫报告（2018）
著(编)者：司树杰 王文静 李兴洲
2018年12月出版 / 估价：99.00元
PSN B-2016-590-1/1

教育蓝皮书
中国教育发展报告（2018）
著(编)者：杨东平　2018年3月出版 / 定价：89.00元
PSN B-2006-047-1/1

金融法治建设蓝皮书
中国金融法治建设年度报告（2015~2016）
著(编)者：朱小黄　2018年6月出版 / 估价：99.00元
PSN B-2017-633-1/1

京津冀教育蓝皮书
京津冀教育发展研究报告（2017~2018）
著(编)者：方中雄　2018年6月出版 / 估价：99.00元
PSN B-2017-608-1/1

就业蓝皮书
2018年中国本科生就业报告
著(编)者：麦可思研究院　2018年6月出版 / 估价：99.00元
PSN B-2009-146-1/2

就业蓝皮书
2018年中国高职高专生就业报告
著(编)者：麦可思研究院　2018年6月出版 / 估价：99.00元
PSN B-2015-472-2/2

科学教育蓝皮书
中国科学教育发展报告（2018）
著(编)者：王康友　2018年10月出版 / 估价：99.00元
PSN B-2015-487-1/1

劳动保障蓝皮书
中国劳动保障发展报告（2018）
著(编)者：刘燕斌　2018年9月出版 / 估价：158.00元
PSN B-2014-415-1/1

老龄蓝皮书
中国老年宜居环境发展报告（2017）
著(编)者：党俊武 周燕珉　2018年6月出版 / 估价：99.00元
PSN B-2013-320-1/1

连片特困区蓝皮书
中国连片特困区发展报告（2017~2018）
著(编)者：游俊 冷志明 丁建军
2018年6月出版 / 估价：99.00元
PSN B-2013-321-1/1

流动儿童蓝皮书
中国流动儿童教育发展报告（2017）
著(编)者：杨东平　2018年6月出版 / 估价：99.00元
PSN B-2017-600-1/1

民调蓝皮书
中国民生调查报告（2018）
著(编)者：谢耘耕　2018年12月出版 / 估价：99.00元
PSN B-2014-398-1/1

民族发展蓝皮书
中国民族发展报告（2018）
著(编)者：王延中　2018年10月出版 / 估价：188.00元
PSN B-2006-070-1/1

女性生活蓝皮书
中国女性生活状况报告No.12（2018）
著(编)者：韩湘景　2018年7月出版 / 估价：99.00元
PSN B-2006-071-1/1

社会政法类

皮书系列
2018全品种

汽车社会蓝皮书
中国汽车社会发展报告(2017~2018)
著(编)者:王俊秀　2018年6月出版／估价:99.00元
PSN B-2011-224-1/1

青年蓝皮书
中国青年发展报告(2018)No.3
著(编)者:廉思　2018年6月出版／估价:99.00元
PSN B-2013-333-1/1

青少年蓝皮书
中国未成年人互联网运用报告(2017~2018)
著(编)者:季为民　李文革　沈杰
2018年11月出版／估价:99.00元
PSN B-2010-156-1/1

人权蓝皮书
中国人权事业发展报告No.8(2018)
著(编)者:李君如　2018年9月出版／估价:99.00元
PSN B-2011-215-1/1

社会保障绿皮书
中国社会保障发展报告No.9(2018)
著(编)者:王延中　2018年6月出版／估价:99.00元
PSN G-2001-014-1/1

社会风险评估蓝皮书
风险评估与危机预警报告(2017~2018)
著(编)者:唐钧　2018年8月出版／估价:99.00元
PSN B-2012-293-1/1

社会工作蓝皮书
中国社会工作发展报告(2016~2017)
著(编)者:民政部社会工作研究中心
2018年8月出版／估价:99.00元
PSN B-2009-141-1/1

社会管理蓝皮书
中国社会管理创新报告No.6
著(编)者:连玉明　2018年11月出版／估价:99.00元
PSN B-2012-300-1/1

社会蓝皮书
2018年中国社会形势分析与预测
著(编)者:李培林　陈光金　张翼
2017年12月出版／定价:89.00元
PSN B-1998-002-1/1

社会体制蓝皮书
中国社会体制改革报告No.6(2018)
著(编)者:龚维斌　2018年3月出版／定价:98.00元
PSN B-2013-330-1/1

社会心态蓝皮书
中国社会心态研究报告(2018)
著(编)者:王俊秀　2018年12月出版／估价:99.00元
PSN B-2011-199-1/1

社会组织蓝皮书
中国社会组织报告(2017-2018)
著(编)者:黄晓勇　2018年6月出版／估价:99.00元
PSN B-2008-118-1/2

社会组织蓝皮书
中国社会组织评估发展报告(2018)
著(编)者:徐家良　2018年12月出版／估价:99.00元
PSN B-2013-366-2/2

生态城市绿皮书
中国生态城市建设发展报告(2018)
著(编)者:刘举科　孙伟平　胡文臻
2018年9月出版／估价:158.00元
PSN G-2012-269-1/1

生态文明绿皮书
中国省域生态文明建设评价报告(ECI 2018)
著(编)者:严耕　2018年12月出版／估价:99.00元
PSN G-2010-170-1/1

退休生活蓝皮书
中国城市居民退休生活质量指数报告(2017)
著(编)者:杨一帆　2018年6月出版／估价:99.00元
PSN B-2017-618-1/1

危机管理蓝皮书
中国危机管理报告(2018)
著(编)者:文学国　范正青
2018年8月出版／估价:99.00元
PSN B-2010-171-1/1

学会蓝皮书
2018年中国学会发展报告
著(编)者:麦可思研究院　2018年12月出版／估价:99.00元
PSN B-2016-597-1/1

医改蓝皮书
中国医药卫生体制改革报告(2017~2018)
著(编)者:文学国　房志武
2018年11月出版／估价:99.00元
PSN B-2014-432-1/1

应急管理蓝皮书
中国应急管理报告(2018)
著(编)者:宋英华　2018年9月出版／估价:99.00元
PSN B-2016-562-1/1

政府绩效评估蓝皮书
中国地方政府绩效评估报告No.2
著(编)者:贠杰　2018年12月出版／估价:99.00元
PSN B-2017-672-1/1

政治参与蓝皮书
中国政治参与报告(2018)
著(编)者:房宁　2018年8月出版／估价:128.00元
PSN B-2011-200-1/1

政治文化蓝皮书
中国政治文化报告(2018)
著(编)者:邢丽敏　魏大鹏　龚克
2018年8月出版／估价:128.00元
PSN B-2017-615-1/1

中国传统村落蓝皮书
中国传统村落保护现状报告(2018)
著(编)者:胡彬彬　李向军　王晓波
2018年12月出版／估价:99.00元
PSN B-2017-663-1/1

皮书系列
2018全品种

社会政法类·产业经济类

中国农村妇女发展蓝皮书
农村流动女性城市生活发展报告（2018）
著(编)者：谢丽华　　2018年12月出版 / 估价：99.00元
PSN B-2014-434-1/1

宗教蓝皮书
中国宗教报告（2017）
著(编)者：邱永辉　　2018年8月出版 / 估价：99.00元
PSN B-2008-117-1/1

产业经济类

保健蓝皮书
中国保健服务产业发展报告 No.2
著(编)者：中国保健协会　　中共中央党校
2018年7月出版 / 估价：198.00元
PSN B-2012-272-3/3

保健蓝皮书
中国保健食品产业发展报告 No.2
著(编)者：中国保健协会
　　　　　中国社会科学院食品药品产业发展与监管研究中心
2018年8月出版 / 估价：198.00元
PSN B-2012-271-2/3

保健蓝皮书
中国保健用品产业发展报告 No.2
著(编)者：中国保健协会
　　　　　国务院国有资产监督管理委员会研究中心
2018年6月出版 / 估价：198.00元
PSN B-2012-270-1/3

保险蓝皮书
中国保险业竞争力报告（2018）
著(编)者：保监会　　2018年12月出版 / 估价：99.00元
PSN B-2013-311-1/1

冰雪蓝皮书
中国冰上运动产业发展报告（2018）
著(编)者：孙承华　杨占武　刘戈　张鸿俊
2018年9月出版 / 估价：99.00元
PSN B-2017-648-3/3

冰雪蓝皮书
中国滑雪产业发展报告（2018）
著(编)者：孙承华　伍斌　魏庆华　张鸿俊
2018年9月出版 / 估价：99.00元
PSN B-2016-559-1/3

餐饮产业蓝皮书
中国餐饮产业发展报告（2018）
著(编)者：邢颖
2018年6月出版 / 估价：99.00元
PSN B-2009-151-1/1

茶业蓝皮书
中国茶产业发展报告（2018）
著(编)者：杨江帆　李闽榕
2018年10月出版 / 估价：99.00元
PSN B-2010-164-1/1

产业安全蓝皮书
中国文化产业安全报告（2018）
著(编)者：北京印刷学院文化产业安全研究院
2018年12月出版 / 估价：99.00元
PSN B-2014-378-12/14

产业安全蓝皮书
中国新媒体产业安全报告（2016~2017）
著(编)者：肖丽　　2018年6月出版 / 估价：99.00元
PSN B-2015-500-14/14

产业安全蓝皮书
中国出版传媒产业安全报告（2017~2018）
著(编)者：北京印刷学院文化产业安全研究院
2018年6月出版 / 估价：99.00元
PSN B-2014-384-13/14

产业蓝皮书
中国产业竞争力报告（2018）No.8
著(编)者：张其仔　　2018年12月出版 / 估价：168.00元
PSN B-2010-175-1/1

动力电池蓝皮书
中国新能源汽车动力电池产业发展报告（2018）
著(编)者：中国汽车技术研究中心
2018年8月出版 / 估价：99.00元
PSN B-2017-639-1/1

杜仲产业绿皮书
中国杜仲橡胶资源与产业发展报告（2017~2018）
著(编)者：杜红岩　胡文臻　俞锐
2018年6月出版 / 估价：99.00元
PSN G-2013-350-1/1

房地产蓝皮书
中国房地产发展报告No.15（2018）
著(编)者：李春华　王业强
2018年5月出版 / 估价：99.00元
PSN B-2004-028-1/1

服务外包蓝皮书
中国服务外包产业发展报告（2017~2018）
著(编)者：王晓红　刘德军
2018年6月出版 / 估价：99.00元
PSN B-2013-331-2/2

服务外包蓝皮书
中国服务外包竞争力报告（2017~2018）
著(编)者：刘春生　王力　黄育华
2018年12月出版 / 估价：99.00元
PSN B-2011-216-1/2

产业经济类

工业和信息化蓝皮书
世界信息技术产业发展报告（2017~2018）
著（编）者：尹丽波　2018年6月出版 / 估价：99.00元
PSN B-2015-449-2/6

工业和信息化蓝皮书
战略性新兴产业发展报告（2017~2018）
著（编）者：尹丽波　2018年6月出版 / 估价：99.00元
PSN B-2015-450-3/6

海洋经济蓝皮书
中国海洋经济发展报告（2015~2018）
著（编）者：殷克东　高金田　方胜民
2018年3月出版 / 定价：128.00元
PSN B-2018-697-1/1

康养蓝皮书
中国康养产业发展报告（2017）
著（编）者：何莽　2017年12月出版 / 定价：88.00元
PSN B-2017-685-1/1

客车蓝皮书
中国客车产业发展报告（2017~2018）
著（编）者：姚蔚　2018年10月出版 / 估价：99.00元
PSN B-2013-361-1/1

流通蓝皮书
中国商业发展报告（2018~2019）
著（编）者：王雪峰　林诗慧
2018年7月出版 / 估价：99.00元
PSN B-2009-152-1/2

能源蓝皮书
中国能源发展报告（2018）
著（编）者：崔民选　王军生　陈义和
2018年12月出版 / 估价：99.00元
PSN B-2006-049-1/1

农产品流通蓝皮书
中国农产品流通产业发展报告（2017）
著（编）者：贾敬敦　张东科　张玉玺　张鹏毅　周伟
2018年6月出版 / 估价：99.00元
PSN B-2012-288-1/1

汽车工业蓝皮书
中国汽车工业发展年度报告（2018）
著（编）者：中国汽车工业协会
　　　　　　中国汽车技术研究中心
　　　　　　丰田汽车公司
2018年5月出版 / 估价：168.00元
PSN B-2015-463-1/2

汽车工业蓝皮书
中国汽车零部件产业发展报告（2017~2018）
著（编）者：中国汽车工业协会
　　　　　　中国汽车工程研究院深圳市沃特玛电池有限公司
2018年9月出版 / 估价：99.00元
PSN B-2016-515-2/2

汽车蓝皮书
中国汽车产业发展报告（2018）
著（编）者：中国汽车工程学会
　　　　　　大众汽车集团（中国）
2018年11月出版 / 估价：99.00元
PSN B-2008-124-1/1

世界茶业蓝皮书
世界茶业发展报告（2018）
著（编）者：李闽榕　冯廷佺
2018年5月出版 / 估价：168.00元
PSN B-2017-619-1/1

世界能源蓝皮书
世界能源发展报告（2018）
著（编）者：黄晓勇　2018年6月出版 / 估价：168.00元
PSN B-2013-349-1/1

石油蓝皮书
中国石油产业发展报告（2018）
著（编）者：中国石油化工集团公司经济技术研究院
　　　　　　中国国际石油化工联合有限责任公司
　　　　　　中国社会科学院数量经济与技术经济研究所
2018年2月出版 / 定价：98.00元
PSN B-2018-690-1/1

体育蓝皮书
国家体育产业基地发展报告（2016~2017）
著（编）者：李颖川　2018年6月出版 / 估价：168.00元
PSN B-2017-609-5/5

体育蓝皮书
中国体育产业发展报告（2018）
著（编）者：阮伟　钟秉枢
2018年12月出版 / 估价：99.00元
PSN B-2010-179-1/5

文化金融蓝皮书
中国文化金融发展报告（2018）
著（编）者：杨涛　金巍
2018年6月出版 / 估价：99.00元
PSN B-2017-610-1/1

新能源汽车蓝皮书
中国新能源汽车产业发展报告（2018）
著（编）者：中国汽车技术研究中心
　　　　　　日产（中国）投资有限公司
　　　　　　东风汽车有限公司
2018年8月出版 / 估价：99.00元
PSN B-2013-347-1/1

薏仁米产业蓝皮书
中国薏仁米产业发展报告No.2（2018）
著（编）者：李发耀　石明　秦礼康
2018年8月出版 / 估价：99.00元
PSN B-2017-645-1/1

邮轮绿皮书
中国邮轮产业发展报告（2018）
著（编）者：汪泓　2018年10月出版 / 估价：99.00元
PSN G-2014-419-1/1

智能养老蓝皮书
中国智能养老产业发展报告（2018）
著（编）者：朱勇　2018年10月出版 / 估价：99.00元
PSN B-2015-488-1/1

中国节能汽车蓝皮书
中国节能汽车发展报告（2017~2018）
著（编）者：中国汽车工程研究院股份有限公司
2018年9月出版 / 估价：99.00元
PSN B-2016-565-1/1

中国陶瓷产业蓝皮书
中国陶瓷产业发展报告（2018）
著（编）者：左和平 黄速建
2018年10月出版 / 估价：99.00元
PSN B-2016-573-1/1

装备制造业蓝皮书
中国装备制造业发展报告（2018）
著（编）者：徐东华
2018年12月出版 / 估价：118.00元
PSN B-2015-505-1/1

行业及其他类

"三农"互联网金融蓝皮书
中国"三农"互联网金融发展报告（2018）
著（编）者：李勇坚 王弢
2018年8月出版 / 估价：99.00元
PSN B-2016-560-1/1

SUV蓝皮书
中国SUV市场发展报告（2017~2018）
著（编）者：靳军　2018年9月出版 / 估价：99.00元
PSN B-2016-571-1/1

冰雪蓝皮书
中国冬季奥运会发展报告（2018）
著（编）者：孙承华 伍斌 魏庆华 张鸿俊
2018年9月出版 / 估价：99.00元
PSN B-2017-647-2/3

彩票蓝皮书
中国彩票发展报告（2018）
著（编）者：益彩基金　2018年6月出版 / 估价：99.00元
PSN B-2015-462-1/1

测绘地理信息蓝皮书
测绘地理信息供给侧结构性改革研究报告（2018）
著（编）者：库热西·买合苏提
2018年12月出版 / 估价：168.00元
PSN B-2009-145-1/1

产权市场蓝皮书
中国产权市场发展报告（2017）
著（编）者：曹和平
2018年5月出版 / 估价：99.00元
PSN B-2009-147-1/1

城投蓝皮书
中国城投行业发展报告（2018）
著（编）者：华景斌
2018年11月出版 / 估价：300.00元
PSN B-2016-514-1/1

城市轨道交通蓝皮书
中国城市轨道交通运营发展报告（2017~2018）
著（编）者：崔学忠 贾文峥
2018年3月出版 / 定价：89.00元
PSN B-2018-694-1/1

大数据蓝皮书
中国大数据发展报告（No.2）
著（编）者：连玉明　2018年5月出版 / 估价：99.00元
PSN B-2017-620-1/1

大数据应用蓝皮书
中国大数据应用发展报告No.2（2018）
著（编）者：陈军君　2018年8月出版 / 估价：99.00元
PSN B-2017-644-1/1

对外投资与风险蓝皮书
中国对外直接投资与国家风险报告（2018）
著（编）者：中债资信评估有限责任公司
　　　　　中国社会科学院世界经济与政治研究所
2018年6月出版 / 估价：189.00元
PSN B-2017-606-1/1

工业和信息化蓝皮书
人工智能发展报告（2017~2018）
著（编）者：尹丽波　2018年6月出版 / 估价：99.00元
PSN B-2015-448-1/6

工业和信息化蓝皮书
世界智慧城市发展报告（2017~2018）
著（编）者：尹丽波　2018年6月出版 / 估价：99.00元
PSN B-2017-624-6/6

工业和信息化蓝皮书
世界网络安全发展报告（2017~2018）
著（编）者：尹丽波　2018年6月出版 / 估价：99.00元
PSN B-2015-452-5/6

工业和信息化蓝皮书
世界信息化发展报告（2017~2018）
著（编）者：尹丽波　2018年6月出版 / 估价：99.00元
PSN B-2015-451-4/6

工业设计蓝皮书
中国工业设计发展报告（2018）
著（编）者：王晓红 于炜 张立群　2018年9月出版 / 估价：168.00元
PSN B-2014-420-1/1

公共关系蓝皮书
中国公共关系发展报告（2017）
著（编）者：柳斌杰　2018年1月出版 / 定价：89.00元
PSN B-2016-579-1/1

皮书系列 2018全品种

公共关系蓝皮书
中国公共关系发展报告（2018）
著（编）者：柳斌杰　2018年11月出版／估价：99.00元
PSN B-2016-579-1/1

管理蓝皮书
中国管理发展报告（2018）
著（编）者：张晓东　2018年10月出版／估价：99.00元
PSN B-2014-416-1/1

轨道交通蓝皮书
中国轨道交通行业发展报告（2017）
著（编）者：仲建华　李闽榕
2017年12月出版／定价：98.00元
PSN B-2017-674-1/1

海关发展蓝皮书
中国海关发展前沿报告（2018）
著（编）者：干春晖　2018年6月出版／估价：99.00元
PSN B-2017-616-1/1

互联网医疗蓝皮书
中国互联网健康医疗发展报告（2018）
著（编）者：芮晓武　2018年6月出版／估价：99.00元
PSN B-2016-567-1/1

黄金市场蓝皮书
中国商业银行黄金业务发展报告（2017~2018）
著（编）者：平安银行　2018年6月出版／估价：99.00元
PSN B-2016-524-1/1

会展蓝皮书
中外会展业动态评估研究报告（2018）
著（编）者：张敏　任中峰　聂鑫焱　牛盼强
2018年12月出版／估价：99.00元
PSN B-2013-327-1/1

基金会蓝皮书
中国基金会发展报告（2017~2018）
著（编）者：中国基金会发展报告课题组
2018年6月出版／估价：99.00元
PSN B-2013-368-1/1

基金会绿皮书
中国基金会发展独立研究报告（2018）
著（编）者：基金会中心网　中央民族大学基金会研究中心
2018年6月出版／估价：99.00元
PSN G-2011-213-1/1

基金会透明度蓝皮书
中国基金会透明度发展研究报告（2018）
著（编）者：基金会中心网
　　　　　清华大学廉政与治理研究中心
2018年9月出版／估价：99.00元
PSN B-2013-339-1/1

建筑装饰蓝皮书
中国建筑装饰行业发展报告（2018）
著（编）者：慕道顺　刘晓一
2018年10月出版／估价：198.00元
PSN B-2016-553-1/1

金融监管蓝皮书
中国金融监管报告（2018）
著（编）者：胡滨　2018年3月出版／定价：98.00元
PSN B-2012-281-1/1

金融蓝皮书
中国互联网金融行业分析与评估（2018~2019）
著（编）者：黄国平　伍旭川　2018年12月出版／估价：99.00元
PSN B-2016-585-7/7

金融科技蓝皮书
中国金融科技发展报告（2018）
著（编）者：李扬　孙国峰　2018年10月出版／估价：99.00元
PSN B-2014-374-1/1

金融信息服务蓝皮书
中国金融信息服务发展报告（2018）
著（编）者：李平　2018年5月出版／估价：99.00元
PSN B-2017-621-1/1

金蜜蜂企业社会责任蓝皮书
金蜜蜂中国企业社会责任报告研究（2017）
著（编）者：殷格非　于志宏　管竹笋
2018年1月出版／定价：99.00元
PSN B-2018-693-1/1

京津冀金融蓝皮书
京津冀金融发展报告（2018）
著（编）者：王爱俭　王璟怡　2018年10月出版／估价：99.00元
PSN B-2016-527-1/1

科普蓝皮书
国家科普能力发展报告（2018）
著（编）者：王康友　2018年5月出版／估价：138.00元
PSN B-2017-632-4/4

科普蓝皮书
中国基层科普发展报告（2017~2018）
著（编）者：赵立新　陈玲　2018年9月出版／估价：99.00元
PSN B-2016-568-3/4

科普蓝皮书
中国科普基础设施发展报告（2017~2018）
著（编）者：任福君　2018年6月出版／估价：99.00元
PSN B-2010-174-1/3

科普蓝皮书
中国科普人才发展报告（2017~2018）
著（编）者：郑念　任嵘嵘　2018年7月出版／估价：99.00元
PSN B-2016-512-2/2

科普能力蓝皮书
中国科普能力评价报告（2018~2019）
著（编）者：李富强　李群　2018年8月出版／估价：99.00元
PSN B-2016-555-1/1

临空经济蓝皮书
中国临空经济发展报告（2018）
著（编）者：连玉明　2018年9月出版／估价：99.00元
PSN B-2014-421-1/1

皮书系列 2018全品种
行业及其他类

旅游安全蓝皮书
中国旅游安全报告（2018）
著(编)者：郑向敏 谢朝武　　2018年5月出版 / 估价：158.00元
PSN B-2012-280-1/1

旅游绿皮书
2017～2018年中国旅游发展分析与预测
著(编)者：宋瑞　　2018年1月出版 / 定价：99.00元
PSN G-2002-018-1/1

煤炭蓝皮书
中国煤炭工业发展报告（2018）
著(编)者：岳福斌　　2018年12月出版 / 估价：99.00元
PSN B-2008-123-1/1

民营企业社会责任蓝皮书
中国民营企业社会责任报告（2018）
著(编)者：中华全国工商业联合会
2018年12月出版 / 估价：99.00元
PSN B-2015-510-1/1

民营医院蓝皮书
中国民营医院发展报告（2017）
著(编)者：薛晓林　　2017年12月出版 / 定价：89.00元
PSN B-2012-299-1/1

闽商蓝皮书
闽商发展报告（2018）
著(编)者：李闽榕 王日根 林琛
2018年12月出版 / 估价：99.00元
PSN B-2012-298-1/1

农业应对气候变化蓝皮书
中国农业气象灾害及其灾损评估报告（No.3）
著(编)者：矫梅燕　　2018年6月出版 / 估价：118.00元
PSN B-2014-413-1/1

品牌蓝皮书
中国品牌战略发展报告（2018）
著(编)者：汪同三　　2018年10月出版 / 估价：99.00元
PSN B-2016-580-1/1

企业扶贫蓝皮书
中国企业扶贫研究报告（2018）
著(编)者：钟宏武　　2018年12月出版 / 估价：99.00元
PSN B-2016-593-1/1

企业公益蓝皮书
中国企业公益研究报告（2018）
著(编)者：钟宏武 汪杰 黄晓娟
2018年12月出版 / 估价：99.00元
PSN B-2015-501-1/1

企业国际化蓝皮书
中国企业全球化报告（2018）
著(编)者：王辉耀 苗绿　　2018年11月出版 / 估价：99.00元
PSN B-2014-427-1/1

企业蓝皮书
中国企业绿色发展报告No.2（2018）
著(编)者：李红玉 朱光辉
2018年8月出版 / 估价：99.00元
PSN B-2015-481-2/2

企业社会责任蓝皮书
中资企业海外社会责任研究报告（2017～2018）
著(编)者：钟宏武 叶柳红 张蒽
2018年6月出版 / 估价：99.00元
PSN B-2017-603-2/2

企业社会责任蓝皮书
中国企业社会责任研究报告（2018）
著(编)者：黄群慧 钟宏武 张蒽 汪杰
2018年11月出版 / 估价：99.00元
PSN B-2009-149-1/2

汽车安全蓝皮书
中国汽车安全发展报告（2018）
著(编)者：中国汽车技术研究中心
2018年8月出版 / 估价：99.00元
PSN B-2014-385-1/1

汽车电子商务蓝皮书
中国汽车电子商务发展报告（2018）
著(编)者：中华全国工商业联合会汽车经销商商会
　　　　　北方工业大学
　　　　　北京易观智库网络科技有限公司
2018年10月出版 / 估价：158.00元
PSN B-2015-485-1/1

汽车知识产权蓝皮书
中国汽车产业知识产权发展报告（2018）
著(编)者：中国汽车工程研究院股份有限公司
　　　　　中国汽车工程学会
　　　　　重庆长安汽车股份有限公司
2018年12月出版 / 估价：99.00元
PSN B-2016-594-1/1

青少年体育蓝皮书
中国青少年体育发展报告（2017）
著(编)者：刘扶民 杨桦　　2018年6月出版 / 估价：99.00元
PSN B-2015-482-1/1

区块链蓝皮书
中国区块链发展报告（2018）
著(编)者：李伟　　2018年9月出版 / 估价：99.00元
PSN B-2017-649-1/1

群众体育蓝皮书
中国群众体育发展报告（2017）
著(编)者：刘国永 戴健　　2018年5月出版 / 估价：99.00元
PSN B-2014-411-1/3

群众体育蓝皮书
中国社会体育指导员发展报告（2018）
著(编)者：刘国永 王欢　　2018年6月出版 / 估价：99.00元
PSN B-2016-520-3/3

人力资源蓝皮书
中国人力资源发展报告（2018）
著(编)者：余兴安　　2018年11月出版 / 估价：99.00元
PSN B-2012-287-1/1

融资租赁蓝皮书
中国融资租赁业发展报告（2017～2018）
著(编)者：李光荣 王力　　2018年8月出版 / 估价：99.00元
PSN B-2015-443-1/1

 行业及其他类

皮书系列
2018全品种

商会蓝皮书
中国商会发展报告No.5（2017）
著(编)者：王钦敏　2018年7月出版／估价：99.00元
PSN B-2008-125-1/1

商务中心区蓝皮书
中国商务中心区发展报告No.4（2017~2018）
著(编)者：李国红　单菁菁　2018年9月出版／估价：99.00元
PSN B-2015-444-1/1

设计产业蓝皮书
中国创新设计发展报告（2018）
著(编)者：王晓红　张立群　于炜
2018年11月出版／估价：99.00元
PSN B-2016-581-2/2

社会责任管理蓝皮书
中国上市公司社会责任能力成熟度报告No.4（2018）
著(编)者：肖红军　王晓光　李伟阳
2018年12月出版／估价：99.00元
PSN B-2015-507-2/2

社会责任管理蓝皮书
中国企业公众透明度报告No.4（2017~2018）
著(编)者：黄速建　熊梦　王晓光　肖红军
2018年6月出版／估价：99.00元
PSN B-2015-440-1/2

食品药品蓝皮书
食品药品安全与监管政策研究报告（2016~2017）
著(编)者：唐民皓　2018年6月出版／估价：99.00元
PSN B-2009-129-1/1

输血服务蓝皮书
中国输血行业发展报告（2018）
著(编)者：孙俊　2018年12月出版／估价：99.00元
PSN B-2016-582-1/1

水利风景区蓝皮书
中国水利风景区发展报告（2018）
著(编)者：董建文　兰思仁
2018年10月出版／估价：99.00元
PSN B-2015-480-1/1

数字经济蓝皮书
全球数字经济竞争力发展报告（2017）
著(编)者：王振　2017年12月出版／定价：79.00元
PSN B-2017-673-1/1

私募市场蓝皮书
中国私募股权市场发展报告（2017~2018）
著(编)者：曹和平　2018年12月出版／估价：99.00元
PSN B-2010-162-1/1

碳排放权交易蓝皮书
中国碳排放权交易报告（2018）
著(编)者：孙永平　2018年11月出版／估价：99.00元
PSN B-2017-652-1/1

碳市场蓝皮书
中国碳市场报告（2018）
著(编)者：定金彪　2018年11月出版／估价：99.00元
PSN B-2014-430-1/1

体育蓝皮书
中国公共体育服务发展报告（2018）
著(编)者：戴健　2018年12月出版／估价：99.00元
PSN B-2013-367-2/5

土地市场蓝皮书
中国农村土地市场发展报告（2017~2018）
著(编)者：李光荣　2018年6月出版／估价：99.00元
PSN B-2016-526-1/1

土地整治蓝皮书
中国土地整治发展研究报告（No.5）
著(编)者：国土资源部土地整治中心
2018年7月出版／估价：99.00元
PSN B-2014-401-1/1

土地政策蓝皮书
中国土地政策研究报告（2018）
著(编)者：高延利　张建平　吴次芳
2018年1月出版／定价：98.00元
PSN B-2015-506-1/1

网络空间安全蓝皮书
中国网络空间安全发展报告（2018）
著(编)者：惠志斌　覃庆玲
2018年11月出版／估价：99.00元
PSN B-2015-466-1/1

文化志愿服务蓝皮书
中国文化志愿服务发展报告（2018）
著(编)者：张永新　良警宇　2018年11月出版／估价：128.00元
PSN B-2016-596-1/1

西部金融蓝皮书
中国西部金融发展报告（2017~2018）
著(编)者：李忠民　2018年8月出版／估价：99.00元
PSN B-2010-160-1/1

协会商会蓝皮书
中国行业协会商会发展报告（2017）
著(编)者：景朝阳　李勇　2018年6月出版／估价：99.00元
PSN B-2015-461-1/1

新三板蓝皮书
中国新三板市场发展报告（2018）
著(编)者：王力　2018年8月出版／估价：99.00元
PSN B-2016-533-1/1

信托市场蓝皮书
中国信托业市场报告（2017~2018）
著(编)者：用益金融信托研究院
2018年6月出版／估价：198.00元
PSN B-2014-371-1/1

信息化蓝皮书
中国信息化形势分析与预测（2017~2018）
著(编)者：周宏仁　2018年8月出版／估价：99.00元
PSN B-2010-168-1/1

信用蓝皮书
中国信用发展报告（2017~2018）
著(编)者：章政　田侃　2018年6月出版／估价：99.00元
PSN B-2013-328-1/1

皮书系列 2018全品种 — 行业及其他类

休闲绿皮书
2017~2018年中国休闲发展报告
著(编)者：宋瑞　2018年7月出版 / 估价：99.00元
PSN G-2010-158-1/1

休闲体育蓝皮书
中国休闲体育发展报告（2017~2018）
著(编)者：李相如　钟秉枢
2018年10月出版 / 估价：99.00元
PSN B-2016-516-1/1

养老金融蓝皮书
中国养老金融发展报告（2018）
著(编)者：董克用　姚余栋
2018年9月出版 / 估价：99.00元
PSN B-2016-583-1/1

遥感监测绿皮书
中国可持续发展遥感监测报告（2017）
著(编)者：顾行发　汪克强　潘教峰　李闽榕　徐东华　王琦安
2018年6月出版 / 估价：298.00元
PSN B-2017-629-1/1

药品流通蓝皮书
中国药品流通行业发展报告（2018）
著(编)者：佘鲁林　温再兴
2018年7月出版 / 估价：198.00元
PSN B-2014-429-1/1

医疗器械蓝皮书
中国医疗器械行业发展报告（2018）
著(编)者：王宝亭　耿鸿武
2018年10月出版 / 估价：99.00元
PSN B-2017-661-1/1

医院蓝皮书
中国医院竞争力报告（2017~2018）
著(编)者：庄一强　2018年3月出版 / 定价：108.00元
PSN B-2016-528-1/1

瑜伽蓝皮书
中国瑜伽业发展报告（2017~2018）
著(编)者：张永建　徐华锋　朱泰余
2018年6月出版 / 估价：198.00元
PSN B-2017-625-1/1

债券市场蓝皮书
中国债券市场发展报告（2017~2018）
著(编)者：杨农　2018年10月出版 / 估价：99.00元
PSN B-2016-572-1/1

志愿服务蓝皮书
中国志愿服务发展报告（2018）
著(编)者：中国志愿服务联合会
2018年11月出版 / 估价：99.00元
PSN B-2017-664-1/1

中国上市公司蓝皮书
中国上市公司发展报告（2018）
著(编)者：张鹏　张平　黄胤英
2018年9月出版 / 估价：99.00元
PSN B-2014-414-1/1

中国新三板蓝皮书
中国新三板创新与发展报告（2018）
著(编)者：刘平安　闻召林
2018年8月出版 / 估价：158.00元
PSN B-2017-638-1/1

中国汽车品牌蓝皮书
中国乘用车品牌发展报告（2017）
著(编)者：《中国汽车报》社有限公司
　　　　　博世（中国）投资有限公司
　　　　　中国汽车技术研究中心数据资源中心
2018年1月出版 / 估价：89.00元
PSN B-2017-679-1/1

中医文化蓝皮书
北京中医药文化传播发展报告（2018）
著(编)者：毛嘉陵　2018年6月出版 / 估价：99.00元
PSN B-2015-468-1/2

中医文化蓝皮书
中国中医药文化传播发展报告（2018）
著(编)者：毛嘉陵　2018年7月出版 / 估价：99.00元
PSN B-2016-584-2/2

中医药蓝皮书
北京中医药知识产权发展报告No.2
著(编)者：汪洪　屠志涛　2018年6月出版 / 估价：168.00元
PSN B-2017-602-1/1

资本市场蓝皮书
中国场外交易市场发展报告（2016~2017）
著(编)者：高峦　2018年6月出版 / 估价：99.00元
PSN B-2009-153-1/1

资产管理蓝皮书
中国资产管理行业发展报告（2018）
著(编)者：郑智　2018年7月出版 / 估价：99.00元
PSN B-2014-407-2/2

资产证券化蓝皮书
中国资产证券化发展报告（2018）
著(编)者：沈炳熙　曹彤　李哲平
2018年4月出版 / 定价：98.00元
PSN B-2017-660-1/1

自贸区蓝皮书
中国自贸区发展报告（2018）
著(编)者：王力　黄育华
2018年6月出版 / 估价：99.00元
PSN B-2016-558-1/1

国际问题与全球治理类

"一带一路"跨境通道蓝皮书
"一带一路"跨境通道建设研究报（2017~2018）
著(编)者：余鑫 张秋生　2018年1月出版 / 定价：89.00元
PSN B-2016-557-1/1

"一带一路"蓝皮书
"一带一路"建设发展报告（2018）
著(编)者：李永全　2018年3月出版 / 定价：98.00元
PSN B-2016-552-1/1

"一带一路"投资安全蓝皮书
中国"一带一路"投资与安全研究报告（2018）
著(编)者：邹statistik钎 梁昊光　2018年4月出版 / 定价：98.00元
PSN B-2017-612-1/1

"一带一路"文化交流蓝皮书
中阿文化交流发展报告（2017）
著(编)者：王辉　2017年12月出版 / 定价：89.00元
PSN B-2017-655-1/1

G20国家创新竞争力黄皮书
二十国集团（G20）国家创新竞争力发展报告（2017~2018）
著(编)者：李建平 李闽榕 赵新力 周天勇
2018年7月出版 / 估价：168.00元
PSN Y-2011-229-1/1

阿拉伯黄皮书
阿拉伯发展报告（2016~2017）
著(编)者：罗林　2018年6月出版 / 估价：99.00元
PSN Y-2014-381-1/1

北部湾蓝皮书
泛北部湾合作发展报告（2017~2018）
著(编)者：吕余生　2018年12月出版 / 估价：99.00元
PSN B-2008-114-1/1

北极蓝皮书
北极地区发展报告（2017）
著(编)者：刘惠荣　2018年7月出版 / 估价：99.00元
PSN B-2017-634-1/1

大洋洲蓝皮书
大洋洲发展报告（2017~2018）
著(编)者：喻常森　2018年10月出版 / 估价：99.00元
PSN B-2013-341-1/1

东北亚区域合作蓝皮书
2017年"一带一路"倡议与东北亚区域合作
著(编)者：刘亚政 金美花
2018年5月出版 / 估价：99.00元
PSN B-2017-631-1/1

东盟黄皮书
东盟发展报告（2017）
著(编)者：杨晓强 庄国土　2018年6月出版 / 估价：99.00元
PSN Y-2012-303-1/1

东南亚蓝皮书
东南亚地区发展报告（2017~2018）
著(编)者：王勤　2018年12月出版 / 估价：99.00元
PSN B-2012-240-1/1

非洲黄皮书
非洲发展报告No.20（2017~2018）
著(编)者：张宏明　2018年7月出版 / 估价：99.00元
PSN Y-2012-239-1/1

非传统安全蓝皮书
中国非传统安全研究报告（2017~2018）
著(编)者：潇枫 罗中枢　2018年8月出版 / 估价：99.00元
PSN B-2012-273-1/1

国际安全蓝皮书
中国国际安全研究报告（2018）
著(编)者：刘慧　2018年7月出版 / 估价：99.00元
PSN B-2016-521-1/1

国际城市蓝皮书
国际城市发展报告（2018）
著(编)者：屠启宇　2018年2月出版 / 定价：89.00元
PSN B-2012-260-1/1

国际形势黄皮书
全球政治与安全报告（2018）
著(编)者：张宇燕　2018年1月出版 / 定价：99.00元
PSN Y-2001-016-1/1

公共外交蓝皮书
中国公共外交发展报告（2018）
著(编)者：赵启正 雷蔚真　2018年6月出版 / 估价：99.00元
PSN B-2015-457-1/1

海丝蓝皮书
21世纪海上丝绸之路研究报告（2017）
著(编)者：华侨大学海上丝绸之路研究院
2017年12月出版 / 定价：89.00元
PSN B-2017-684-1/1

金砖国家黄皮书
金砖国家综合创新竞争力发展报告（2018）
著(编)者：赵新力 李闽榕 黄茂兴
2018年8月出版 / 估价：128.00元
PSN Y-2017-643-1/1

拉美黄皮书
拉丁美洲和加勒比发展报告（2017~2018）
著(编)者：袁东振　2018年6月出版 / 估价：99.00元
PSN Y-1999-007-1/1

澜湄合作蓝皮书
澜沧江-湄公河合作发展报告（2018）
著(编)者：刘稚　2018年9月出版 / 估价：99.00元
PSN B-2011-196-1/1

皮书系列 2018全品种 — 国际问题与全球治理类

欧洲蓝皮书
欧洲发展报告(2017~2018)
著(编)者：黄平 周弘 程卫东
2018年6月出版 / 估价：99.00元
PSN B-1999-009-1/1

葡语国家蓝皮书
葡语国家发展报告(2016~2017)
著(编)者：王成安 张敏 刘金兰
2018年6月出版 / 估价：99.00元
PSN B-2015-503-1/2

葡语国家蓝皮书
中国与葡语国家关系发展报告·巴西(2016)
著(编)者：张曙光
2018年8月出版 / 估价：99.00元
PSN B-2016-563-2/2

气候变化绿皮书
应对气候变化报告(2018)
著(编)者：王伟光 郑国光
2018年11月出版 / 估价：99.00元
PSN G-2009-144-1/1

全球环境竞争力绿皮书
全球环境竞争力报告(2018)
著(编)者：李建平 李闽榕 王金南
2018年12月出版 / 估价：198.00元
PSN G-2013-363-1/1

全球信息社会蓝皮书
全球信息社会发展报告(2018)
著(编)者：丁波涛 唐涛 2018年10月出版 / 估价：99.00元
PSN B-2017-665-1/1

日本经济蓝皮书
日本经济与中日经贸关系研究报告(2018)
著(编)者：张季风 2018年6月出版 / 估价：99.00元
PSN B-2008-102-1/1

上海合作组织黄皮书
上海合作组织发展报告(2018)
著(编)者：李进峰 2018年6月出版 / 估价：99.00元
PSN Y-2009-130-1/1

世界创新竞争力黄皮书
世界创新竞争力发展报告(2017)
著(编)者：李建平 李闽榕 赵新力
2018年6月出版 / 估价：168.00元
PSN Y-2013-318-1/1

世界经济黄皮书
2018年世界经济形势分析与预测
著(编)者：张宇燕 2018年1月出版 / 定价：99.00元
PSN Y-1999-006-1/1

世界能源互联互通蓝皮书
世界能源清洁发展与互联互通评估报告(2017)：欧洲篇
著(编)者：国网能源研究院
2018年1月出版 / 定价：128.00元
PSN B-2018-695-1/1

丝绸之路蓝皮书
丝绸之路经济带发展报告(2018)
著(编)者：任宗哲 白宽犁 谷孟宾
2018年1月出版 / 定价：89.00元
PSN B-2014-410-1/1

新兴经济体蓝皮书
金砖国家发展报告(2018)
著(编)者：林跃勤 周文
2018年8月出版 / 估价：99.00元
PSN B-2011-195-1/1

亚太蓝皮书
亚太地区发展报告(2018)
著(编)者：李向阳 2018年5月出版 / 估价：99.00元
PSN B-2001-015-1/1

印度洋地区蓝皮书
印度洋地区发展报告(2018)
著(编)者：汪戎 2018年6月出版 / 估价：99.00元
PSN B-2013-334-1/1

印度尼西亚经济蓝皮书
印度尼西亚经济发展报告(2017)：增长与机会
著(编)者：左志刚 2017年11月出版 / 定价：89.00元
PSN B-2017-675-1/1

渝新欧蓝皮书
渝新欧沿线国家发展报告(2018)
著(编)者：杨柏 黄森
2018年6月出版 / 估价：99.00元
PSN B-2017-626-1/1

中阿蓝皮书
中国-阿拉伯国家经贸发展报告(2018)
著(编)者：张廉 段庆林 王林聪 杨巧红
2018年12月出版 / 估价：99.00元
PSN B-2016-598-1/1

中东黄皮书
中东发展报告No.20(2017~2018)
著(编)者：杨光 2018年10月出版 / 估价：99.00元
PSN Y-1998-004-1/1

中亚黄皮书
中亚国家发展报告(2018)
著(编)者：孙力
2018年3月出版 / 定价：98.00元
PSN Y-2012-238-1/1

皮书系列 2018全品种

国别类·文化传媒类

国别类

澳大利亚蓝皮书
澳大利亚发展报告（2017-2018）
著(编)者：孙有中 韩锋　2018年12月出版 / 估价：99.00元
PSN B-2016-587-1/1

巴西黄皮书
巴西发展报告（2017）
著(编)者：刘国枝　2018年5月出版 / 估价：99.00元
PSN Y-2017-614-1/1

德国蓝皮书
德国发展报告（2018）
著(编)者：郑春荣　2018年6月出版 / 估价：99.00元
PSN B-2012-278-1/1

俄罗斯黄皮书
俄罗斯发展报告（2018）
著(编)者：李永全　2018年6月出版 / 估价：99.00元
PSN Y-2006-061-1/1

韩国蓝皮书
韩国发展报告（2017）
著(编)者：牛林杰 刘宝全　2018年6月出版 / 估价：99.00元
PSN B-2010-155-1/1

加拿大蓝皮书
加拿大发展报告（2018）
著(编)者：唐小松　2018年9月出版 / 估价：99.00元
PSN B-2014-389-1/1

美国蓝皮书
美国研究报告（2018）
著(编)者：郑秉文 黄平　2018年5月出版 / 估价：99.00元
PSN B-2011-210-1/1

缅甸蓝皮书
缅甸国情报告（2017）
著(编)者：祝湘辉
2017年11月出版 / 定价：98.00元
PSN B-2013-343-1/1

日本蓝皮书
日本研究报告（2018）
著(编)者：杨伯江　2018年4月出版 / 定价：99.00元
PSN B-2002-020-1/1

土耳其蓝皮书
土耳其发展报告（2018）
著(编)者：郭长刚 刘义　2018年9月出版 / 估价：99.00元
PSN B-2014-412-1/1

伊朗蓝皮书
伊朗发展报告（2017~2018）
著(编)者：冀开运　2018年10月 / 估价：99.00元
PSN B-2016-574-1/1

以色列蓝皮书
以色列发展报告（2018）
著(编)者：张倩红　2018年8月出版 / 估价：99.00元
PSN B-2015-483-1/1

印度蓝皮书
印度国情报告（2017）
著(编)者：吕昭义　2018年6月出版 / 估价：99.00元
PSN B-2012-241-1/1

英国蓝皮书
英国发展报告（2017~2018）
著(编)者：王展鹏　2018年12月出版 / 估价：99.00元
PSN B-2015-486-1/1

越南蓝皮书
越南国情报告（2018）
著(编)者：谢林城　2018年11月出版 / 估价：99.00元
PSN B-2006-056-1/1

泰国蓝皮书
泰国研究报告（2018）
著(编)者：庄国土 张禹东 刘文正
2018年10月出版 / 估价：99.00元
PSN B-2016-556-1/1

文化传媒类

"三农"舆情蓝皮书
中国"三农"网络舆情报告（2017~2018）
著(编)者：农业部信息中心
2018年6月出版 / 估价：99.00元
PSN B-2017-640-1/1

传媒竞争力蓝皮书
中国传媒国际竞争力研究报告（2018）
著(编)者：李本乾 刘强 王大可
2018年8月出版 / 估价：99.00元
PSN B-2013-356-1/1

传媒蓝皮书
中国传媒产业发展报告（2018）
著(编)者：崔保国
2018年5月出版 / 估价：99.00元
PSN B-2005-035-1/1

传媒投资蓝皮书
中国传媒投资发展报告（2018）
著(编)者：张向东 谭云明
2018年6月出版 / 估价：148.00元
PSN B-2015-474-1/1

皮书系列 2018全品种 — 文化传媒类

非物质文化遗产蓝皮书
中国非物质文化遗产发展报告（2018）
著(编)者：陈平　2018年6月出版 / 估价：128.00元
PSN B-2015-469-1/2

非物质文化遗产蓝皮书
中国非物质文化遗产保护发展报告（2018）
著(编)者：宋俊华　2018年10月出版 / 估价：128.00元
PSN B-2016-586-2/2

广电蓝皮书
中国广播电影电视发展报告（2018）
著(编)者：国家新闻出版广电总局发展研究中心
2018年7月出版 / 估价：99.00元
PSN B-2006-072-1/1

广告主蓝皮书
中国广告主营销传播趋势报告No.9
著(编)者：黄升民　杜国清　邵华冬 等
2018年10月出版 / 估价：158.00元
PSN B-2005-041-1/1

国际传播蓝皮书
中国国际传播发展报告（2018）
著(编)者：胡正荣　李继东　姬德强
2018年12月出版 / 估价：99.00元
PSN B-2014-408-1/1

国家形象蓝皮书
中国国家形象传播报告（2017）
著(编)者：张昆　2018年6月出版 / 估价：128.00元
PSN B-2017-605-1/1

互联网治理蓝皮书
中国网络社会治理研究报告（2018）
著(编)者：罗昕　支庭荣
2018年9月出版 / 估价：118.00元
PSN B-2017-653-1/1

纪录片蓝皮书
中国纪录片发展报告（2018）
著(编)者：何苏六　2018年10月出版 / 估价：99.00元
PSN B-2011-222-1/1

科学传播蓝皮书
中国科学传播报告（2016~2017）
著(编)者：詹正茂　2018年6月出版 / 估价：99.00元
PSN B-2008-120-1/1

两岸创意经济蓝皮书
两岸创意经济研究报告（2018）
著(编)者：罗昌智　董泽平
2018年10月出版 / 估价：99.00元
PSN B-2014-437-1/1

媒介与女性蓝皮书
中国媒介与女性发展报告（2017~2018）
著(编)者：刘利群　2018年5月出版 / 估价：99.00元
PSN B-2013-345-1/1

媒体融合蓝皮书
中国媒体融合发展报告（2017~2018）
著(编)者：梅宁华　支庭荣
2017年12月出版 / 估价：98.00元
PSN B-2015-479-1/1

全球传媒蓝皮书
全球传媒发展报告（2017~2018）
著(编)者：胡正荣　李继东　2018年6月出版 / 估价：99.00元
PSN B-2012-237-1/1

少数民族非遗蓝皮书
中国少数民族非物质文化遗产发展报告（2018）
著(编)者：肖远平（彝）　柴立（满）
2018年10月出版 / 估价：118.00元
PSN B-2015-467-1/1

视听新媒体蓝皮书
中国视听新媒体发展报告（2018）
著(编)者：国家新闻出版广电总局发展研究中心
2018年7月出版 / 估价：118.00元
PSN B-2011-184-1/1

数字娱乐产业蓝皮书
中国动画产业发展报告（2018）
著(编)者：孙立军　孙平　牛兴侦
2018年10月出版 / 估价：99.00元
PSN B-2011-198-1/2

数字娱乐产业蓝皮书
中国游戏产业发展报告（2018）
著(编)者：孙立军　刘跃军　2018年10月出版 / 估价：99.00元
PSN B-2017-662-2/2

网络视听蓝皮书
中国互联网视听行业发展报告（2018）
著(编)者：陈鹏　2018年2月出版 / 定价：148.00元
PSN B-2018-688-1/1

文化创新蓝皮书
中国文化创新报告（2017·No.8）
著(编)者：傅才武　2018年6月出版 / 估价：99.00元
PSN B-2009-143-1/1

文化建设蓝皮书
中国文化发展报告（2018）
著(编)者：江畅　孙伟平　戴茂堂
2018年5月出版 / 估价：99.00元
PSN B-2014-392-1/1

文化科技蓝皮书
文化科技创新发展报告（2018）
著(编)者：于平　李凤亮　2018年10月出版 / 估价：99.00元
PSN B-2013-342-1/1

文化蓝皮书
中国公共文化服务发展报告（2017~2018）
著(编)者：刘新成　张永新　张旭
2018年12月出版 / 估价：99.00元
PSN B-2007-093-2/10

文化蓝皮书
中国少数民族文化发展报告（2017~2018）
著(编)者：武翠英　张晓明　任乌晶
2018年9月出版 / 估价：99.00元
PSN B-2013-369-9/10

文化蓝皮书
中国文化产业供需协调检测报告（2018）
著(编)者：王亚南　2018年3月出版 / 定价：99.00元
PSN B-2013-323-8/10

文化传媒类

文化蓝皮书
中国文化消费需求景气评价报告（2018）
著(编)者：王亚南　2018年3月出版 / 定价：99.00元
PSN B-2011-236-4/10

文化蓝皮书
中国公共文化投入增长测评报告（2018）
著(编)者：王亚南　2018年3月出版 / 定价：99.00元
PSN B-2014-435-10/10

文化品牌蓝皮书
中国文化品牌发展报告（2018）
著(编)者：欧阳友权　2018年5月出版 / 估价：99.00元
PSN B-2012-277-1/1

文化遗产蓝皮书
中国文化遗产事业发展报告（2017~2018）
著(编)者：苏杨　张颖岚　卓杰　白海峰　陈晨　陈叙图
2018年8月出版 / 估价：99.00元
PSN B-2008-119-1/1

文学蓝皮书
中国文情报告（2017~2018）
著(编)者：白烨　2018年5月出版 / 估价：99.00元
PSN B-2011-221-1/1

新媒体蓝皮书
中国新媒体发展报告No.9（2018）
著(编)者：唐绪军　2018年7月出版 / 估价：99.00元
PSN B-2010-169-1/1

新媒体社会责任蓝皮书
中国新媒体社会责任研究报告（2018）
著(编)者：钟瑛　2018年12月出版 / 估价：99.00元
PSN B-2014-423-1/1

移动互联网蓝皮书
中国移动互联网发展报告（2018）
著(编)者：余清楚　2018年6月出版 / 估价：99.00元
PSN B-2012-282-1/1

影视蓝皮书
中国影视产业发展报告（2018）
著(编)者：司若　陈鹏　陈锐
2018年6月出版 / 估价：99.00元
PSN B-2016-529-1/1

舆情蓝皮书
中国社会舆情与危机管理报告（2018）
著(编)者：谢耘耕
2018年9月出版 / 估价：138.00元
PSN B-2011-235-1/1

中国大运河蓝皮书
中国大运河发展报告（2018）
著(编)者：吴欣　2018年2月出版 / 估价：128.00元
PSN B-2018-691-1/1

地方发展类-经济

澳门蓝皮书
澳门经济社会发展报告（2017~2018）
著(编)者：吴志良　郝雨凡
2018年7月出版 / 估价：99.00元
PSN B-2009-138-1/1

澳门绿皮书
澳门旅游休闲发展报告（2017~2018）
著(编)者：郝雨凡　林广志
2018年5月出版 / 估价：99.00元
PSN G-2017-617-1/1

北京蓝皮书
北京经济发展报告（2017~2018）
著(编)者：杨松　2018年6月出版 / 估价：99.00元
PSN B-2006-054-2/8

北京旅游绿皮书
北京旅游发展报告（2018）
著(编)者：北京旅游学会
2018年7月出版 / 估价：99.00元
PSN G-2012-301-1/1

北京体育蓝皮书
北京体育产业发展报告（2017~2018）
著(编)者：钟秉枢　陈杰　杨铁黎
2018年9月出版 / 估价：99.00元
PSN B-2015-475-1/1

滨海金融蓝皮书
滨海新区金融发展报告（2017）
著(编)者：王爱俭　李向前　2018年4月出版 / 估价：99.00元
PSN B-2014-424-1/1

城乡一体化蓝皮书
北京城乡一体化发展报告（2017~2018）
著(编)者：吴宝新　张宝秀　黄序
2018年5月出版 / 估价：99.00元
PSN B-2012-258-2/2

非公有制企业社会责任蓝皮书
北京非公有制企业社会责任报告（2018）
著(编)者：宋贵伦　冯培
2018年6月出版 / 估价：99.00元
PSN B-2017-613-1/1

皮书系列 2018全品种 — 地方发展类-经济

福建旅游蓝皮书
福建省旅游产业发展现状研究（2017~2018）
著(编)者：陈敏华 黄远水　2018年12月出版／估价：128.00元
PSN B-2016-591-1/1

福建自贸区蓝皮书
中国(福建)自由贸易试验区发展报告(2017~2018)
著(编)者：黄茂兴　2018年6月出版／估价：118.00元
PSN B-2016-531-1/1

甘肃蓝皮书
甘肃经济发展分析与预测（2018）
著(编)者：安文华 罗哲　2018年1月出版／定价：99.00元
PSN B-2013-312-1/6

甘肃蓝皮书
甘肃商贸流通发展报告（2018）
著(编)者：张应华 王福生 王晓芳
2018年1月出版／定价：99.00元
PSN B-2016-522-6/6

甘肃蓝皮书
甘肃县域和农村发展报告（2018）
著(编)者：包东红 朱智文 王建兵
2018年1月出版／定价：99.00元
PSN B-2013-316-5/6

甘肃农业科技绿皮书
甘肃农业科技发展研究报告（2018）
著(编)者：魏胜文 乔德华 张东伟
2018年12月出版／估价：198.00元
PSN B-2016-592-1/1

甘肃气象保障蓝皮书
甘肃农业对气候变化的适应与风险评估报告（No.1）
著(编)者：鲍文中 周广胜
2017年12月出版／定价：108.00元
PSN B-2017-677-1/1

巩义蓝皮书
巩义经济社会发展报告（2018）
著(编)者：丁同民 朱军　2018年6月出版／估价：99.00元
PSN B-2016-532-1/1

广东外经贸蓝皮书
广东对外经济贸易发展研究报告（2017~2018）
著(编)者：陈万灵　2018年6月出版／估价：99.00元
PSN B-2012-286-1/1

广西北部湾经济区蓝皮书
广西北部湾经济区开放开发报告（2017~2018）
著(编)者：广西壮族自治区北部湾经济区和东盟开放合作办公室
广西社会科学院
广西北部湾发展研究院
2018年5月出版／定价：99.00元
PSN B-2010-181-1/1

广州蓝皮书
广州城市国际化发展报告（2018）
著(编)者：张跃国　2018年8月出版／估价：99.00元
PSN B-2012-246-11/14

广州蓝皮书
中国广州城市建设与管理发展报告（2018）
著(编)者：张其学 陈小钢 王宏伟　2018年8月出版／估价：99.00元
PSN B-2007-087-4/14

广州蓝皮书
广州创新型城市发展报告（2018）
著(编)者：尹涛　2018年6月出版／估价：99.00元
PSN B-2012-247-12/14

广州蓝皮书
广州经济发展报告（2018）
著(编)者：张跃国 尹涛　2018年7月出版／估价：99.00元
PSN B-2005-040-1/14

广州蓝皮书
2018年中国广州经济形势分析与预测
著(编)者：魏明海 谢博能 李华
2018年6月出版／估价：99.00元
PSN B-2011-185-9/14

广州蓝皮书
中国广州科技创新发展报告（2018）
著(编)者：于欣伟 陈爽 邓佑满　2018年8月出版／估价：99.00元
PSN B-2006-065-2/14

广州蓝皮书
广州农村发展报告（2018）
著(编)者：朱名宏　2018年7月出版／估价：99.00元
PSN B-2010-167-8/14

广州蓝皮书
广州汽车产业发展报告（2018）
著(编)者：杨再高 冯兴亚　2018年7月出版／估价：99.00元
PSN B-2006-066-3/14

广州蓝皮书
广州商贸业发展报告（2018）
著(编)者：张跃国 陈杰 荀振英
2018年7月出版／估价：99.00元
PSN B-2012-245-10/14

贵阳蓝皮书
贵阳城市创新发展报告No.3（白云篇）
著(编)者：连玉明　2018年5月出版／估价：99.00元
PSN B-2015-491-3/10

贵阳蓝皮书
贵阳城市创新发展报告No.3（观山湖篇）
著(编)者：连玉明　2018年5月出版／估价：99.00元
PSN B-2015-497-9/10

贵阳蓝皮书
贵阳城市创新发展报告No.3（花溪篇）
著(编)者：连玉明　2018年5月出版／估价：99.00元
PSN B-2015-490-2/10

贵阳蓝皮书
贵阳城市创新发展报告No.3（开阳篇）
著(编)者：连玉明　2018年5月出版／估价：99.00元
PSN B-2015-492-4/10

贵阳蓝皮书
贵阳城市创新发展报告No.3（南明篇）
著(编)者：连玉明　2018年5月出版／估价：99.00元
PSN B-2015-496-8/10

贵阳蓝皮书
贵阳城市创新发展报告No.3（清镇篇）
著(编)者：连玉明　2018年5月出版／估价：99.00元
PSN B-2015-489-1/10

皮书系列
2018全品种

贵阳蓝皮书
贵阳城市创新发展报告No.3（乌当篇）
著（编）者：连玉明　2018年5月出版／估价：99.00元
PSN B-2015-495-7/10

贵阳蓝皮书
贵阳城市创新发展报告No.3（息烽篇）
著（编）者：连玉明　2018年5月出版／估价：99.00元
PSN B-2015-493-5/10

贵阳蓝皮书
贵阳城市创新发展报告No.3（修文篇）
著（编）者：连玉明　2018年5月出版／估价：99.00元
PSN B-2015-494-6/10

贵阳蓝皮书
贵阳城市创新发展报告No.3（云岩篇）
著（编）者：连玉明　2018年5月出版／估价：99.00元
PSN B-2015-498-10/10

贵州房地产蓝皮书
贵州房地产发展报告No.5（2018）
著（编）者：武廷方　2018年7月出版／估价：99.00元
PSN B-2014-426-1/1

贵州蓝皮书
贵州册亨经济社会发展报告（2018）
著（编）者：黄德林　2018年6月出版／估价：99.00元
PSN B-2016-525-8/9

贵州蓝皮书
贵州地理标志产业发展报告（2018）
著（编）者：李发耀　黄其松　2018年8月出版／估价：99.00元
PSN B-2017-646-10/10

贵州蓝皮书
贵安新区发展报告（2017~2018）
著（编）者：马长青　吴大华　2018年6月出版／估价：99.00元
PSN B-2015-459-4/10

贵州蓝皮书
贵州国家级开放创新平台发展报告（2017~2018）
著（编）者：申晓庆　吴大华　李泓
2018年11月出版／估价：99.00元
PSN B-2016-518-7/10

贵州蓝皮书
贵州国有企业社会责任发展报告（2017~2018）
著（编）者：郭丽　2018年12月出版／估价：99.00元
PSN B-2015-511-6/10

贵州蓝皮书
贵州民航业发展报告（2017）
著（编）者：申振东　吴大华　2018年6月出版／估价：99.00元
PSN B-2015-471-5/10

贵州蓝皮书
贵州民营经济发展报告（2017）
著（编）者：杨静　吴大华　2018年6月出版／估价：99.00元
PSN B-2016-530-9/9

杭州都市圈蓝皮书
杭州都市圈发展报告（2018）
著（编）者：洪庆华　沈翔　2018年4月出版／定价：98.00元
PSN B-2012-302-1/1

河北经济蓝皮书
河北省经济发展报告（2018）
著（编）者：马树强　金浩　张贵　2018年6月出版／估价：99.00元
PSN B-2014-380-1/1

河北蓝皮书
河北经济社会发展报告（2018）
著（编）者：康振海　2018年1月出版／定价：99.00元
PSN B-2014-372-1/3

河北蓝皮书
京津冀协同发展报告（2018）
著（编）者：陈璐　2017年12月出版／定价：79.00元
PSN B-2017-601-2/3

河南经济蓝皮书
2018年河南经济形势分析与预测
著（编）者：王世炎　2018年3月出版／定价：89.00元
PSN B-2007-086-1/1

河南蓝皮书
河南城市发展报告（2018）
著（编）者：张占仓　王建国　2018年5月出版／估价：99.00元
PSN B-2009-131-3/9

河南蓝皮书
河南工业发展报告（2018）
著（编）者：张占仓　2018年5月出版／估价：99.00元
PSN B-2013-317-5/9

河南蓝皮书
河南金融发展报告（2018）
著（编）者：喻新安　谷建全
2018年6月出版／估价：99.00元
PSN B-2014-390-7/9

河南蓝皮书
河南经济发展报告（2018）
著（编）者：张占仓　完世伟
2018年6月出版／估价：99.00元
PSN B-2010-157-4/9

河南蓝皮书
河南能源发展报告（2018）
著（编）者：国网河南省电力公司经济技术研究院
　　　　　河南省社会科学院
2018年6月出版／估价：99.00元
PSN B-2017-607-9/9

河南商务蓝皮书
河南商务发展报告（2018）
著（编）者：焦锦淼　穆荣国　2018年5月出版／估价：99.00元
PSN B-2014-399-1/1

河南双创蓝皮书
河南创新创业发展报告（2018）
著（编）者：喻新安　杨雪梅
2018年8月出版／估价：99.00元
PSN B-2017-641-1/1

黑龙江蓝皮书
黑龙江经济发展报告（2018）
著（编）者：朱宇　2018年1月出版／定价：89.00元
PSN B-2011-190-2/2

皮书系列 2018全品种 — 地方发展类-经济

湖南城市蓝皮书
区域城市群整合
著(编)者：童中贤 韩未名　2018年12月出版 / 估价：99.00元
PSN B-2006-064-1/1

湖南蓝皮书
湖南城乡一体化发展报告（2018）
著(编)者：陈文胜 王文强 陆福兴
2018年8月出版 / 估价：99.00元
PSN B-2015-477-8/8

湖南蓝皮书
2018年湖南电子政务发展报告
著(编)者：梁志峰　2018年5月出版 / 估价：128.00元
PSN B-2014-394-6/8

湖南蓝皮书
2018年湖南经济发展报告
著(编)者：卞鹰　2018年5月出版 / 估价：128.00元
PSN B-2011-207-2/8

湖南蓝皮书
2016年湖南经济展望
著(编)者：梁志峰　2018年5月出版 / 估价：128.00元
PSN B-2011-206-1/8

湖南蓝皮书
2018年湖南县域经济社会发展报告
著(编)者：梁志峰　2018年5月出版 / 估价：128.00元
PSN B-2014-395-7/8

湖南县域绿皮书
湖南县域发展报告（No.5）
著(编)者：袁准 周小毛 黎仁寅
2018年6月出版 / 估价：99.00元
PSN G-2012-274-1/1

沪港蓝皮书
沪港发展报告（2018）
著(编)者：尤安山　2018年9月出版 / 估价：99.00元
PSN B-2013-362-1/1

吉林蓝皮书
2018年吉林经济社会形势分析与预测
著(编)者：邵汉明　2017年12月出版 / 定价：89.00元
PSN B-2013-319-1/1

吉林省城市竞争力蓝皮书
吉林省城市竞争力报告（2017~2018）
著(编)者：崔岳春 张磊
2018年3月出版 / 定价：89.00元
PSN B-2016-513-1/1

济源蓝皮书
济源经济社会发展报告（2018）
著(编)者：喻新安　2018年6月出版 / 估价：99.00元
PSN B-2014-387-1/1

江苏蓝皮书
2018年江苏经济发展分析与展望
著(编)者：王庆五 吴先满
2018年7月出版 / 估价：128.00元
PSN B-2017-635-1/3

江西蓝皮书
江西经济社会发展报告（2018）
著(编)者：陈石俊 龚建文　2018年10月出版 / 估价：128.00元
PSN B-2015-484-1/2

江西蓝皮书
江西设区市发展报告（2018）
著(编)者：姜玮 梁勇
2018年10月出版 / 估价：99.00元
PSN B-2016-517-2/2

经济特区蓝皮书
中国经济特区发展报告（2017）
著(编)者：陶一桃　2018年1月出版 / 估价：99.00元
PSN B-2009-139-1/1

辽宁蓝皮书
2018年辽宁经济社会形势分析与预测
著(编)者：梁启东 魏红江　2018年6月出版 / 估价：99.00元
PSN B-2006-053-1/1

民族经济蓝皮书
中国民族地区经济发展报告（2018）
著(编)者：李曦辉　2018年7月出版 / 估价：99.00元
PSN B-2017-630-1/1

南宁蓝皮书
南宁经济发展报告（2018）
著(编)者：胡建华　2018年9月出版 / 估价：99.00元
PSN B-2016-569-2/3

内蒙古蓝皮书
内蒙古精准扶贫研究报告（2018）
著(编)者：张志华　2018年1月出版 / 定价：89.00元
PSN B-2017-681-2/2

浦东新区蓝皮书
上海浦东经济发展报告（2018）
著(编)者：周小平 徐美芳
2018年1月出版 / 定价：89.00元
PSN B-2011-225-1/1

青海蓝皮书
2018年青海经济社会形势分析与预测
著(编)者：陈玮　2018年1月出版 / 定价：98.00元
PSN B-2012-275-1/2

青海科技绿皮书
青海科技发展报告（2017）
著(编)者：青海省科学技术信息研究所
2018年3月出版 / 估价：98.00元
PSN G-2018-701-1/1

山东蓝皮书
山东经济形势分析与预测（2018）
著(编)者：李广杰　2018年7月出版 / 估价：99.00元
PSN B-2014-404-1/5

山东蓝皮书
山东省普惠金融发展报告（2018）
著(编)者：齐鲁财富网
2018年9月出版 / 估价：99.00元
PSN B2017-676-5/5

地方发展类-经济

山西蓝皮书
山西资源型经济转型发展报告（2018）
著(编)者：李志强　2018年7月出版　估价：99.00元
PSN B-2011-197-1/1

陕西蓝皮书
陕西经济发展报告（2018）
著(编)者：任宗哲　白宽犁　裴成荣
2018年1月出版　定价：89.00元
PSN B-2009-135-1/6

陕西蓝皮书
陕西精准脱贫研究报告（2018）
著(编)者：任宗哲　白宽犁　王建康
2018年4月出版　定价：89.00元
PSN B-2017-623-6/6

上海蓝皮书
上海经济发展报告（2018）
著(编)者：沈开艳　2018年2月出版　定价：89.00元
PSN B-2006-057-1/7

上海蓝皮书
上海资源环境发展报告（2018）
著(编)者：周冯琦　胡静　2018年2月出版　定价：89.00元
PSN B-2006-060-4/7

上海蓝皮书
上海奉贤经济发展分析与研判（2017～2018）
著(编)者：张兆安　朱平芳　2018年3月出版　定价：99.00元
PSN B-2018-698-8/8

上饶蓝皮书
上饶发展报告（2016～2017）
著(编)者：廖其志　2018年6月出版　估价：128.00元
PSN B-2014-377-1/1

深圳蓝皮书
深圳经济发展报告（2018）
著(编)者：张晓儒　2018年6月出版　估价：99.00元
PSN B-2008-112-3/7

四川蓝皮书
四川城镇化发展报告（2018）
著(编)者：侯水平　陈炜　2018年6月出版　估价：99.00元
PSN B-2015-456-7/7

四川蓝皮书
2018年四川经济形势分析与预测
著(编)者：杨钢　2018年1月出版　定价：158.00元
PSN B-2007-098-2/7

四川蓝皮书
四川企业社会责任研究报告（2017～2018）
著(编)者：侯水平　盛毅　2018年5月出版　定价：99.00元
PSN B-2014-386-4/7

四川蓝皮书
四川生态建设报告（2018）
著(编)者：李晟之　2018年5月出版　定价：99.00元
PSN B-2015-455-6/7

四川蓝皮书
四川特色小镇发展报告（2017）
著(编)者：吴志强　2017年11月出版　定价：89.00元
PSN B-2017-670-8/8

体育蓝皮书
上海体育产业发展报告（2017~2018）
著(编)者：张林　黄海燕
2018年10月出版　估价：99.00元
PSN B-2015-454-4/5

体育蓝皮书
长三角地区体育产业发展报（2017～2018）
著(编)者：张林　2018年6月出版　估价：99.00元
PSN B-2015-453-3/5

天津金融蓝皮书
天津金融发展报告（2018）
著(编)者：王爱俭　孔德昌
2018年5月出版　估价：99.00元
PSN B-2014-418-1/1

图们江区域合作蓝皮书
图们江区域合作发展报告（2018）
著(编)者：李铁　2018年6月出版　估价：99.00元
PSN B-2015-464-1/1

温州蓝皮书
2018年温州经济社会形势分析与预测
著(编)者：蒋儒标　王春光　金浩
2018年6月出版　估价：99.00元
PSN B-2008-105-1/1

西咸新区蓝皮书
西咸新区发展报告（2018）
著(编)者：李扬　王军
2018年6月出版　估价：99.00元
PSN B-2016-534-1/1

修武蓝皮书
修武经济社会发展报告（2018）
著(编)者：张占仓　袁凯声
2018年10月出版　估价：99.00元
PSN B-2017-651-1/1

偃师蓝皮书
偃师经济社会发展报告（2018）
著(编)者：张占仓　袁凯声　何武周
2018年7月出版　估价：99.00元
PSN B-2017-627-1/1

扬州蓝皮书
扬州经济社会发展报告（2018）
著(编)者：陈扬
2018年12月出版　估价：108.00元
PSN B-2011-191-1/1

长垣蓝皮书
长垣经济社会发展报告（2018）
著(编)者：张占仓　袁凯声　秦保建
2018年10月出版　估价：99.00元
PSN B-2017-654-1/1

遵义蓝皮书
遵义发展报告（2018）
著(编)者：邓彦　曾征　龚永育
2018年9月出版　估价：99.00元
PSN B-2014-433-1/1

地方发展类-社会

安徽蓝皮书
安徽社会发展报告（2018）
著(编)者：程桦　2018年6月出版 / 估价：99.00元
PSN B-2013-325-1/1

安徽社会建设蓝皮书
安徽社会建设分析报告（2017~2018）
著(编)者：黄家海　蔡宪
2018年11月出版 / 估价：99.00元
PSN B-2013-322-1/1

北京蓝皮书
北京公共服务发展报告（2017~2018）
著(编)者：施昌奎　2018年6月出版 / 估价：99.00元
PSN B-2008-103-7/8

北京蓝皮书
北京社会发展报告（2017~2018）
著(编)者：李伟东
2018年7月出版 / 估价：99.00元
PSN B-2006-055-3/8

北京蓝皮书
北京社会治理发展报告（2017~2018）
著(编)者：殷星辰　2018年7月出版 / 估价：99.00元
PSN B-2014-391-8/8

北京律师蓝皮书
北京律师发展报告No.4（2018）
著(编)者：王隽　2018年12月出版 / 估价：99.00元
PSN B-2011-217-1/1

北京人才蓝皮书
北京人才发展报告（2018）
著(编)者：敏华　2018年12月出版 / 估价：128.00元
PSN B-2011-201-1/1

北京社会心态蓝皮书
北京社会心态分析报告（2017~2018）
北京市社会心理服务促进中心
2018年10月出版 / 估价：99.00元
PSN B-2014-422-1/1

北京社会组织管理蓝皮书
北京社会组织发展与管理（2018）
著(编)者：黄江松
2018年6月出版 / 估价：99.00元
PSN B-2015-446-1/1

北京养老产业蓝皮书
北京居家养老发展报告（2018）
著(编)者：陆杰华　周明明
2018年8月出版 / 估价：99.00元
PSN B-2015-465-1/1

法治蓝皮书
四川依法治省年度报告No.4（2018）
著(编)者：李林　杨天宗　田禾
2018年3月出版 / 定价：118.00元
PSN B-2015-447-2/5

福建妇女发展蓝皮书
福建省妇女发展报告（2018）
著(编)者：刘群英　2018年11月出版 / 估价：99.00元
PSN B-2011-220-1/1

甘肃蓝皮书
甘肃社会发展分析与预测（2018）
著(编)者：安文华　谢增虎　包晓霞
2018年1月出版 / 定价：99.00元
PSN B-2013-313-2/6

广东蓝皮书
广东全面深化改革研究报告（2018）
著(编)者：周林生　涂成林
2018年12月出版 / 估价：99.00元
PSN B-2015-504-3/3

广东蓝皮书
广东社会工作发展报告（2018）
著(编)者：罗观翠　2018年6月出版 / 估价：99.00元
PSN B-2014-402-2/3

广州蓝皮书
广州青年发展报告（2018）
著(编)者：徐柳　张强
2018年8月出版 / 估价：99.00元
PSN B-2013-352-13/14

广州蓝皮书
广州社会保障发展报告（2018）
著(编)者：张跃国　2018年8月出版 / 估价：99.00元
PSN B-2014-425-14/14

广州蓝皮书
2018年中国广州社会形势分析与预测
著(编)者：张强　郭志勇　何镜清
2018年6月出版 / 估价：99.00元
PSN B-2008-110-5/14

贵州蓝皮书
贵州法治发展报告（2018）
著(编)者：吴大华　2018年5月出版 / 估价：99.00元
PSN B-2012-254-2/10

贵州蓝皮书
贵州人才发展报告（2017）
著(编)者：于杰　吴大华
2018年9月出版 / 估价：99.00元
PSN B-2014-382-3/10

贵州蓝皮书
贵州社会发展报告（2018）
著(编)者：王兴骥　2018年6月出版 / 估价：99.00元
PSN B-2010-166-1/10

杭州蓝皮书
杭州妇女发展报告（2018）
著(编)者：魏颖
2018年10月出版 / 估价：99.00元
PSN B-2014-403-1/1

河北蓝皮书
河北法治发展报告（2018）
著（编）者：康振海　2018年6月出版 / 估价：99.00元
PSN B-2017-622-3/3

河北食品药品安全蓝皮书
河北食品药品安全研究报告（2018）
著（编）者：丁锦霞
2018年10月出版 / 估价：99.00元
PSN B-2015-473-1/1

河南蓝皮书
河南法治发展报告（2018）
著（编）者：张林海　2018年7月出版 / 估价：99.00元
PSN B-2014-376-6/9

河南蓝皮书
2018年河南社会形势分析与预测
著（编）者：牛苏林　2018年5月出版 / 估价：99.00元
PSN B-2005-043-1/9

河南民办教育蓝皮书
河南民办教育发展报告（2018）
著（编）者：胡大白　2018年9月出版 / 估价：99.00元
PSN B-2017-642-1/1

黑龙江蓝皮书
黑龙江社会发展报告（2018）
著（编）者：王爱丽　2018年1月出版 / 定价：89.00元
PSN B-2011-189-1/2

湖南蓝皮书
2018年湖南两型社会与生态文明建设报告
著（编）者：卞鹰　2018年5月出版 / 估价：128.00元
PSN B-2011-208-3/8

湖南蓝皮书
2018年湖南社会发展报告
著（编）者：卞鹰　2018年5月出版 / 估价：128.00元
PSN B-2014-393-5/8

健康城市蓝皮书
北京健康城市建设研究报告（2018）
著（编）者：王鸿春　盛继洪
2018年9月出版 / 估价：99.00元
PSN B-2015-460-1/2

江苏法治蓝皮书
江苏法治发展报告No.6（2017）
著（编）者：蔡道通　龚廷泰
2018年8月出版 / 估价：99.00元
PSN B-2012-290-1/1

江苏蓝皮书
2018年江苏社会发展分析与展望
著（编）者：王庆五　刘旺洪
2018年8月出版 / 估价：128.00元
PSN B-2017-636-2/3

民族教育蓝皮书
中国民族教育发展报告（2017·内蒙古卷）
著（编）者：陈中永
2017年12月出版 / 定价：198.00元
PSN B-2017-669-1/1

南宁蓝皮书
南宁法治发展报告（2018）
著（编）者：杨维超　2018年12月出版 / 估价：99.00元
PSN B-2015-509-1/1

南宁蓝皮书
南宁社会发展报告（2018）
著（编）者：胡建华　2018年10月出版 / 估价：99.00元
PSN B-2016-570-3/3

内蒙古蓝皮书
内蒙古反腐倡廉建设报告 No.2
著（编）者：张志华　2018年6月出版 / 估价：99.00元
PSN B-2013-365-1/1

青海蓝皮书
2018年青海人才发展报告
著（编）者：王宇燕　2018年9月出版 / 估价：99.00元
PSN B-2017-650-2/2

青海生态文明建设蓝皮书
青海生态文明建设报告（2018）
著（编）者：张西明　高华　2018年12月出版 / 估价：99.00元
PSN B-2016-595-1/1

人口与健康蓝皮书
深圳人口与健康发展报告（2018）
著（编）者：陆杰华　傅崇辉
2018年11月出版 / 估价：99.00元
PSN B-2011-228-1/1

山东蓝皮书
山东社会形势分析与预测（2018）
著（编）者：李善峰　2018年6月出版 / 估价：99.00元
PSN B-2014-405-2/5

陕西蓝皮书
陕西社会发展报告（2018）
著（编）者：任宗哲　白宽犁　牛昉
2018年1月出版 / 定价：89.00元
PSN B-2009-136-2/6

上海蓝皮书
上海法治发展报告（2018）
著（编）者：叶必丰　2018年9月出版 / 估价：99.00元
PSN B-2012-296-6/7

上海蓝皮书
上海社会发展报告（2018）
著（编）者：杨雄　周海旺
2018年2月出版 / 定价：89.00元
PSN B-2006-058-2/7

皮书系列 2018全品种　地方发展类-社会 · 地方发展类-文化

社会建设蓝皮书
2018年北京社会建设分析报告
著(编)者：宋贵伦 冯虹　2018年9月出版 / 估价：99.00元
PSN B-2010-173-1/1

深圳蓝皮书
深圳法治发展报告（2018）
著(编)者：张晓儒　2018年6月出版 / 估价：99.00元
PSN B-2015-470-6/7

深圳蓝皮书
深圳劳动关系发展报告（2018）
著(编)者：汤庭芬　2018年8月出版 / 估价：99.00元
PSN B-2007-097-2/7

深圳蓝皮书
深圳社会治理与发展报告（2018）
著(编)者：张晓儒　2018年6月出版 / 估价：99.00元
PSN B-2008-113-4/7

生态安全绿皮书
甘肃国家生态安全屏障建设发展报告（2018）
著(编)者：刘举科 喜文华
2018年10月出版 / 估价：99.00元
PSN G-2017-659-1/1

顺义社会建设蓝皮书
北京市顺义区社会建设发展报告（2018）
著(编)者：王学武　2018年9月出版 / 估价：99.00元
PSN B-2017-658-1/1

四川蓝皮书
四川法治发展报告（2018）
著(编)者：郑泰安　2018年6月出版 / 估价：99.00元
PSN B-2015-441-5/7

四川蓝皮书
四川社会发展报告（2018）
著(编)者：李羚　2018年6月出版 / 估价：99.00元
PSN B-2008-127-3/7

四川社会工作与管理蓝皮书
四川省社会工作人力资源发展报告（2017）
著(编)者：边慧敏　2017年12月出版 / 定价：89.00元
PSN B-2017-683-1/1

云南社会治理蓝皮书
云南社会治理年度报告（2017）
著(编)者：晏雄 韩全芳
2018年5月出版 / 估价：99.00元
PSN B-2017-667-1/1

地方发展类-文化

北京传媒蓝皮书
北京新闻出版广电发展报告（2017~2018）
著(编)者：王志　2018年11月出版 / 估价：99.00元
PSN B-2016-588-1/1

北京蓝皮书
北京文化发展报告（2017~2018）
著(编)者：李建盛　2018年5月出版 / 估价：99.00元
PSN B-2007-082-4/8

创意城市蓝皮书
北京文化创意产业发展报告（2018）
著(编)者：郭万超 张京成　2018年12月出版 / 估价：99.00元
PSN B-2012-263-1/7

创意城市蓝皮书
天津文化创意产业发展报告（2017~2018）
著(编)者：谢思全　2018年6月出版 / 估价：99.00元
PSN B-2016-536-7/7

创意城市蓝皮书
武汉文化创意产业发展报告（2018）
著(编)者：黄永林 陈汉桥　2018年12月出版 / 估价：99.00元
PSN B-2013-354-4/7

创意上海蓝皮书
上海文化创意产业发展报告（2017~2018）
著(编)者：王慧敏 王兴全　2018年8月出版 / 估价：99.00元
PSN B-2016-561-1/1

非物质文化遗产蓝皮书
广州市非物质文化遗产保护发展报告（2018）
著(编)者：宋俊华　2018年12月出版 / 估价：99.00元
PSN B-2016-589-1/1

甘肃蓝皮书
甘肃文化发展分析与预测（2018）
著(编)者：马廷旭 戚晓萍　2018年1月出版 / 定价：99.00元
PSN B-2013-314-3/6

甘肃蓝皮书
甘肃舆情分析与预测（2018）
著(编)者：王俊莲 张谦元　2018年1月出版 / 定价：99.00元
PSN B-2013-315-4/6

广州蓝皮书
中国广州文化发展报告（2018）
著(编)者：屈哨兵 陆志强　2018年6月出版 / 估价：99.00元
PSN B-2009-134-7/14

广州蓝皮书
广州文化创意产业发展报告（2018）
著(编)者：徐咏虹　2018年7月出版 / 估价：99.00元
PSN B-2008-111-6/14

海淀蓝皮书
海淀区文化和科技融合发展报告（2018）
著(编)者：陈名杰 孟景伟　2018年5月出版 / 估价：99.00元
PSN B-2013-329-1/1

地方发展类-文化

皮书系列
2018全品种

河南蓝皮书
河南文化发展报告（2018）
著(编)者：卫绍生　　2018年7月出版 / 估价：99.00元
PSN B-2008-106-2/9

湖北文化产业蓝皮书
湖北省文化产业发展报告（2018）
著(编)者：黄晓华　　2018年9月出版 / 估价：99.00元
PSN B-2017-656-1/1

湖北文化蓝皮书
湖北文化发展报告（2017~2018）
著(编)者：湖北大学高等人文研究院
　　　　　中华文化发展湖北省协同创新中心
2018年10月出版 / 估价：99.00元
PSN B-2016-566-1/1

江苏蓝皮书
2018年江苏文化发展分析与展望
著(编)者：王庆五　樊和平　　2018年9月出版 / 估价：128.00元
PSN B-2017-637-3/3

江西文化蓝皮书
江西非物质文化遗产发展报告（2018）
著(编)者：张圣才　傅安平　　2018年12月出版 / 估价：128.00元
PSN B-2015-499-1/1

洛阳蓝皮书
洛阳文化发展报告（2018）
著(编)者：刘福兴　陈启明　　2018年7月出版 / 估价：99.00元
PSN B-2015-476-1/1

南京蓝皮书
南京文化发展报告（2018）
著(编)者：中共南京市委宣传部
2018年12月出版 / 估价：99.00元
PSN B-2014-439-1/1

宁波文化蓝皮书
宁波"一人一艺"全民艺术普及发展报告（2017）
著(编)者：张爱琴　　2018年11月出版 / 估价：128.00元
PSN B-2017-668-1/1

山东蓝皮书
山东文化发展报告（2018）
著(编)者：涂可国　　2018年5月出版 / 估价：99.00元
PSN B-2014-406-3/5

陕西蓝皮书
陕西文化发展报告（2018）
著(编)者：任宗哲　白宽犁　王长寿
2018年1月出版 / 定价：89.00元
PSN B-2009-137-3/6

上海蓝皮书
上海文化发展报告（2018）
著(编)者：强荧　焦雨虹　　2018年2月出版 / 定价：89.00元
PSN B-2012-295-5/7

上海蓝皮书
上海文学发展报告（2018）
著(编)者：陈圣来　　2018年6月出版 / 估价：99.00元
PSN B-2012-297-7/7

上海蓝皮书
上海文化发展报告（2018）
著(编)者：荣跃明　　2018年6月出版 / 估价：99.00元
PSN B-2006-059-3/7

深圳蓝皮书
深圳文化发展报告（2018）
著(编)者：张骁儒　　2018年7月出版 / 估价：99.00元
PSN B-2016-554-7/7

四川蓝皮书
四川文化产业发展报告（2018）
著(编)者：向宝云　张立伟　　2018年6月出版 / 估价：99.00元
PSN B-2006-074-1/7

郑州蓝皮书
2018年郑州文化发展报告
著(编)者：王哲　　2018年9月出版 / 估价：99.00元
PSN B-2008-107-1/1

社会科学文献出版社　　**皮书系列**

❖ 皮书起源 ❖

"皮书"起源于十七、十八世纪的英国，主要指官方或社会组织正式发表的重要文件或报告，多以"白皮书"命名。在中国，"皮书"这一概念被社会广泛接受，并被成功运作、发展成为一种全新的出版形态，则源于中国社会科学院社会科学文献出版社。

❖ 皮书定义 ❖

皮书是对中国与世界发展状况和热点问题进行年度监测，以专业的角度、专家的视野和实证研究方法，针对某一领域或区域现状与发展态势展开分析和预测，具备原创性、实证性、专业性、连续性、前沿性、时效性等特点的公开出版物，由一系列权威研究报告组成。

❖ 皮书作者 ❖

皮书系列的作者以中国社会科学院、著名高校、地方社会科学院的研究人员为主，多为国内一流研究机构的权威专家学者，他们的看法和观点代表了学界对中国与世界的现实和未来最高水平的解读与分析。

❖ 皮书荣誉 ❖

皮书系列已成为社会科学文献出版社的著名图书品牌和中国社会科学院的知名学术品牌。2016年，皮书系列正式列入"十三五"国家重点出版规划项目；2013~2018年，重点皮书列入中国社会科学院承担的国家哲学社会科学创新工程项目；2018年，59种院外皮书使用"中国社会科学院创新工程学术出版项目"标识。

中国皮书网

（网址：www.pishu.cn）

发布皮书研创资讯，传播皮书精彩内容
引领皮书出版潮流，打造皮书服务平台

栏目设置

关于皮书：何谓皮书、皮书分类、皮书大事记、皮书荣誉、
皮书出版第一人、皮书编辑部

最新资讯：通知公告、新闻动态、媒体聚焦、网站专题、视频直播、下载专区

皮书研创：皮书规范、皮书选题、皮书出版、皮书研究、研创团队

皮书评奖评价：指标体系、皮书评价、皮书评奖

互动专区：皮书说、社科数托邦、皮书微博、留言板

所获荣誉

2008年、2011年，中国皮书网均在全国新闻出版业网站荣誉评选中获得"最具商业价值网站"称号；

2012年，获得"出版业网站百强"称号。

网库合一

2014年，中国皮书网与皮书数据库端口合一，实现资源共享。

权威报告·一手数据·特色资源

皮书数据库
ANNUAL REPORT(YEARBOOK) DATABASE

当代中国经济与社会发展高端智库平台

所获荣誉

- 2016年,入选"'十三五'国家重点电子出版物出版规划骨干工程"
- 2015年,荣获"搜索中国正能量 点赞2015""创新中国科技创新奖"
- 2013年,荣获"中国出版政府奖·网络出版物奖"提名奖
- 连续多年荣获中国数字出版博览会"数字出版·优秀品牌"奖

WWW.PISHU.COM.CN

成为会员

通过网址www.pishu.com.cn或使用手机扫描二维码进入皮书数据库网站,进行手机号码验证或邮箱验证即可成为皮书数据库会员(建议通过手机号码快速验证注册)。

会员福利

- 使用手机号码首次注册的会员,账号自动充值100元体验金,可直接购买和查看数据库内容(仅限使用手机号码快速注册)。
- 已注册用户购书后可免费获赠100元皮书数据库充值卡。刮开充值卡涂层获取充值密码,登录并进入"会员中心"—"在线充值"—"充值卡充值",充值成功后即可购买和查看数据库内容。

数据库服务热线:400-008-6695　　图书销售热线:010-59367070/7028
数据库服务QQ:2475522410　　　　图书服务QQ:1265056568
数据库服务邮箱:database@ssap.cn　图书服务邮箱:duzhe@ssap.cn

更多信息请登录

皮书数据库
http://www.pishu.com.cn

中国皮书网
http://www.pishu.cn

皮书微博
http://weibo.com/pishu

皮书微信"皮书说"

请到当当、亚马逊、京东或各地书店购买，也可办理邮购

咨询/邮购电话：010-59367028 59367070

邮　　箱：duzhe@ssap.cn

邮购地址：北京市西城区北三环中路甲29号院3号楼
　　　　　华龙大厦13层读者服务中心

邮　编：100029

银行户名：社会科学文献出版社

开户银行：中国工商银行北京北太平庄支行

账　　号：0200010019200365434

成员国家不断增加，有利于欧洲一体化，但难民潮使得该协定向不利方面转化。根据协定，外国人可在协定签署国内自由流动，难民进入欧盟成员国时不免混杂恐怖分子，这些恐怖分子利用协定，在欧盟内流窜，增加了防止恐怖袭击的难度。2016年法国国庆日，卡车袭击人群，造成至少84人死亡，202人受伤，"伊斯兰国"宣称袭击者为其成员；2017年3月22日，一名男子在英国议会大厦附近行凶，造成5人死亡，约40人受伤，"伊斯兰国"宣称对此负责；5月22日，"伊斯兰国"对曼彻斯特体育馆实施自杀式爆炸袭击。

恐怖主义事件的升级，反过来造成民粹主义高涨，欧洲大选就是普通民众极端化思想的最好反映。2017年难民危机虽然有所缓解，但普通民众仍对难民有排斥情绪，右翼政党的极端民族主义得到很大比例中下阶层的支持。以德国为例，60%的选民将难民议题作为投票的决定性因素。调研数据表明，反恐议题成为69%的欧洲选民最关注的问题。

4. 难民危机促使欧盟与亚非国家深度合作

欧盟与亚洲国家合作，将偷渡难民推回。难民的涌入给欧洲造成巨大压力，2017年危机缓解的重要原因是欧盟与亚非国家的合作，土耳其为此难题的解决做出了很大贡献。2015年，欧盟为减少难民偷渡，选择与土耳其合作，将偷渡难民推回土耳其，同时按同等比例来接受在土耳其的难民。另外，欧盟通过积极帮助非洲国家发展，从而吸引难民返回原住地非洲。

欧盟与非洲国家合作，拉回偷渡难民。2017年G20峰会在汉堡召开，德国邀请非洲国家参会，并在峰会上提出新倡议——"与非洲有约"（Compact with Africa），和非洲商谈。德国经合部额外拨出3亿欧元，为非洲的年轻人创造更多工作机会。2017年5月27日，欧洲召开七国集团领导人峰会。会议参与人除来自欧洲七国外，还包括非盟和埃塞俄比亚、肯尼亚、尼日利亚、尼日尔和突尼斯5个非洲国家领导人。峰会公报强调：为应对大规模移民和难民潮，需要各国和国际层面的协调努力；在保障移民和难民人权的同时，各国有权对各自边境进行管控，并根据自身经济和安全利益制定政策。法国总统马克龙也积极推动与非洲合作，同年8月底，在巴黎召

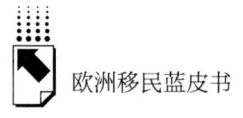

开难民峰会,邀请乍得、尼日尔等非洲国家领导人,商讨如何解决难民问题,会上法、德两国提出,在非洲过境国家实施避难权甄别,接纳合法难民。

(二)欧洲经济:短期冲击,长期红利

当前,欧洲国家经济社会治理模式正遭受外来移民所带来的强烈冲击。欧洲劳动力市场一直面临失业问题严重和有效劳动力匮乏问题,难民涌入对欧洲经济社会治理模式产生很大冲击,欧洲劳动力市场结构也会有所改变,各国财政也会受到影响。

1. 短期影响:冲击较大

短期内,欧洲移民大规模涌入增加了政府的财政负担,可能拖累经济的恢复性增长。一方面,失业问题严重和有效劳动力供给不足的问题同时存在,一直是困扰欧洲劳动力市场的严重问题。2015年以来,欧盟国家(含英国)长期移民人口总数为5669866人,同比2014年(7366328人)下降约23.03%,环比2013年(7048870人)下降19.56%。男性移民占比(56%)高于女性移民占比(44%)。另一方面,2009年以来欧洲部分国家爆发债务主权危机,经济处于恢复性增长时期,难民涌入欧洲,财政支出加大,对这些国家可谓雪上加霜。以德国经济为例,联邦政府按现行标准,每月为难民按人均670欧元发放补助,再加上难民相关基础设施的建设,总财政支出高达200亿欧元。欧盟有关部门统计,未来几年关于难民的直接或间接支出将至少达到8000亿欧元。财政支出规模扩大,将拖累欧洲国家经济恢复。

2. 中长期影响:贡献积极

从中长期来看,人口迁徙对公共财政、经济发展以及劳动力市场都有积极影响。在公共财政方面,难民潮不会增加财政负担。根据国际经合组织调查,移民对OECD国家的负面影响平均值累计接近零。事实上,外来移民在当地就业,会对欧洲国家税收做出积极贡献。移民数量增长有助于增加当地政府财政收入,缓解政府负债压力,促进经济发展。为此,建议欧盟国家积

极调整本国移民政策,帮助移民融入当地社会,缓解大规模移民流入与难民潮在短期产生的外部冲击与财政负担。

劳动力市场方面,移民为欧洲国家提供大量廉价劳动力,有助于缓解人口老龄化压力。欧洲人口老龄化趋势加深,由于社会福利条件优越,生活水平改善,欧洲人口出生率和死亡率均保持低水平状态,劳动力市场结构失衡,引入移民可补充劳动力市场,尤其是高素质的技术移民会促进欧洲发展。同时难民生活需求可刺激市场,增加就业岗位。

(三)欧洲社会:种族主义抬头,非传统安全问题凸显

难民、非法移民和穆斯林移民群体已经并将继续成为欧洲移民问题的重大挑战。可以说,这次难民危机,不仅对欧洲政治产生深度影响,更对经济产生直接冲击,同时也在社会层面带来诸多困扰。

1. 人口结构上,分化严重

大量移民涌入,对欧洲国家原有的人口结构带来严峻的挑战。从人道主义出发,欧洲加大力度,提高了难民中儿童和妇女的申请通过率。另外,欧洲的非法移民主要来自中东、北非以及撒哈拉沙漠以南的非洲国家,和难民都有相同之处,他们的受教育程度低且缺乏必要的劳动技能。另外,对比而言,穆斯林移民群体比非穆斯林移民群体和本地人口平均生育率高,人口增长快。这些因素将严重影响欧洲国家的人口结构,且精英人才与低端人才分化严重,妇女儿童比例也将大幅度提升。

2. 民族矛盾加剧,种族主义抬头

难民危机后,欧洲民族矛盾日益加剧。一方面,近两年来欧洲民众排外情绪明显加重,尤其是对穆斯林族群。据英国《每日快报》报道,一名穆斯林女性因拒绝脱掉面纱而被律师事务所解雇,民众因恐怖袭击事件对穆斯林群体产生了诸多恐惧。另一方面,穆斯林族群在错综复杂的欧洲社会生态环境下所面临的挑战来自多方面。穆斯林移民应该尽快地增加知识技能的储备,改善其经济政治地位,尽快融入主流社会,这也是移民问题解决的重要途径。特别值得注意的是穆斯林族群二代移民相比其父辈,更易受宗教极端

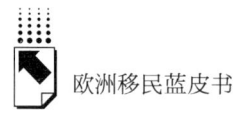

主义的影响，对欧洲的认同感不足，为欧洲安全埋下隐患。因此，作为移民群体应积极适应欧洲社会的生存环境，积极融入主流文化；作为移民输入国政策性导向必须正确，民众需要有更大的包容心，对伊斯兰教也需要有更客观的认识，理性看待穆斯林移民，而不是因为对少数极端主义者的排斥和反感而否定整个穆斯林族群。

3. 社会治安与非传统安全问题更为突出

难民的大量涌入直接对欧洲社会治安造成严重威胁，最突出的是非传统安全即恐怖主义袭击，给接纳国家造成巨大危害。例如，2017年4月26日，一名德国上尉假冒叙利亚难民，用假名在德国申请避难，并涉嫌策划极右背景的恐怖袭击；一位24岁的大学生涉嫌协助作案。德国检方指控这名叙利亚难民"准备进行出于仇外动机的严重犯罪行为"，此人涉嫌计划用藏在维也纳的武器制造"可能对国家造成重大伤害的袭击事件"。① 同年5月31日，一名自杀袭击者袭击德国大使馆，爆炸造成附近大量平民死伤，导致周边区域和建筑物受到严重破坏，一些使馆也遭受严重影响。

非法难民也会给社会安全带来危害。他们不享有欧洲国家公民地位与权利，不受法律保护，同时受教育程度较低，无法获得较满意的工作岗位，当地民众的歧视进一步激化矛盾，引发犯罪事件。2016年8月，德国官方确认31名科隆新年性侵案嫌疑人，其中18人为难民，欧洲其他国家也出现多起性侵案件②。难民犯罪的增加也会造成欧洲国家右翼势力发展，民众排外情绪加重，难民边缘化，更难以融入当地社会。

（四）欧洲宗教和文化：价值观冲突明显

难民普遍信奉伊斯兰教，欧洲社会需要面对的不仅是公共安全与国家安

---

① 《德国一陆军中尉被抓捕，被指涉嫌伪装成难民策划空袭》，腾讯网，http://new.qq.com/cmsn/20170428031241。
② 《新京报》，http://epaper.bjnews.com.cn/html/2016-01/09/content_617530.htm?div=-1。

全的挑战,还有文化和宗教的冲击。今天的西方文明依赖于其独特的制度和信念,随着人口族群及宗教结构的改变,他们是否能够继续维系过去的西方文明制度和信念,将对欧洲甚至西方国家都是一个根本性挑战。欧洲移民问题对社会文化产生的消极影响,主要表现在文化价值观的冲突、移民形象被扭曲以及多元文化主义的失败等方面。

文化价值观的冲突。来自亚非的难民和欧洲公民在文化价值观上有较大的差异,移民的宗教价值观念与欧洲主流文化价值观念产生冲突。伊斯兰教徒虽然移民欧洲,但拒绝接受以基督教为主的文化价值观,造成冲突加剧。移民群体拒绝主流文化也会阻碍欧洲社会融合,伊斯兰群体处于社会边缘。

移民形象被负面化。2015年近百万名移民和难民抵达欧洲,成为欧洲舆论和媒体报道的焦点话题。欧洲媒体对该议题的报道框架,对移民危机原因和后果的评价发挥了关键作用。近三年来欧洲媒体将大批移民和难民到达欧洲的现象描述为"欧洲的危机",这些新来者以"他者"形象出现在媒体报道中:要么是弱势群体,要么是危险分子。媒体报道角度具有显著的阶段性变化。2015年既是报道高峰年,又是角度最复杂多变期。9月初叙利亚三岁男童阿兰溺亡照片打动人心,推动难民危机议程的设置和相关政策的出台,媒体的短期效应显著,人道主义报道成为主流媒体最强音。但11月巴黎恐怖袭击和12月31日科隆新年性侵案发生后,媒体对移民、难民的报道转向负面。2017年媒体对移民危机的总体报道量下降,但出现多国联合报道、跨国报道,媒体注重舆论引导,强调从移民源头上解决问题。欧洲各国政治立场亲保守党的报纸在报道移民对自己国家影响和欧盟处理危机政策时一般比较负面,而欧洲左派政治倾向的报纸对难民的报道则富有同情心。

三 欧盟和欧洲各国应对难民危机的模式、经验和不足

在难民危机应对中,欧盟各国政府面临以下突出矛盾,包括:移民需求

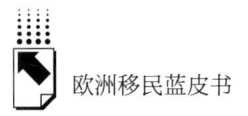

和不需求之间的矛盾,① 严厉管制迁移与普遍人性原则之间的矛盾。各国政府在对矛盾的判断中选择其危机管理的有效手段；在人道主义等一般原则与社会后果直接证据之间，决定其国家移民政策的出发点；在国家利益与移民利益之间，选择何者至上，从而选择的价值和目标不同，其政策走向和难民危机管理效果不同。

（一）欧盟及各国应对难民危机的不同模式

近年来，欧盟在难民危机时刻采用的总体策略是"推""拉"结合模式。"推"，指遣返不符合欧盟庇护条件的非法移民，拒绝不符合避难申请资格的难民，并帮助意大利等欧洲边境国家加强与利比亚等周边国家的执法合作，从而在入境口阻断非法移民的进入。"拉"则是通过对难民来源国的援助、投资等，带动非洲和亚洲等地区经济发展和社会稳定，从而降低难民来源国民众的移民动机，并最终减少难民的数量。2017年10月，欧盟成立了欧洲可持续发展基金，落实对非洲及邻近地区国家的投资。同时，欧盟加强对利比亚海岸巡逻队及海军的培训力度，并有意在北非建立海上救援协调中心。

在"推""拉"总策略基础上，欧盟进一步改革了欧洲共同庇护制度，在责任和团结之间实现一种动态平衡，建立公平和可持续的庇护制度，从而在欧洲内部减少难民的二次流动，确保能够应对未来的危机。另外，欧盟还提出了一项新的难民安置方案，目标是未来2年内将"直接"从非洲、中东和土耳其，接纳最少5万人。欧盟希望通过此措施，阻止移民和贩运者选择危险和非法的路线，让真正需要国际保护的难民进入欧洲。

在欧盟总体难民策略和制度下，各国因文化不同、制度不同和理念不同在难民问题上政策差异很大，也形成相对鲜明的风格或模式。归纳而言有三类主要模式，即共和同化模式、分化排斥模式和多元文化模式。其中，多元文化模式最为理想化，认可文化多元和共生；共和同化模式最为严格，即整

---

① 欧洲各国对一线劳动力是需求的，对高端人才更是需求，但是他们又不希望不能创造生产力的移民进入，可又要扛着人道主义、人性原则等道义大旗，此外这也是选民选票和市场需求的问题。

合外来文化于主体文化之中，强调融合和认同；分化排斥模式是较为中庸的模式，既限定移民条件和范围，又强调有限包容和接纳。

1. 分化排斥模式：德国"有限制欢迎"

德国政府在国家利益与移民利益之间做了一个"折中"，采用两者兼顾的"分化排斥"模式。德国愿意接纳难民，并表示欢迎。就其缘由，主要有三：第一，德国人口负增长比较严重，人口的迅速减少使得德国出现了劳动力紧缺的现象。具劳动力价值的难民，从中长期看他们的进入有利于德国经济与社会发展。第二，数据表明，北莱茵－威斯特法伦、巴登－符腾堡、巴伐利亚、下萨克森这4个州接收了61.25%的德国难民庇护申请，而其他12个州接纳的人数却只占总量的38.75%。由此可见，其他各州仍然有接纳难民安置的较大空间。第三，历史上的德国人有类似的申请避难经历，接纳当下的难民有情感和道德上的支持。众所周知，纳粹统治期间大量的德国犹太人在国外沦为战争难民，相似的经历使得许多德国人愿意帮助其他国家的难民。

德国对难民的接收又有一定的限制。随着德国接纳难民数量的增加，在难民管理和安置上德国联邦政府投入大量资金，财政负担沉重，加上法国、英国等国的恐怖主义袭击事件不断发生，德国政府开始回归理性，在难民接纳数量上不断收紧和压缩，尽可能地向"安全第三国"转移，如增加对土耳其政府的支援，让土耳其将中东难民拦下，留在土耳其安置。同时，完善现有移民法规，为难民扫清"遣返"的障碍。对于获得资格并留在德国的难民，进行严格的管理，要求说出自己真实的姓名和原国籍，并通过指纹和手机信息对其身份进行核实。①

2. 共和同化模式：英国的"消极—严控"和法国的"谨慎—自保"

英国政府在严厉管制与普遍人性原则之间，偏向严厉管制；在人道主义等一般原则与社会后果直接证据之间，选择了后者，担心恐怖主义袭击事件的继续发生；在国家利益与移民利益之间，选择了国家利益至上，迎合选民

---

① 黄海涛、刘志：《试析欧洲难民危机》，《现代国际关系》2015年第12期。

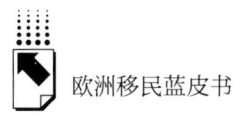

的需求,最终采用相对消极近乎"冷漠"的"消极—严控"策略。究其缘由,主要有三:第一,相比于德国,英国的人口总量比较稳定,劳动力供求矛盾不突出。据预测,由于英国的人口出生率较欧洲其他国家高,再加上大量的移民人口,英国的人口数量将在2060年位居欧洲之首。第二,大批难民的涌入会增加英国政府的财政压力,也会对主流文化带来不小的冲击。第三,欧洲恐怖主义袭击事件频发和欧盟与英国政府在难民配额安置问题上严重分歧,这种担忧逐渐取代了英国民众之前对难民的同情怜悯之心,成为英国民意主流,并导致了英国的脱欧。

法国虽然没有宣布脱欧,但是它的移民政策也是十分消极的,采用了"谨慎—自保"的共和同化模式。新一任总统马克龙要求将不符合条件的难民立刻遣返边境,同时严格区分难民身份,提高申请"门槛",甚至对救助难民的个人和组织实施法律惩戒等,诸多措施的制定都表现出法国新一届政府国际政治形象"自私""苛刻"的一面。因此,如果从马克龙在媒体上的公开表态来看,他的难民政策是对以往历任政府相关路线的继续;然而从马克龙政治思想的"实用主义"和"保护主义"原则,以及他"一切从法国利益出发"的立场来理解,其当选之后处理难民问题的严厉措施就"有理可循、有据可凭"了。

3. 多元文化模式:意大利的"多元—合作"模式

与上述国家不同,意大利更多地站在普遍人性、人道主义和移民利益至上的原则立场上,表里如一地对待难民问题。意大利媒体极少使用"难民危机"这一表述,因为对这个国家而言,偷渡现象并非新问题,中地中海线路长期受到偷渡客的青睐,而其主力军历来都是来自撒哈拉以南非洲甚至更遥远地区的经济移民。即使是在所谓"难民危机"的大背景下,在利比亚登船、非法入境意大利的仍以经济移民为主。

但是,强大的外在压力和事实上的经济压力,迫使意大利积极寻求"合作"应对难民危机。从地理空间看,意大利难以有效阻挡他国移民,且国内既有的移民不断挑战其社会经济承受能力,都柏林体系改革一再受阻,移民再分配进展缓慢,法、奥等邻国纷纷加强边境管控,唯恐引火烧身。欧盟南大门随时有可能失控。意大利若崩溃，则整个欧盟，特别是对经济移民更具吸引力的德、法、北欧亦难幸免。中地中海管控成了欧盟移民治理的重中之重。与利比亚合作，成为意大利的必然选择。2017年1月8日，意大利国防部部长表示将帮助利比亚海岸警卫队建设、联合利比亚警方打击偷渡"蛇头"，进一步对利比亚海域频发的难民偷渡进行控制，"不能继续对由利比亚海岸驶出的成千上万偷渡船视而不见"。[①]

（二）欧盟及各国难民治理的得与失

难民危机不期而至，欧盟以德法为核心积极应对，在以下三个方面取得了良好效果：一是"推""拉"结合的总体策略效果明显。此战略实施后，2016年难民申请总数年度下降4%，2017年降幅达48%。特别是匈牙利、奥地利、芬兰、瑞典、挪威等国家下降尤为明显。二是欧洲共同庇护制度成功减少了难民的二次流动。各国根据自己国情，找到适合其自身的治理模式。其中，德国一方面主动承担责任，根据自己的国情和能力的大小来接纳移民。对于已经被接纳的移民，做好安置工作和规范化管理，防止难民问题影响到本国的经济、政治以及社会等各方面的运转。意大利同难民移出的国家或其邻近国家进行积极合作，加强警卫队的建设，防止难民大量偷渡，从而在源头上解决难民移出的问题。三是意识到"治标先治本"的道理，加强对难民来源国的投资，用投资、项目等带动来源国的经济发展，从而降低难民的移出动机。

但是，欧洲难民危机突如其来，虽然国际社会都对此做出了积极反应，但各国在接纳难民方面，仍然存在一些问题。首先，难民危机解决措施带有明显的应急特征，缺乏长远规划。目前，欧盟各国应对难民危机的举措，大多是临时性、紧急性和短效性的措施。这些举措"治标不治本"，属于应对难民危机的应急之举，从根源上解决问题或者在长远对策上仍有待进一步提升。

---

① 《意大利防范难民潮再现》，环球网，http：//world.huanqiu.com/hot/2017-01/9931227.html。

其次,政治上的"唯选票至上"导致难民政策的"左转"。一些国家被现在反恐形势和选情民意所困,国家元首或政治家不敢、不愿或者难以全力以赴,应对当前的难民危机。因此,在接收难民的问题上,一些国家特别是一些有实力、有影响力的大国表现出敷衍的态度,仅仅在口头上、道义上呼吁,而没有制订出行之有效的具体难民安置行动方案,缺少及时、有效的解决措施,甚至一味地偏向国家利益或者选民利益,从而忽视了难民的正当诉求和利益。

最后,欧盟内部的巨大分歧,给难民危机解决带来负面清单。在欧盟内部,各个国家对待接收难民的态度有所不同,英国因此而退出欧盟,东欧因此而趋于"孤独"。这样,一些国家对于难民持欢迎态度,一些国家却是保持谨慎观望,还有一些国家采取严格控制和冷漠方式,这些分歧导致难民集中在德国、意大利、法国等几个主要国家,使其成为申请避难人数最多的国家,从而承受"无法承受之重"。

四 欧洲难民危机的未来发展及对策

这次难民危机,一方面放大了原有欧盟各国之间的"缝隙",另一方面也使欧盟作为整体面临着新的挑战。

(一)欧洲难民危机的未来发展趋势

根据本调研组的判断,欧洲已经进入"后难民危机时代",欧盟内部矛盾重重,且外部潜在威胁四伏。未来发展将呈现以下趋势。

1. 移民(难民)的主要来源仍然是中东、非洲等政局动荡的地区与国家

根据联合国难民署的数据统计,在2016年全球有6560万被迫迁移的民众,其中有55%来自叙利亚、阿富汗和南苏丹三个国家。① 目前来看叙利亚内战久拖不决、阿富汗内部持续动荡、北非和东非国家政局不稳都有持续发

---

① 联合国难民署:http://www.unhcr.org/figures-at-a-glance.html。

展的趋势。只要这些地区的战事得不到根本性解决,未来很长一段时间内欧盟的难民压力依旧严峻,很难从根本上解决难民问题。另外,2016年土耳其接收了290万难民,巴基斯坦接收了140万难民,黎巴嫩接收了100万难民,伊朗接收了98.94万难民。[①] 大量难民的进入和安置给这些国家产生了巨大的压力,很有可能难民会经过这些国家再进入欧洲。特别是土耳其,虽然欧盟与土耳其在2016年3月签署了难民协议,但由于土耳其"入盟"谈判始终未决,土耳其政府多次警告将不会阻止难民涌入欧洲,这成为再次引发欧洲难民危机的隐患。另外,从非洲经由摩洛哥进入西班牙已成为难民进入欧洲的新路,而西班牙政府在管理经验上的不足会加剧当前的危机。

2. 移民(难民)危机将进一步引发欧盟内部的社会分裂,威胁欧盟国家的稳定性和同一性

欧盟各国对移民的认识和态度存在分歧,德、法等西欧各国力主接收难民,并积极推动接收难民的"配额制"方案在欧盟实行,但却遭到东欧国家的指责,认为这是"道德帝国主义"的行为。其他很多中欧国家,虽然没有明确拒绝强制性配额建议,但也并不积极。老欧盟国家认为东欧等新欧盟国家忘记历史,不维护欧盟的团结。欧盟内部的相互指责和拆台,不仅令新老欧洲之间原先的分歧进一步加深,也使得反移民、反欧盟的民粹主义呼声高涨,加剧了欧盟社会分裂的危机。

另外,欧盟对于难民问题无法协调内部立场,很难形成共同的应对方案和长效机制,显示了其行动能力上的缺陷,各行其道的各国难民政策使得欧盟以及欧洲一体化前景堪忧。在此次难民危机应对过程中,欧盟清楚认识到并非所有的欧盟成员国都和欧盟保持一致,更多的国家选择坚守自己的本国利益,因此欧盟的难民应对政策出现基础性问题,甚至出现了英国脱欧事件,并可能引发连锁反应,加剧了欧盟的合法性危机。

---

① 联合国难民署:http://www.unhcr.org/figures-at-a-glance.html。

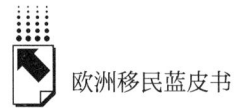

（二）"后难民危机时代"欧盟的对策

应对"后难民危机时代"的新情况和新问题，欧盟必须在不同层面制定出相应的政策，并针对具体情况对症下药，这样才能有效缓解难民危机或其所带来的长期和深层的影响。

1. 政治层面：消除战争根源，加强国际合作

从长远来看，要彻底解决难民危机需要集中力量解决难民问题的根源。欧洲难民主要来源于中东和北非，他们宁愿冒生命危险以各种方式进入欧洲，其中最主要的原因是所在国家和地区的战乱与贫穷。欧盟以及其成员国应该通过外交和其他手段参与平息叙利亚战争与北非动乱，打击伊斯兰国等恐怖主义势力，恢复中东与非洲地区的政治稳定。

从意大利和利比亚的合作成效来看，与难民过境国建立区域性的合作关系对阻止难民以非正规方式进入欧洲非常有效。欧洲与难民过境国的合作符合双方的共同利益，是合作共赢的关系。因此，在现在和未来，欧洲都不会放弃与土耳其的合作，另外，欧洲在未来也应该重视叙利亚周边国家黎巴嫩、约旦等难民过境国的难民情况，给予难民过境国各种形式的援助，减少难民的外溢效应。

2. 经济层面：加强经济援助，帮助难民回国重建家园

到目前来看，欧盟和其成员国在边境管控、难民甄选和难民安置等方面资金投入巨大但效果却不理想。为应对当前和未来潜在的难民危机，欧盟和其成员国，包括德国和法国等，都开始重视对非洲的经济援助，希望能帮助这些国家实现经济和社会的发展，让人民重拾对本国经济发展和未来生活的信心，从而留在国内，而不是参与到国际难民的潮流中。

3. 文化层面：促进文化融合，包容互助发展

难民危机的产生必然带来不同文化价值观之间的碰撞和冲突，引起欧洲各国对于文化交流与融合的思考。到今天很多欧洲国家已成为移民国家，外国出生人口，包括穆斯林人口，在总人口中都占有显著的比例。移民和难民在欧洲的融合需要欧洲民众的包容心和对伊斯兰教的客观认识，理性看待难

民问题,而不是因为对少数极端主义者的排斥反感而否定整个难民群体。同时,难民群体应该尽快地增加知识技能的储备,改善其经济政治地位,尽快融入主流社会。

4. 社会层面:吸引高素质移民,促进社会融入

人口流动是全球化的重要组成部分,欧洲各国普遍的老龄化问题需要从国外吸收劳动力,特别是年轻、有技术、有投资的高等素质移民。年轻移民可以充分发挥劳动人口的潜力,形成长期增长动力;技术移民的到来带来知识以及工作经验等一系列有效技能,加速经济转型升级;投资移民为经济增长吸纳外来资本带动或创造了更多的就业岗位,有助于刺激经济扩张。在"后难民危机"时代,欧盟及其成员国需要重塑人口有序流动的移民和难民管理体系。

B.2
难民危机后的欧盟国家政治生态

刘齐生[*]

摘　要： 2017年欧盟内部以及欧盟与外域国家之间频现博弈，难民和移民的存量及增量问题迟滞难决。面对现状，欧盟民众不满加剧，极端右翼政党乘机发展壮大，已成为一支不可忽视的政治力量。极端右翼政党的出现，打破了以"公平正义"和"安全自由"为界划分政党阵营的传统，削弱了传统大党势力，彻底改变了原中间偏右和中间偏左两大全民党竞争的态势。极端右翼政党除了排外和否定历史之外，并没有提出明确完整的治国纲领，因此难以为其他政党所接受，导致各国政府组阁困难，政党版图碎片化。今后很长一段时间，欧盟各国传统政党与极端右翼政党的斗争将影响各国政治稳定及难民和移民问题的政策走向。

关键词： 难民和移民难题　政治博弈　极端右翼政党　政党版图碎片化

2017年到达欧洲的难民人数减少，难民危机得到缓解。目前，除意大利地中海沿岸依然受到主要由非洲人构成的移民冲击外，欧盟其他成员国已恢复常态，临时接收中心多已撤销，堆积如山的避难申请也已减少，欧洲进入后难民危机时代。在如何处理难民的问题上，欧洲社会分裂，欧洲政党生

---

[*] 刘齐生，男，新疆乌鲁木齐人。博士，教授，博士生导师，广东外语外贸大学西方语言文化学院。主要研究方向为社会语言学、国别研究。

态也因之碎片化。伴随着难民危机而来的恐怖袭击丝毫没有减少，而由于恐怖分子的难民和移民背景，普通民众产生对穆斯林外国人的疑虑和对政府治理的不满，也助长了民粹主义势力的发展。2017年欧盟重要成员国德、法、荷、奥的议会和总统选举已经让我们看到了欧洲未来的政治走向，其中包括欧盟今后的难民和移民政策及治理措施。

一 欧洲周边危机四伏

2017年难民危机虽然得到缓解，但欧洲难民和移民问题并没有得到有效解决，而且还潜伏着更大的危机。一直以来，德国、瑞典、英国等国都是欧洲接收避难申请的主要国家。从德国接收难民的情况来看，寻求庇护的人数增长主要与战争有关。由于叙利亚内战，2014年申请避难的叙利亚人排在第一位。2015年叙利亚周边国家已经无法接纳更多叙利亚难民，难民营出现食物短缺，生存环境恶化，难民开始溢向欧洲。迫于人道主义压力，也为了维护欧盟团结，德国采取了欢迎难民的暂时性开放政策，2015年总共接纳了890000名难民，其中叙利亚难民326900人，比2014年陡增403%。另外还有来自阿富汗、伊拉克和巴基斯坦的难民。2015年难民人数达到峰值后开始下降，截至2017年7月，德国联邦移民和难民局总共录得15069申请避难者。[①] 因此，解决目前进入欧洲的难民和移民问题成为近期欧盟和各国政府的首要任务，也成为民众衡量政府治理能力的标准。

除了难民和移民的存量问题外，欧洲还继续承受着新难民和移民的压力。来自意大利和希腊两个欧盟边境国家的数据表明，2017年进入欧洲的阿拉伯地区的难民人数逐步下降，但是来自非洲的非法移民人数却在增加。据德国移民局报告，截至2017年8月，已有97293名非法移民经海路来到意大利港口，这些非法移民主要来自尼日利亚（16559人）、孟加拉国

---

① 《德国联邦移民和难民局2017年半年局势报告》，http://www.bamf.de/SharedDocs/Anlagen/DE/Publikationen/Flyer/flyer‐schluesselzahlen‐asyl‐halbjahr‐2017.pdf; jsessionid=96AE5D255F2CB2BEEADB26B0291C7C9B.2_cid359?__blob=publicationFile, pdf。

(8728人)、几内亚（8683人）、科特迪瓦（8053人）、马里（5615人）和厄立特里亚（5592人），另外苏丹、圭亚那、几内亚等国也是非法移民的主要来源地。① 难民和移民不仅来自政局动荡的国家，逃避自然灾害、瘟疫、贫穷人口增长也是人们背井离乡的原因。

欧洲周边遍布热点，南苏丹、索马里、叙利亚、伊拉克、也门战争持续，尼日利亚、南苏丹、索马里和也门等亚非四国发生严重饥荒，两千万人正受到饥荒威胁。2017年，索马里发生了60年来最大的旱灾，为寻找食物和水，数万家庭逃往肯尼亚和埃塞俄比亚等邻国。南苏丹不仅受到持续的旱灾影响，而且自2011年独立以来就战争不断，现今已有150多万人逃离南苏丹，其中仅在2017年初就有32000人逃往邻国苏丹。②

中长期来看，世界人口持续增长，气候变化的趋势也难以逆转，欧盟外边界压力将只会更大。消除逃亡因素，如停止战争，还有望通过各方努力解决，但如何阻止气候变化，如何控制快速的人口增长，将是国际社会面临的重大课题。据估计，非洲人口将从现在10亿增长到2050年的21.9亿，2100年的35.7亿，与此相反，欧洲人口将逐年萎缩。③ 这意味着欧洲周边国家人口必定会外溢欧洲。如何防止外来难民和移民对欧洲社会的冲击，如何采取有效措施及早解决移民迁徙和融入问题并化解各种矛盾，欧盟国家之间及成员国内部需要达成共识。

二 欧盟缺乏共识

纵观现代欧洲历史，20世纪90年代前南战争造成了欧洲第一次难民

---

① 《德国联邦移民和难民局2017年半年局势报告》，http://www.bamf.de/SharedDocs/Anlagen/DE/Publikationen/Flyer/flyer‑schluesselzahlen‑asyl‑halbjahr‑2017.pdf; jsessionid=96AE5D255F2CB2BEEADB26B0291C7C9B.2_cid359?__blob=publicationFile, pdf。
② Hilfsorgaisationen warnen vor Hungersnot in Ostafrika. http://www.faz.net/aktuell/gesellschaft/somalia‑hilfsorganisationen‑warnen‑vor‑hungersnot‑in‑ostafrika‑14913515.html.
③ Eckart Klein, Dei international Dimension des demographischen und klimatischen Wandels, in: Herausforderungen an Staat und Verfassung, FS für Torsten Stein, 2015, S. 176.

潮，但由于这些难民来自欧洲内部，并没有在接收国产生隔阂，而且还为欧洲共同治理难民危机打下基础，欧盟一体化政策也因之更加完善。① 但2015年爆发的危机，难民主体来源极为复杂，牵涉阿拉伯地区、非洲和亚洲等十几个国家，历史上的难民危机经验几无可鉴。

欧盟的避难体系是在接受了第二次世界大战中的经验教训后建立的。第二次世界大战时，欧洲也发生过逃亡事件，但当初欧洲各国明哲保身，导致犹太人大批惨死在德国纳粹集中营。第二次世界大战后，世人总结了经验教训，试图为保护人的基本权利确立标准。由于欧洲是世界的中心，人们自然根据欧洲国家圈内情况制定标准。所以，1951年的日内瓦难民公约（《关于难民地位的公约》）重点在于解决第二次世界大战中发生的国际社会不愿救助纳粹德国受害者的问题。该协议主要确定了"不推回原则"（non-refoulement），即任何国家都不得将寻求避难者送到人权受到威胁的国家，这一原则也成为难民保护的核心原则。在日内瓦议定书基础上，在各成员国让渡主权的前提下，欧盟建成了庇护体系。基础文件是《都柏林协议》，其中"谁发签证谁负责，难民首次进入的国家负责"的"都柏林规则"是欧盟庇护体系的核心原则。当今时代，重新定义难民及难民庇护已迫在眉睫。

欧盟内部除了争辩难民的定义外，主要矛盾集中在如何履行《都柏林协议》上面。其中，上述"都柏林核心原则"最为人诟病，也成为边境国家和非边境国家争议的焦点。批评者认为，"都柏林规则"实际上让希腊、意大利、匈牙利等边境国家承担难民潮的压力，德国等北方富裕国家则成为被保护的对象。② 但是，这种看起来不合理的规则，却是欧洲实现一体化的保障。只是当初制定这项规则时，没有料到会发生今天如此大规模的难民危机。如今边境国家无法独自承受压力，除要求欧盟国家共同担负责任外，还提出在其他国家安置难民的建议。意大利和希腊更直接要求修订《都柏林

---

① 鲍永玲：《欧洲难民潮冲击下的多元文化主义政策危机》，《国外社会科学》2016年第6期，第65~76页。
② 杨国栋：《欧洲共同避难制度的发展与反思——以"都柏林规则"为中心的考察》，《欧洲研究》2016年第1期，第4页。

协议》，改变两国成为唯一接收地中海被救难民和移民的国家。在2017年7月召开的塔林会议上，意大利内政部部长要求将救起的地中海难民直接运送到其他国家，这一提议被德国、西班牙、法国等国拒绝。德国、法国等国家坚持："都柏林规则必须得到遵守。"① "都柏林规则"是欧盟成员国之间人员流动和管理的基础，尚难找到一个更好的替代方案，大部分欧盟成员国愿意维持当前局面，并愿意增拨经费给边境国家，派遣官员在当地协助安置难民，派出军舰在地中海加强戒备，打击偷渡集团。欧盟为了打击偷渡集团非法组织偷渡难民，也开展了有针对性的"索非亚行动"。由于欧盟军舰不能进入利比亚12海里，这一行动效果有限。而且更由于各国军舰不能直接驱离靠近意大利海岸的、满载偷渡者的小船，反而不得已成为搭救难民和移民到意大利的交通工具，打击偷渡集团的"索非亚行动"让意大利苦不堪言，以致意大利在"索非亚行动"到期后否决了欧盟延长该行动的动议。②

意大利海岸线目前陷入被难民和移民攻陷的困境，一方面必须对海上偷渡人员施行人道主义救助，另一方面无法推回被救助的人员，也无法将这些人送往欧洲其他国家，只能在意大利南部地区对其进行安置。如果说2017年欧盟还有难民危机的话，那实际上是意大利的难民危机。欧盟其他国家并非没有看到意大利持续的非法移民危机，但这些国家认为，意大利目前的危机主要是该国自己的问题，并督促其负起保卫边境的责任。巴伐利亚内政部部长直截了当地指出，即使现在意大利又遇到难民潮冲击，意大利应当负主要责任，也没有理由推卸首入国责任的履行义务。他还认为，意大利之所以出现现在的乱局，是因为意大利没有建更大的收容所。他开出的药方是：（1）意大利承担责任；（2）打击人贩子集团；（3）帮助非洲国家摆脱贫穷。东欧国家也指责意大利和希腊对外边境管辖不力，而对马其顿等国关闭路上通道表示赞赏，并给予帮助。

---

① Italien in Not. http：//www.faz.net/aktuell/politik/ausland/italien－fordert－hilfe－in－der－fluechtlingskrise－15093937.html.
② "Italien，EU und Libyen，Gemeinsam gegen Schlepperbanden?"，http：//www.tagesschau.de/ausland/fluechtlingspolitik－eu－libyen－101.html.

由于欧盟各成员国都不肯放弃自己的立场，对于滞留在意大利等边境国家的难民和移民，欧盟内部迟迟无法达成一致意见。本来按照欧盟理事会的解决方案，欧盟各国都有义务按照分摊比例接收难民和移民，但是以匈牙利、波兰为首的东欧国家拒绝接受难民和移民入境，匈、捷两国为此向欧盟法庭提起诉讼。虽说欧盟法庭最终裁决匈、捷必须接受难民分摊，但两国拒绝了法庭判决，并称该判决是政治判决。拒绝法庭判决在欧盟历史上绝无仅有，而拒绝遵守判决也为欧盟成员国随时根据自己的利益按规则办事提供先例，为未来欧盟危机埋下更加重大的隐患。

针对东欧国家拒不执行欧盟分摊协议，德国和奥地利等西欧国家提出应消减东欧国家从欧盟获得的资金，以强制这些国家分摊难民。用奥地利总理的话说，现在"全时"欧盟成员国越来越少，"临时"欧盟成员国越来越多，他因此要求把拨款与共担责任联系起来。虽然目前欧盟理事会并没有采纳奥地利的建议，对东欧成员国也并未采取强硬措施，但欧盟成员国在难民问题上的博弈和巨大分歧由此可见一斑。

另外，欧盟内边界也没有恢复到危机爆发前的自由进出状态。10月，丹麦以防止恐怖袭击为由延长了2016年1月开始恢复的丹、德边境检查，德国也以同样的理由延长了2015年9月就已开始实行的德、奥边境检查，并在机场检查来自希腊的航班，而且还将根据恐怖风险不断评估恢复其他边境地区的检查。德国内政部部长德米泽尔表示，德国依然是非法移民的重点光顾对象，继续边检非常必要。① 继续进行边境检查的国家还有瑞典和挪威。而其他国家，如奥地利，虽然没有宣布对过境人员进行检查，但却加强了边境警戒，派出边防军对火车进行搜查，一旦抓住所谓非法移民，既可遣送回意大利。以上情况显示，欧盟亟待建立信任基础，并在防止难民和移民偷渡入境方面采取切实可行的、各成员国都可接受的政策和措施。

---

① "De Maiziére kündigt an: Deutschland verlängert Grenzkontrollen um weitere sechs Monate", http://www.focus.de/politik/deutschland/de－maiziere－kuendigt－an－deutschland－verlaengert－grenzkontrollen－um－weitere－sechs－monate_ id_ 7704282. html.

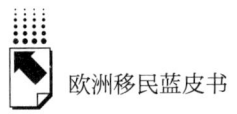
欧洲移民蓝皮书

三 欧洲更加走向民族主义

欧盟各成员国在难民和移民问题上的博弈实际上反映了各欧盟成员国内部的矛盾。欧洲各国执政联盟里的传统政党在难民和移民问题上争执不下，致使政府在制定难民政策和管理难民上缩手缩脚，迟迟拿不出令人信服的方案。民众为此极为不满，对政府的不信任感日重，对未来的不安全感日增。2017年荷兰、法国、德国和奥地利的议会选举成为整个欧洲向右转的风向标。

2017年初，荷兰首先拉开议会选举大幕，全世界的眼光都聚焦在荷兰传统政党能否成功狙击以反移民为主要政纲的民粹主义政党自由党身上，而自由党也借难民和移民问题向传统政党发动攻击，争取选票。虽然最后传统政党自由民主党保住了议会第一大党的地位，但选票流失严重，而极端右翼的自由党成为议会第二大党。这次议会选举，极右翼势力巩固了自己在政坛上的地位，中短期内将会给执政党制造很多麻烦，并会影响政府在难民和移民问题上的决策能力。这次选举还使荷兰议会碎片化情况加重，第一大党自由民主党必须和另外三个党派组成多数联合政府，组阁难度加大，政府执政能力和行动能力减弱。

在法国，以往传统上的左、右翼阵营竞争对决态势完全改变。面对民粹主义政党民族阵线的咄咄逼人攻势，左、右翼阵营推出的候选人要么丑闻缠身，要么过于羸弱，直到马克龙集结起中间势力，才得以和极右翼民族阵线抗衡。第二轮总统选举中，马克龙在其他政党的一致支持下取得选举胜利。但对于国民阵线来说，这算不上失败，反而通过此次选举巩固了自己的势力，宣传了自己的政治主张。今后马克龙一旦改革失败，民族阵线就会卷土重来。届时，分裂的法国是否还能积聚起力量抗衡民族阵线？

由于马克龙坚决维护欧盟统一，并支持德国总理默克尔的难民政策，所以在他取得大选胜利后，欧洲政坛乐观地认为，欧洲民众理性而客观，德国的选举也不会出现意外，并对马克龙与默克尔联手共同解决欧盟面临的问题充满期待。德国选举前，政治形势果真波澜不惊，一如既往的是联盟党和社民党两个全民党的竞争。选前民调甚至显示，难民危机没有损害默克尔的执政形象，她的声誉从2015年的历史最低点，又回到难民危机前的高点，在大选前一直稳居德国最受民众欢迎的政治家第一位。民调还显示，默克尔领导的联盟党将获得多数选票，选票流失率不大，而其竞争者社民党虽会丢失一些选票，但依然会保持第二大党位置。因此，许多观察家预测，因为德国民风保守、稳健，德国现有格局不会有大的改变，唯一的看点是德国极端右翼政党选择党能在选举中取得多少选票。在这样的形势下，两大传统政党以及议会中的小党都默契地避谈难民问题，一方面试图用其他议题吸引民众，另一方面试图将难民问题拉回到具体的解决难民问题的原则上，各传统党派希望民众理性投票，政治家们呼吁民众为了自己的民主权利积极投票。但是，传统政党的策略没有成功，民众恰恰把各传统政党认为不是决定性议题的难民问题视为重要的议题，甚至是唯一决定性的议题，并把难民遣返和难民接收比例视为首要议题，视为政党能否代表自己表达意见的试金石。选前德国民调机构Infratest的调查数据显示，48%的德国人担心伊斯兰国日益增加的影响，38%的人害怕德国有太多的外国人。[1] 选举结果出来后，虽然两党保住了第一大党和第二大党的地位，但相比上一次选举，两党都丢失了大量选票，极端右翼政党选择党成为议会中的第三大党。特别是在难民潮中最先受到冲击的巴伐利亚州和经济发展滞后的东德地区，传统两大党损失惨重，极端右翼政党选择党在这些地区成为第一大党或者第二大党。

由于直面移民问题的民粹主义或者民族主义政党的兴起，欧盟多个国家的全民党或两党组成"大联盟"时代在旋涡中终结，组成政府因党派散落而变得极为困难。德国大选后，选择党成为议会第三大党，德国议会出现了七党奇观。由于议会中存在一个极左翼政党和一个极右翼政党，德国政党版图业已碎片化，共识减少。2017年11月20日，虽历经50天艰苦的谈判，

---

[1] Timo Steppat: "Datenanalyse – Merkel und die Koalition der Zufriedenen", http://www.faz.net/aktuell/politik/bundestagswahl/f-a-z-wahlanalyse-merkel-und-die-koalition-der-zufriedenen-15206260.html.

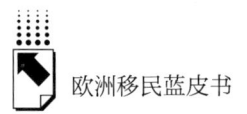

联盟党、自民党和绿党开启的组建所谓"牙买加模式"政府的谈判还是宣告失败①,又一次确证多党组阁的艰辛,也更印证了各传统政党之间缺乏必要共识。由于重新选举和少数派政府既不符合德国和欧盟的利益,也不符合德国保守的民风,延续大联合政府成为唯一可能的选项,德国历史上只有在危机时期出现的罕见大党联合将成为寻常现象。议会中,极端右翼选择党成为主要反对党,另外两个小党也会更加坚持自己的固有立场,令人担忧的魏玛共和国现象就真有可能出现,下次选举两大全民党能否还能再次组成多数党政府成为不定之数。

在奥地利,传统上持中间偏右立场的人民党在现任外交部部长库尔茨的领导下退出联合政府,迫使奥地利提前举行大选。库尔茨领导的人民党在选举中急剧右转,完全吸收了民粹主义政党自由党的政治纲领,并将所有议题都与难民和移民问题挂钩,吸引了大批选民支持,如愿成为议会第一大党,其即将和极右翼自由党组成的联合政府更具灰黑色彩。库尔茨一直将自己塑造为默克尔德国欢迎难民政策的反对者,欧盟主权的守卫者。2017年以来,他公开支持东欧国家关闭路上通道的行动,支持东欧国家反移民的民族主义立场。他坚决反对非政府组织在地中海的救助行动,并宣称非政府组织的行动造成了更多死亡。他极力要求关闭地中海海上通道,主张不让偷渡者登上意大利国土和在欧洲以外的地方建难民营集中管理难民和移民。

奥地利向右转,并成立以"奥地利优先"的、具有鲜明民族主义色彩的政府,其不是孤立现象,东欧国家波兰和匈牙利早先已由右翼的民族主义政党掌权,捷克的执政党社会民主党也早已转向民族主义。在对待难民的问题上,向更加民族主义转向的库尔茨政府必定会在欧洲心脏部位给欧洲满口人权和普世的政治家插上楔子,实现其"取消对战争难民的临时避难政策、严防欧盟边境和制定有序的移民措施"的选举承诺。奥地利也会更靠近波、匈、捷、斯四个东欧国家组成的维谢格拉德集团,一起向法德施压,迫使欧

---

① FDP bricht Verhandlungen ab, http://www.faz.net/aktuell/politik/aus-fuer-jamaika-fdp-bricht-verhandlungen-ab-15300979.html.

盟走向实用主义、利己主义。而奥地利向右转也已给西欧其他国家树立榜样。德国联盟党中的基社盟就已经公开表示欢迎库尔茨当选，并将奥地利人民党和自由党政府视为解决巴伐利亚州难民问题的重要合作伙伴。

欧盟成员国内部对于解决难民和移民的存量和增量问题难以达成一致。以德国为例，选举后进行的所谓"牙买加模式"联合政府组阁谈判在解决难民和移民存量及增量上步履维艰。基督教联盟党和自民党与绿党的立场相差颇大。联盟党坚持设定每年接收难民的上限，而绿党反对设定上限，同时强调家庭团聚的合法性和必要性。如果德国重组大联合政府，在解决难民的存量问题上，两党也有需要弥合的差距。在加快审理难民申请和推回不符合庇护条件的问题上，德国联邦各州也行动不一。由联盟党领导的政府在遣送不合条件的人员方面比较坚决，已组织多次行动遣送没有获得居留权的外国人回国。而由社民党和绿党联合执政的州相关行动比较迟缓。另外，由于绿党反对，联邦议会无法出台认定北非国家为安全第三国的规定，影响了联邦政府加快执行遣送程序。

四 伊斯兰极端主义和欧洲民粹主义孪生相伴

难民危机是伊斯兰极端主义和欧洲民粹主义泛滥的温床，而伊斯兰极端主义越猖獗，则欧洲民粹主义越兴盛，反之亦同。伊斯兰极端主义和欧洲民粹主义造成欧洲社会分裂，难民危机前的所谓欧洲多元文化社会的假象被撕开。

2015年难民危机的根源在于西方对阿拉伯地区和北非地区的政治及武装干涉，伊斯兰激进组织趁乱做大，伊斯兰极端主义思潮泛滥，恐怖主义之火燃烧到了欧洲。进入2017年，虽然欧洲各国加强了戒备，但恐怖袭击依然频仍。德国政治研究所统计了2017年以来发生在欧洲的恐怖袭击。3月22日，英国伦敦市中心议会大厦附近，一名恐怖分子驾驶汽车撞倒多名行人并用刀袭击警察，造成5人死亡，约40人受伤。8月17日西班牙巴萨罗那伊斯兰恐怖分子驾驶载重卡车撞向人群，造成至少13人死亡，80多人受伤。9月15日IS恐怖分子在英国伦敦用自制炸弹炸死29人。截至2017年11月，欧盟国家共发生26起伊斯兰恐怖分子制造的袭击事件，大批平民在恐袭中丧生。①

每一次恐怖袭击都给了欧洲民粹主义分子绝佳的理由。虽然政治家一再告诫不要把特别族群、特定宗教和恐怖主义联系在一起，但恐怖分子的身份不可能不让人产生联想。在欧洲发动袭击的恐怖分子，要么是在难民潮裹挟下新近进入欧洲的阿拉伯难民，要么是早期移居欧洲的穆斯林后代，因此自然被贴上"伊斯兰"和"阿拉伯人"的标签，从而更激起了民族和宗教文化矛盾，为欧洲民粹主义的兴盛提供了肥沃的土壤。

欧洲民粹主义和伊斯兰极端主义其实早已经在欧洲形成相生相伴的关系。首先是在法国，民粹主义思潮发展最为迅猛。从20世纪80年代起，欧洲还没有发生恐怖袭击的时候，法国就开始讨论在公共场合禁止伊斯兰装束，并直接要求女生在学校取下伊斯兰头巾。居住在法国及世界其他地区的穆斯林对此极为不安和愤怒。2002年4月，极端右翼政党国民阵线党主席勒庞进入法国总统第二轮选举，标志着民粹主义已经成为法国政坛上的一支重要力量。紧接着在2004年3月，法国议会通过了在所有公立学校禁止佩戴明显宗教饰物的法案。该法案还规定所有学生都要学习官方规定的课程，任何学生都不得以宗教为由拒绝学习或者逃课。这一法案的出台标志着国民阵线代表的民粹主义取得了文化战场上的完全胜利，所谓"勒庞主义"已经占据了所有法国党派的头脑，左右了法国政治。② 该法案看似对所有宗教一视同仁，但在穆斯林看来，禁穿穆斯林长袍本身就是一个针对性的反伊斯兰歧视政策。由此而起的相关争论和对抗让那些在法国出生的穆斯林后代陷入认同危机，并开始做出极端的宗教应对，极端伊斯兰主义思想也因此在移

---

① Islamistischer Terror in Europa, http://www.politische-bildung.de/islamistischer_terror_europa.html.
② Michaela Wiegel: Rechtsruck in Frankreich - Der Versuch einer Ursachenforschung, http://www.bpb.de/gesellschaft/migration/laenderprofile/245248/2017-rechtsruck-in-frankreich-ursachenforschung.

民聚集区域扩散。

随着西方对中东地区的干涉,伊斯兰极端主义思想进一步发展,欧洲开始遭受恐怖袭击的威胁。2015年、2016年的恐怖袭击造成法国238人死亡,数千人受伤。法国人更加认同民粹主义者反穆斯林的言论,特别是勒庞的"不是所有的穆斯林都是恐怖分子,但所有的恐怖分子都是穆斯林"的言论更获得了法国民众的极大认同,也传遍了整个欧洲。

2013年始,拥有穆斯林背景的难民逃往欧洲。本来欧洲就已经因为美国"9·11"事件和发生在法国的恐袭而惊恐万状,现在如此多的难民不断涌入,更让欧洲民众担忧。因此,只要有穆斯林背景的人触犯法律,事件就会被无限放大。欧洲社交媒体充斥着反难民、反穆斯林的言论,也充满了关于难民和穆斯林的谣言。2014年秋德国兴起的"爱国欧洲人反对欧洲伊斯兰化"运动就反映了民众对外国文化影响以及自身文化认知的担忧。难民引起了认同危机,一是对欧洲的认同危机,二是对本国社会发展趋势的认同危机。根据上述提及的Infratest调查,德国民众把中东难民的涌入看作德国瓦解的开始,70%的人对社会分裂忧心忡忡。他们担心德国会分裂为两个极端,一边是对现状满意,对自己生活有信心的人,另一边是对现状不满,对生活恐惧不安的人。在现实政治中,德国业已形成两个极端,极右翼的选择党和极左翼的左党在一边,其他较温和的政党在另一边。① 法国、荷兰、意大利等西欧国家也基本如此。

2017年,除了意大利和希腊之外,难民危机已经基本平息,但欧洲民众的担忧依然存在。例如,在支持德国选择党的选民中,多把打击恐怖主义(69%)、打击犯罪(61%)和难民问题(60%)当作他们投票给选择党的决定性因素。② 因此,德国选择党、法国国民阵线、荷兰自由党并非一般意

---

① Timo Steppat:"Datenanalyse – Merkel und die Koalition der Zufriedenen",http://www.faz.net/aktuell/politik/bundestagswahl/f-a-z-wahlanalyse-merkel-und-die-koalition-der-zufriedenen-15206260.html.
② Timo Steppat:"Datenanalyse – Merkel und die Koalition der Zufriedenen",http://www.faz.net/aktuell/politik/bundestagswahl/f-a-z-wahlanalyse-merkel-und-die-koalition-der-zufriedenen-15206260.html.

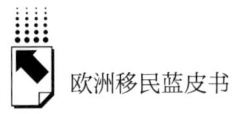

义上的抗议党，他们提出的打击恐怖主义和反对非法移民议题契合了民众的诉求，宣扬的捍卫民族文化、"欧洲优先"的主张颇得民众认同，并因此在欧洲多国获得了稳定的社会和政治基础，并将在经济、安全、移民和一体化等问题上与主要政党展开长期博弈。①

五 欧盟和亚非国家在难民和移民问题上的合作

2017 年难民危机缓解，很大程度上基于欧盟与土耳其的合作。2015 年为了减少难民以非法途径进入欧盟，欧盟和土耳其达成协议，欧盟将非法进入欧盟的难民推回到土耳其，并按同等比例接收在土耳其的难民，土耳其同时关闭路上通道，土耳其因此成为欧盟难民问题上的重要伙伴。尽管如此，土耳其加入欧盟的谈判依然毫无进展，双边关系还因土耳其发生的未遂政变而变糟。

土耳其总统埃尔多安在政变发生后加强了总统权力，并希冀获得海外土耳其人的支持。他领导的政府在西欧加大对土族裔的宣传，激起了土族裔的穆斯林的文化认同感和祖土情怀，欧洲人和土族裔人长期以来勉强建立起来的相安无事的平行社会生态被破坏，双方冲突加剧。而土耳其和欧盟国家的关系也因为欧盟国家禁止土耳其政治家在欧盟从事拉选票和宣传活动而日益恶化，解决难民问题增添了新的不确定因素。事实上，土耳其等叙利亚、伊拉克周边国家才是难民接收的主体，但由于西方掌握着国际话语权，全世界都将焦点放在欧洲，土耳其反而被遗忘。另外，欧洲利用自己较有利的地理位置关闭路上通道，土耳其只能独自承受安置难民的压力。②

在解决难民存量和增量的问题上，欧盟致力于与非洲国家合作，以便将

---

① 崔洪建：《荷兰议会选举：欧洲政治悬念未解》，http://news.xinhuanet.com/world/2017-03/16/c_129511169.htm。
② 崔守军、刘燕君：《土耳其对叙利亚难民危机的应对及其影响》，《西亚非洲》2016 年第 6 期，第 73~90 页。

难民和移民阻挡在欧洲之外。德国把2017年设定为非洲年，并利用担任本届G20主席国的机会邀请非洲国家参会。据德国《法兰克福汇报》报道，离G20峰会召开还有三个多星期之际，德国联邦政府在柏林首先召开了G20非洲峰会。默克尔总理在开幕式上表示，如果不是所有的大洲都参与的话，世界的良好发展就无从谈起。她认为，尽管非洲部分地区经济有活力，在可再生能源和数字化等领域具有潜力，但非洲发展依然落后于其人口增长的要求，所以还必须更具活力。默克尔承认，到目前为止工业国家的对非发展援助"并非总是在正确的道路上"，因此德国作为G20主席国提出了新倡议"与非洲有约"（Compact with Africa）。该倡议不再"讨论"非洲，而是"与"非洲进行商谈。目前，德国经合部已经与突尼斯、科特迪瓦和加纳财政部建立了建设性的伙伴关系，目标是发展可再生能源、提高能效和发展金融银行业，使这些国家对私人投资者更有吸引力。除上述三国外，卢旺达、塞内加尔、埃塞俄比亚和摩洛哥四国也加入了上述合作框架。德国经合部今年将额外支出3亿欧元，用于支持该合作。德国经合部部长穆勒表示，各方共同目标是吸引更多的私人投资，为非洲年轻人创造更多的工作岗位和收入。[①]

除德国之外，法国在马克龙上台后也积极参与解决难民问题，因为对法国来说，放弃在难民问题上的主导权意味着丧失在欧盟里的领导地位。2017年8月底法国总统马克龙和德国总理默克尔在巴黎召集难民峰会，邀请非洲乍得、尼日尔两国总统，以及利比亚总理参加，意大利、西班牙的政府首脑，欧盟外交事务负责人也参加了峰会。各国讨论了给非洲国家人民合法移民机会的问题。法、德两国明确表示，开放合法移民必须同时解决非法移民的问题。两国希望推动在非洲过境国家实施避难权甄别。法国总统马克龙提出，在尼日尔和乍得开展难民甄别行动，这样难民就不必冒生命危险在地中

---

① Bundesfinanzministerium, "G20 Africa Partnership – Conference Report," http://www.bundesfinanzministerium.de/Content/EN/Standardartikel/Topics/Featured/G20/2017 – 08 – 28 – g20 – conference – report.pdf; jsessionid = C2B2548076645B43800E768131E8E786?＿＿blob = publicationFile&v = 3.pdf.

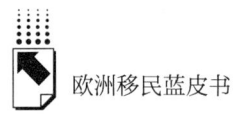

海偷渡，而且联合国难民组织（UNHCR）可以对整个流程进行监管。默克尔对马克龙的建议表示支持，原则上愿意将难民从利比亚等国迁居到欧洲，但这一行动的前提是，能有效地区分难民和经济移民，并能在接纳合法难民的同时，遣返已经进入欧洲的非法移民，她认为这样方可避免向非法移民发出错误的信号。①

六　难民问题的长远政治影响

2017年是欧盟打好基础解决棘手问题，团结一致消弭危机的关键一年。目前欧盟正在设法解决难民和移民的存量及增量，并设法加强和域外国家合作预防发生更大的难民危机。欧盟各国也在主动设法化解因难民大量涌入欧洲而触发的原已存在的各种对立矛盾，并加大力度防范恐怖主义威胁。

法、德两国选举已经尘埃落定，马克龙和默克尔新"双驾马车"试图领导欧盟解决难民和移民问题。相比奥朗德，马克龙更为法国民众接受，为了显示法国在欧洲的领导地位，他不会像奥朗德一样在难民问题上放弃领导权。默克尔虽能继续执政，但其领导力已大大削弱，德国不再能像2015年一样在解决难民和移民问题上发挥领导性的作用。法、德选举结果还表明，极端右翼政治势力已经成为欧洲政坛上的一股强劲的力量，其对政府决策的影响显而易见。同时，欧盟成员国民族主义势力在难民危机中发展壮大，奥地利和东欧国家在难民问题上会更加强硬，欧盟在难民问题上会选择更加孤立的自我保护政策。

难民危机后，2017年的政治形势发生变化，民众关心的议题转向打击恐怖主义、文化认同、未来生存状态等。在这样的政治形势下，首先，传统政党被选民抛弃，以社会正义为诉求的德国社民党、法国社会党、荷兰工人

---

① Emanuel Macron legt Entwurf für EU – Reform vor, http://www.faz.net/aktuell/wirtschaft/eurokrise/emmanuel-macron-legt-entwurf-fuer-eu-reform-vor-15218545.html.

党等各大工人政党难抵削弱的颓势。其次，极端右翼势力更加强大，中间偏右的政党渐具更强烈的民族主义色彩，欧洲很可能会出现更多的奥地利式灰黑政府模式。最后，专注于某个极端诉求的小党不断涌现，欧洲政党图景碎片化，政府的治理能力减弱。上述种种都将导致欧盟在接收难民和移民问题上更趋保守和严厉。

B.3
难民危机对欧盟和成员国间关系的影响分析

Dominique Vidal*

摘　要： 难民危机在当前成为欧盟政策实施的一个中心问题，也造成了欧盟内部各成员国之间的诸多分歧和紧张。尽管欧盟有共同的难民庇护政策，但各成员国很难就共同政策的实施达成一致。在欧盟与土耳其和利比亚的协议中，各成员国的冲突非常明显。在难民管控中，各成员国将保护本国利益置于欧盟共同政策之上，其原因来自各国的政治、历史和社会状况的差异。欧盟共同政策在执行上的困难和成员国之间关系的紧张突出地揭示出欧盟的多样性、脆弱性以及矛盾性。

关键词： 难民危机　欧盟　成员国　共同政策

从2015年开始，大量外来人口涌入欧洲，其中一部分人根据1951年《日内瓦公约》的条款获得难民身份，这使得欧洲各国面临全新的局面。今天，移民危机或者说难民危机成为欧盟政策实施的一个中心问题，同时这也造成了欧盟内部各成员国之间的诸多分歧和紧张气氛。在欧洲还在受2008年经济危机影响的情况下，难民问题突出地揭示出欧盟的多样性、脆弱性以及矛盾性。本文介绍了欧盟的移民和难民政策，特别是欧盟与土耳其和利比

---

* Dominique Vidal，巴黎狄德罗大学，社会学教授。译者，刘清如，广东外语外贸大学西方语言文化学院法语系研究生。

亚达成的协议，强调欧盟各成员国就共同政策达成一致的困难；以四个国家和一个东欧联合体为例，解释了为什么各成员国的逻辑优先于欧盟的政策。

一 欧盟移民和难民政策

从难民危机出现的那一刻起，移民、寻求庇护者以及难民这三个类别就成为学术以及政治讨论的焦点，它们分别指向欧洲在不同的移民分类方式上所遇到的问题。虽然联合国将"国际移民"定义为适用于不管因何原因离开原籍国至少一年的人，但是在"移民"这一概念上并没有达成共识。有些人将其用于跨越国界的所有个人，其他人则将其用于所有未获得难民身份的人。在欧盟，关于"寻求庇护者"和"难民"的类别，其法律依据是1951年联合国《关于难民地位的公约》，也称《日内瓦公约》。根据公约第一条的说明，"难民"一词适用于任何"因有正当理由畏惧由于种族、宗教、国籍、属于某一社会群体或具有某种政措见解的原因留在其本国之外，并且由于此项畏惧而不能或不愿受该国保护的人；或者不具有国籍并由于上述事情留在他以前经常居住国家以外而现在不能或者由于上述畏惧而不愿返回该国的人"。尽管《日内瓦公约》对于"难民"的定义很具体，但自从《日内瓦公约》签署以来，"难民"这一词在实践中都有不同的应用。[1] 欧盟关于难民的政策是其移民和庇护政策框架下的一部分，这一政策一方面声称行动自由和保护权原则，另一方面又对难民身份申请人采取限制性措施。[2]

自20世纪90年代以来，欧盟在《申根协定》的基础上加强了对欧盟国家领土边界的管控。这些措施反映出，欧盟各成员国越来越关注移民和庇护政策中的安全问题。2005年在共同体法律中引入了"安全国家"的概念，

---

[1] Akoka, Karen, "Distinguer les réfugiés des migrants aux vingtième siècle: enjeux et usages des politiques de classification" in Agier, Michel, and Madeira, Anne-Virginie, Définir les réfugiés, Paris, PUF, 2017: 47–68.

[2] Balleix, Corinne, La politique migratoire de l'Union européenne, Paris, La Documentation française, 2013.

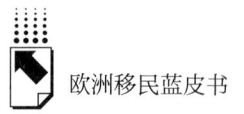

禁止来自具有尊重人权和法治的国家的外国人的庇护申请，原则上来自这些国家的公民会被认为是不受迫害的即不符合申请庇护的资格。为了限制难民定居欧盟国家，欧洲委员会允许欧盟成员国使用"安全第三国"这一概念来拒绝审查那些想通过外部国家过境的难民庇护申请。以此为由，希腊拒绝接收来自土耳其的移民，就显得合理了。

欧洲庇护政策的核心是《都柏林公约》，自从1990年在爱尔兰首都签署第一份协议之后，随后在2003年和2013年，欧盟各成员国都表达了在难民问题上制定共同政策的意愿。《都柏林公约》基于一个原则：庇护申请必须在申请者进入的欧盟国家进行审查，如果申请通过，庇护申请者只能在所申请的国家获得难民身份。这样，《都柏林公约》主要是为了防止寻求庇护者根据劳动力市场和社会保障制度来选择他定居的国家。但实际上，《都柏林公约》已被证明是难以实施的，因为严格执行公约意味着最接近移民人口的国家也是最多庇护申请者的国家，根本无法执行庇护政策。今天欧盟的希腊和意大利所面对的情况正是如此，西班牙程度稍轻。

西班牙、希腊和意大利当前的情况唤起了所谓"欧洲—地中海"区域在欧盟移民政策中的重要性。① 在过去三十年中，它成为受国际人口迁移影响最大的地理区域之一，地中海附近的几个国家（阿尔及利亚、埃及、摩洛哥、突尼斯和土耳其）是向欧盟输出移民的主要国家。因此，地中海区域在移民进入欧盟国家这一方面发挥着决定性的政治作用。据估计，2015年，约有一百万移民通过地中海抵达欧洲，在叙利亚难民大量涌入期间，2016年移民人数达到35万人，2017年1月至9月期间为10万人。自2004年以来，欧盟设立了一个特别机构——欧盟边防局（Frontex）来协调欧盟各成员国的活动，来自地中海沿岸国家的军舰组成了地中海巡逻工作小组。巡逻军舰在救援遇到海难的移民后，首先会打消他们从非洲和土耳其海岸偷渡的念头。这也是为何许多非政府组织经常指责欧盟的原因，因为边防局的

---

① Schmoll, Camille, Thiollet, Hélène and Wihtol de Wenden, Catherine (eds.), Migrations en Méditerranée, Permanences et mutations à l'heure des révolutions et des crises, Paris, CNRS Éditions, 2016.

举措使移民由地中海进入欧洲之路变得更加危险。

除欧盟边防局之外,欧盟"边境外部化"还包括在政治和经济上正式或非正式地支持移民输出的国家,以便他们能够自己控制移民输出,限制移民进入欧洲。① 例如,直到2011年,欧洲大多数国家对待突尼斯本·阿里的政策和对待利比亚卡扎菲政权都非常谨慎。作为对欧盟经济援助和政治支持的回报,这些国家的领导人阻止移民从他们国家港口出发进入欧洲。"阿拉伯之春"改变了这一局面,现在许多来自非洲的移民都是通过上述国家跨越地中海进入欧洲。欧盟能够长期对摩洛哥采取友好的态度也是因为摩洛哥在"边境外部化"政策中发挥着重要的作用,摩洛哥当局限制了从当地海港出发到西班牙本土以及位于非洲北部地中海区域的西班牙"飞地"休达和梅利利亚的船只。除地中海各国外,欧盟还跟许多撒哈拉以南的非洲国家签订了旨在阻止移民进入欧洲的双边或多边协议。为了获得欧洲国家的发展和执政支持,他们采取各种措施限制移民的输出,或者采取措施方便那些已经移民但遭遣送的人返回原籍国家。尽管这种"边境外部化"政策确实使移民进入欧洲变得更加困难,但同时也导致了走私组织更加猖狂,这些走私组织秘密转送移民,严重危害了移民的生命安全,这也是学术界和非政府组织批评得最多的一点。

二 欧盟与土耳其和利比亚的协议

自叙利亚内战爆发以来,将近三百万的叙利亚人逃离本国,迁移至希腊的邻国土耳其。然而,这些移民并不能在土耳其获得难民身份的保护。作为1951年《日内瓦公约》的缔约国,土耳其增加了一项公约实施的"地理范围限制",即地理范围仅限于欧洲理事会的47个成员国之内。除此之外,又因为希望在一个经济更为发达的国家找到庇护所,许多叙利亚人努力地通

---

① Morice, Alain, and Rodier, Claire, "Politiques de migration et d'asile de l'Union européenne en Méditerranée", *Confluences Méditerranée*, Vol. 87, No. 4, 2013: 109 – 120.

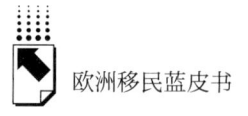

过陆路，尤其是通过海上道路，经土耳其取道前往希腊。这使得大量叙利亚难民穿越爱琴海抵达希腊岛，并造成了大批难民在漂洋过海中丧生。

经过数月的协商，欧盟与土耳其于2016年3月18日共同签订了一项协议。该项协议规定，所有抵达希腊的"新非法移民"，包括寻求庇护者，都将被遣送回被视为"安全第三国"的土耳其。该协议提出向土耳其给予六十亿欧元的经济援助，以安置移民，放宽对于那些希望在欧盟国家短期居住的土耳其人的签证立法，并重开土耳其进入欧盟的谈判。欧盟的各成员国想以此限制到达欧盟本土的移民数量。

该协议实施一年后，由土耳其到达希腊岛的移民数量明显降低了。2016年12月下旬至2017年3月初的移民数量仅为1500人，而在这段时期的两个多月前，即2015年12月末至2016年3月初，移民数量为20多万。移民数量的剧减基于以下两方面原因：一方面，土耳其政府出台了一项打击为移民提供简易船只的人口走私者的政策；另一方面，许多移民自知将会被遣送回土耳其，因此拒绝前往希腊。这一协议使欧盟成员国内部的气氛变得紧张。许多非政府组织和左翼党派强烈谴责土耳其在控制移民方面角色的转变，及在其领土定居的移民的命运。在2016年7月军事政变失败后，土耳其总统埃尔多安推行强硬政策，使欧盟各国政治上处于一个为难境地，一方面，欧盟谴责土耳其践踏人权，另一方面，欧盟又依赖土耳其来控制移民潮。

归根到底，难民危机不过是再一次确认了土耳其在欧盟政策中不可或缺的重要地位。它处于欧洲和中东之间，占据得天独厚的地理位置优势，已经在阿塞拜疆和伊拉克的石油运输中扮演重要角色。因而土耳其深知欧盟不敢对其采取太强制的措施，来冒险挑战2016年3月18日签订的协议内容，使现居土耳其的移民大量涌向欧洲。

利比亚是另外一个地中海沿岸国家，欧盟试图与其签订协议以限制移民和难民潮。2011年推翻卡扎菲的起义爆发后，利比亚领土实际上已经成为难民潮的中心。卡扎菲严格控制港口以换来欧洲各国对其统治的支持，后来情况发生了根本性的变化，许多帮助偷渡的人口走私者结伙为黑社会组织，频繁地在沿海一带作案。2016年，近18万人从利比亚海岸离开，横渡地中海，其中有3800人在海中丧生。同样，2017年上半年有10多万人横渡地中海，其中2247人死亡。

基于其地理位置，意大利直接承受着巨大的移民压力。自2016年欧盟与土耳其签订协议以来，意大利已无可争议地成为移民进入的第一个欧洲国家。因此，在2017年1月1日至9月30日，它接收了90%从海上到达的移民，即10万人。这些移民有的已经在海上被收留，大部分移民是从卡拉布里亚、西西里岛、蓝佩杜萨岛进入意大利。① 面对大规模移民造成的分配布置工作困难，以及许多本土意大利人对难民潮的不满和敌意态度，意大利自2015年以来一直在寻求欧盟其他国家的帮助和支持。意大利政府尤其对欧盟其他成员国一边承认难民工作应平均地在每个国家之间分配，另一边却拒绝接收移民的行为感到不满。此外，意大利曾于2015年强烈谴责法国阻断了移民从两国的边界范迪米尔前往法国领土的道路，同时还批评了奥地利、匈牙利、波兰、捷克共和国和斯洛伐克，这些国家甚至要求意大利关上接收移民的大门，以防止轮到自己的国家被从利比亚过来的难民潮影响。

直到目前为止，为了缓解意大利前所未有的移民潮压力，欧盟绞尽脑汁地出台了一项共同应对政策。而其他的欧盟成员国并不想对那些非政府组织在地中海安排的救生船开放自己的港口，尽管意大利政府这样要求。欧盟迄今为止实施的政策包括：对意大利给予经济援助；尤其是对利比亚提供支持，以阻止移民从本国的港口横渡至意大利海岸。2017年7月4日，欧盟委员会提出了一项限制移民大量涌入意大利的计划。除了对那些有移民迁出的非洲国家采取援助发展措施外，这项计划旨在确保利比亚国内的政治稳定和重建其经济。通过培训和装备利比亚的海岸巡逻队来增强对其边界的控制，也是欧盟对利比亚援助的一部分。这项援助使得对地中海这片领域的控制不再仅仅依赖意大利，同时也使利比亚当局能够削弱国内的帮助偷渡的人

---

① 与常见的观点相反，利比亚到意大利移民数量增加，并不是因为来自希腊的叙利亚人、阿富汗人和伊拉克人数量减少，而是逃离战乱和贫困土地的非洲移民数量增加。尼日利亚人占其中的17%，其后为几内亚人（9%）以及孟加拉人（9%）。

口走私者黑势力。许多欧洲非政府组织对这种措施进行了批判，认为这使在利比亚过境的移民更加容易受到侵害。事实上，他们认为利比亚政府没有办法确保移民的安全，还使移民离开利比亚难上加难，这很可能使他们成为人口贩卖的受害者。实际上，欧盟对利比亚的政策与利比亚政府的脆弱性是相冲突的。利比亚是一个分裂成数个不稳定的地方政权的国家。2017年9月，可能将有25万到80万名移民落在利比亚犯罪团伙的手中。9月，意大利政府因为跟靠近犯罪团伙的民兵组织谈判而遭到谴责，意大利这样做的目的是阻止移民从利比亚海岸出发过境。

三 欧盟各成员国的难民和移民管控

尽管在欧盟层面有统一的移民和难民管理协议，并希望采取共同行动来进行边境管控，来自非洲和中东的移民大潮揭示了，事实上，无论在难民接收或者更广意义上的移民管控方面，欧盟各国都无法就移民政策达成一致。本节考察了四个国家——德国、法国、英国、西班牙及维谢格拉德集团的四个国家（匈牙利、波兰、捷克共和国、斯洛伐克）的难民和移民管控情况，进而讨论了为什么欧盟各国不能达成一致的政策和行动。

（一）德国

德国是自2015年来接收难民数量最多的欧盟国家。在2015年，德国受理1164269件避难申请；2016年向445000个申请庇护者给予难民身份，占同年欧盟准予难民身份人数的60%。到目前，德国依然是叙利亚和阿富汗人最希望定居的国家，然而德国人对收留难民最初的热情已大大降低。默克尔政府以及大部分政府官员都认为，德国已经饱和了，应当调整政策。做出这种论断的原因有很多。首先，不同文化背景的移民难以融入德国社会，表现为难民在德国的高失业率和排外情绪的高涨。2016年发生在该国的恐怖袭击进一步引发了德国人对穆斯林移民的敌意，这一情况令人担忧。虽然德国政府决定在国家不同区域（Länder），制定难民分配制度，但这项政策失败了。因为大多数的难民和申请庇护者都集中于其中的几个区域（北莱茵-威斯特法伦州，巴伐利亚州和巴登-符腾堡州），还有经济活跃的城市，比如慕尼黑。这些困难使德国政府意识到德国的承载能力已经达到极限，要求其他欧盟国家接受更多数量的难民。然而德国的这一提议并未得到太多的回应，一方面，其他的欧盟国家并不想看到大批新难民涌入本国，另一方面，许多难民也不想被重新安置在这些接待条件远没有德国好的国家。

在 2017 年 9 月 24 日的联邦选举中，默克尔领导的同盟取得了胜利，但同时极右翼势力获得了较多的选票。这一结果表明接收大量难民的决定并没有导致自 2005 年就连任的德国总理的垮台，但支持她的一部分德国选民也表现出了对这一政策的强烈反对。尽管如此，德国对欧盟的要求并没有消失。一切都表明默克尔对难民问题的政策将在所谓的"法德关系"的框架内予以优先考虑，它指明了法、德两国在欧盟中心的位置。

（二）法国

自担任共和国总统以来，马克龙发现欧盟在制定统一的难民接收政策上具有局限性。在大选期间，他就已提出《都柏林公约》并不符合实际，因为协议明确规定只有入境欧盟国家的难民提出的庇护申请才能被受理。然而，其内政部部长杰拉尔·科隆却表示，在他任职后，法国不会对《都柏林公约》中的程序表示质疑。更普遍地来看，马克龙在竞选时期描述的重新规定欧洲难民庇护政策的提议，似乎已逐渐偏离。如今，法国不再质疑《都柏林公约》，以及 2003 年与英国签订的用于控制双方边境（法国在英吉利海峡和北海的港口）的《勒图凯条约》。同样地，在大选期遭到马克龙批判的欧盟和土耳其签订的协议，法国当局似乎也能够接受。

马克龙总统对于欧洲大陆的移民和难民潮政策，最终延续了其前任尼古拉·萨科齐（2007~2013 年）和弗朗索瓦·奥朗德（2012~2017 年）的做法。其政策的最大特点就是有意控制和限制移民在法国境内的逗留期。法国政府为减少意图得到难民身份的移民数量，计划出了两项优先举措：一方

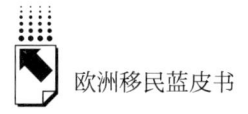

面,将审查庇护申请的期限缩短至六个月以内;另一方面,把所有被拒绝庇护权的移民驱逐出境。法国目前的收容机制已饱和,造成许多移民只能住在贫民窟或者非法建筑里,法国政府希望通过这些手段改善这种安置结构。然而,移民压力依然很大,至2017年的秋天,所有情况表明,难民潮引起的难民营增加并不仅仅因为这些措施的实行而得到改善。法国政府对从其领土偷渡的难民难以实施有效的政策,这主要归咎于两大因素:第一点是法国的潜在难民拒绝在法国提出庇护申请,因为他们随后将安置于远离国家大经济中心的地区。第二点,也是最重要的因素,在于英国政府决心不修改《勒图凯条约》。该条约使英国接受大量从法国过境的申请庇护的难民。

(三)英国

早在难民危机爆发之初,担心被非欧洲的移民入侵的烦恼就一直困扰着英国人。英国现任首相特雷莎·梅,早在2015年任英国内政大臣时,就表示对难民庇护政策持有严重保留意见,要求英国采取针对难民庇护和难民身份的不同政策。为此,她向联合国提议实行一项改革,即为在发生武装冲突地区的邻近国家提供暂时性保护;而在英国只在有限规划的框架内给予难民身份。

英国与欧盟关系的重大变化,被称为"英国脱欧"(Brexit),即英国决意脱离欧盟。英国政府和欧盟之间的谈判涉及许多方面,包括人口之间的自由流动。毫无疑问,正是在与法国的关系中,英国脱欧才会对移民涌入英国产生作用。实际上,移民进入英国如今被严格限制,是由于在英法多项协议框架下对法国港口边界的控制,以及英国对安全措施的资金支持。2003年《勒图凯条约》表现为英国边界迁移至法国港口,该条约导致成千上万的移民定居在法国北部,尤其是在穿越英吉利海峡隧道的出发点的加来地区。然而,这些移民在此安营扎寨,形成难民营地已经成为一个令各市级政府和法兰西大区政府头疼的政治问题。法国政府方面表示,不想重新审视这项条约,因为它不在与英国脱欧的谈判范围内,它只是英法之间的一项双边协议。总而言之,这项条约是在两国都还是在欧盟体系内的合作伙伴时签署的，另外，英国脱欧在未来很有可能对两国的双边政策产生影响。

（四）西班牙

在管理来自非洲的移民潮方面，西班牙在欧洲具有独特的地位。从地理位置上来说，它是离非洲最近的一个欧洲大陆国家，直布罗陀海峡使欧非大陆相隔不过14.4千米。西班牙的两个"飞地"休达和梅利利亚构成了西班牙在非洲大陆上的两块领土。在历史上，西班牙是受穆斯林文化影响最为久远的一个欧洲国家。从711年到1492年，西班牙现在的领土已有部分或全部地受到穆斯林文化的统治。西班牙4%的人口信奉伊斯兰教，即190万人，其中40%的人是摩洛哥移民。

2016年至2017年，从海上到达西班牙的移民数量剧增。据国际移民组织统计，从2017年1月1日到8月6日，总共有8183位移民在西班牙境内上岸，是2016年移民总量的3倍，这一增长表明为躲避在利比亚肆行的犯罪团伙，移民的迁移路线发生了改变。鉴于其独特的地理位置，许多非洲移民涌向休达，希望能够通过休达被转移至海峡的对岸。2017年2月，850人翻越三重六米高隔离摩洛哥城市的围栏，成功地进入休达。8月6日，至少187人成功穿过西班牙塔拉加尔（Tarajal）的过境点，他们的方式是推挤人群穿过通道并成群向前飞奔，该事件使西班牙政府暂时关闭了这个过境点。尽管横渡直布罗陀海峡被严格地监视控制，但依然有越来越多的人选择走这条路，甚至在2017年夏季中旬，一些正在海滨浴场度假的游客突然发现一艘来自加的斯地区的橡皮艇在此登陆。

虽然西班牙自2016年来在非洲移民的作用中逐渐加强，但它却不是自欧洲难民危机爆发以来接收难民最多的国家。不过，2015年9月，西班牙政府向欧盟承诺允许超过16000个已在其他欧洲国家取得庇护权的难民在西班牙定居。2017年2月，约1100多个难民来到西班牙。西班牙政府在给予难民签证上表现出反对，这引发了许多游行，特别在巴塞罗那，许多民间社会团体要求政府实行更加开放的庇护政策。

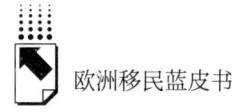

2017年8月17日通过在巴塞罗那及其邻近城市坎布里尔斯发生的恐怖袭击，发现了在加泰罗尼亚地区的"圣战"恐怖组织网络，这些进一步加强了一大部分西班牙民众对于穆斯林移民的敌意。正如欧洲的其他国家，西班牙的难民接收问题也与安全问题相冲突，同时，这也使得这个自2008年经济危机爆发以来失业率就一直居高不下的国家在是否接收新移民的问题上更加犹豫。自2017年9月末，加泰罗尼亚总统组织独立公投，其支持者取得了胜利，这对国家内政产生了严重的影响，加重了西班牙制定欧盟共同政策的困难。马德里的西班牙政府和加泰罗尼亚政府之间出现了前所未有的紧张，若其目的达成，那么加泰罗尼亚的独立很有可能使这片土地脱离欧盟。

（五）维谢格拉德（Visegrád）集团

难民接收问题使得几个属于苏联阵营的欧洲东部国家与欧盟机构相互对立。维谢格拉德集团以匈牙利城市维谢格拉德命名，由匈牙利、波兰、捷克共和国和斯洛伐克组成。该组织成立于1991年，在苏联解体后，这些国家更需要显示它们在政治经济上的力量，来获得它们在欧盟的话语权。四个成员国进入欧盟后，其政治角色逐渐丧失，而难民危机使得维谢格拉德集团重新恢复此重要政治角色。自2015年，四国领导人为表示反对接收难民举行了几次峰会。四国对欧盟提出的政策表示强烈反对，尤其是德国提议的强制难民配额以确保难民在欧盟国家之间的平均分配政策。维谢格拉德集团在这项政策里感受到了一种"独裁"的味道，并多次表示在经受"莫斯科"接近四十年的影响下，四国现在不想被"布鲁塞尔"约束。他们主要抱怨欧盟机构不考虑他们的特殊性，却在对待英国和丹麦时表现得灵活变通。

另外，维谢格拉德集团四国的人民对外来移民也非常抱有敌意。这种情况在匈牙利尤其如此，2015年，匈牙利与塞尔维亚沿着边境筑造了一堵高墙以阻止移民，主要是阻止来自叙利亚、阿富汗和伊拉克的移民入境。这些移民主要是经由巴尔干半岛前往欧洲北部。2017年7月，波兰政府同样也表示不愿意接收来自非洲和中东的移民，防止波兰陷入社会混乱。波兰同时还提出了一个观点：与其他的欧洲国家不同，波兰从来没有对那些移民的国家进行过殖民统治,因此,波兰对这些移民也不需要承担义务。

维谢格拉德集团成员国和欧盟机构之间的冲突对立愈演愈烈;2017年6月欧盟委员会对匈牙利、波兰、捷克共和国启动违规程序。如果这三国坚持拒绝接收欧盟难民分配政策规定的160000名庇护申请者,这个违规程序将把上述三国起诉至欧洲法院,并实施严重的经济制裁。

以上介绍了四个主要的欧盟国家和东欧四国的移民和难民管控情况,四个因素说明为什么欧盟各国不能达成一致的移民政策和共同行动。第一个原因是国家政策的地位高于欧盟政策。尽管欧盟所做出的各项决定在成员国当中具有越来越大的重要性,国家利益依旧是它们的首要考虑因素,例如各国的领导人依旧是由各国选举产生。因此,欧盟政策在很大程度上取决于各成员国之间的政治力量较量,成员国的话语权会根据重大选举的结果而常常变化。最近的一个例子,欧盟的政策方向曾在2017年被中断,首先是5月法国总统选举结果公布,以及四个月后直至9月24日,德国联邦议院改组选举。

与前一个原因直接相关的第二个原因是各个国家历史的独特性。移民潮首先发生在前殖民国家,主要的前殖民国家指的是英国和法国。这导致了密切的双边关系,同时也是以损害欧盟的外交政策为代价的。国情的多样性也体现在不同的经济需求变化方面,特别是劳动力需求。比如英国,直到2005年左右,尤其是在伦敦地区,需要引进大量的外国劳动力。然而在同一时期,法国采用相反做法,加大外国劳工进入的难度。

第三个原因同样重要,是对来自伊斯兰国家的人的敌意增加。移民政策问题现在成为很多欧盟国家制定政策的核心问题。对移民定居持反对意见者的巨大影响导致各国政府行动时首先考虑的是公共舆论影响,而不是依据欧盟层面的政策。

第四个原因是各国庇护申请审查机制的差异。每个欧盟成员国根据不同的行政程序给予申请者难民身份。法国和意大利的不同做法证明了这种差异的存在。在法国,庇护申请审核由法国难民和无国籍人士保护署(Ofpra)负责,而在意大利国内则存在着多种不同情况,因为庇护申请由各个不同的

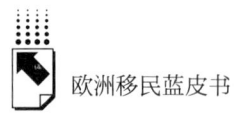

地区负责处理。欧洲各国的移民政策差异也体现在难民进入当地劳动力市场的不同限制以及享有的不同的社会保障制度上。这一方面,德国和瑞典采取的是有利于难民进入劳动力市场的措施以及提供免费的住房和生活保障。这导致许多来自叙利亚的难民更倾向于向这两个国家寻求庇护。

四 欧盟的未来发展

尽管现在估计移民问题带来的影响还为时尚早,但可以肯定的是移民和难民潮已大大动摇了欧盟的政治平衡。首先,移民危机是欧盟成员国之间关系紧张的重要源头。其中的几个成员国,比如德国、希腊和意大利,抱怨其他欧洲国家不愿意分担收留难民的重担。其次,移民危机引起了东、西方的再次分化,曾属于苏联阵营的中欧和东欧国家,拒绝欧盟委员会规定的难民分配制度。最后,对接收一大批移民的极度恐惧,使得许多英国选民投票支持英国脱离欧盟。此外,对移民的恐惧也解释了,在很多欧洲国家,出现了反对欧盟的民族主义政党获得大量选票的现象。

欧盟在对世界的演进中表现出其自由民主和尊重人权的模范形象,而与之完全矛盾的是,欧盟国家领导人却希望限制非欧洲移民的数量。2016年与土耳其签订的协议,及与利比亚达成协议的意向,都表明一旦要保护自身利益时,欧盟各国就会毫不犹豫地改变它们宣称的原则。成千上万在试图横渡地中海的过程中死亡的移民也使得欧盟希望展示给世界的良好形象大大受损。若在未来几年,欧盟国家还是移民的第一目的地,毫无疑问,欧盟在国际政策上的影响力将很有可能大大削弱。

因此,一个自其源起就伴随着欧盟的问题更显重要:难民危机后,欧盟将何去何从?如今还不能得出一个确定的答案,因为如今种种持续的进程包含不确定性。如今发展出两种相互对立的观点。一些分析者认为,欧盟作为一个政治经济体,已经濒临崩溃的边缘,在中短期内,分裂成数个小集团已不可避免。上述观点在十年前看来似乎不大可信,而在英国脱欧和民族主义政党不断取得成功后,这个观点在近三年来又得到了认可。一位谨慎的政治学家伊万·克拉斯泰夫提醒,20世纪奥匈帝国的没落和后来的苏联解体,都告诉我们,没有任何一个政治联合体能够避免其快速消亡的命运(Krastev,2016)。① 与这种观点截然相反,其他的分析者认为欧盟能够从难民危机引发的紧张局势中走出来,并更加强大。他们认为,欧盟现今遇到的困难是一个重新定义欧盟规划和调整不同成员国之间政治经济合作机制的时机。尽管近年所发生的事不容乐观,但今天仍无法确定欧盟能否成功保持其统一。

---

① Krastev, Ivan. After Europe. Philadelphia, University of Pennsylvania Press, 2016.

专题报告

Special Reports

B.4
移民问题对欧洲社会的影响

田德文 姜程淞*

摘　要： 战后欧洲国家引入大量移民，原因是缺乏低端劳动力。这些移民在欧洲战后重建过程中起到过积极作用。但是，20世纪70年代后，尤其是90年代后，随着不同地域、种族、文化背景的国际移民数量的逐渐增加，欧洲的国际移民对社会的影响日益复杂。欧洲各国存在着多样的移民问题，如社会治安混乱、恐怖主义袭击、难民潮等问题日益严峻。移民对欧洲社会的影响也是多元化的，不仅影响着欧洲社会的和谐、安全，同时也对输入国的社会文化融合有一定程度的负面影

---

* 田德文，法学博士，中国社会科学院欧洲研究所研究员，社会文化研究室主任，博士生导师，享受国务院特殊津贴。中国民族研究团体联合会、中国世界民族研究会常务理事、中国欧洲学会欧洲政治研究分会秘书长。姜程淞，硕士，讲师，韶关学院外语学院，主要研究方向为移民研究、华侨华人研究。

响。本文主要通过对欧洲移民社会问题的观察，进一步探究移民问题对欧洲社会的消极影响。

关键词： 欧洲移民　移民问题　社会影响

一　欧洲移民概况

"国际移民"是全球化发展过程中对世界各国人口、经济、政治、社会、文化等方面都具有深远影响的重要因素。国际移民组织通常把"移民"定义为基于个人利益的理由，并且没有对外驱逐因素而自由决定迁徙的人，其目的是改善物质生活或社会条件。[①] 移民的分类也可从不同角度划分，本文从国际比较的视角，将移民划分为工作移民、家庭团聚移民、非法移民与难民（寻求庇护者）等。

据欧盟公布的数据，2015年进入欧洲的外来移民约有470万人，其中约240万人来自非欧盟成员国，140万人来自欧盟成员国（见表1）。[②] 到2015年止，世界上所有国际移民中的近2/3居住在欧洲（7600万人）。[③] 此外，根据联合国难民署的统计，截至2016年，世界范围内难民总数为17187488人，比2015年增长了1076203人。其中，首次申请庇护人数约2826508人。全球55%的难民来自叙利亚、阿富汗和南苏丹。[④] 欧盟境内的非法移民已经达到可观数目，非法移民进入欧盟国家的主要途径是陆路和海路。截至2017年，从地中海东岸登陆的非法移民约为15755人，分别来自

[①] 文峰：《欧盟非法移民治理研究》，暨南大学出版社，2012，第43页。
[②] 欧盟统计局，http://ec.europa.eu/eurostat/statistics-explained/index.php/Migration_and_migrant_population_statistics，2017年4月10日。
[③] 联合国大会报告，http://www.un.org/en/development/desa/population/documents/ga-report/index.shtml。
[④] UNHCR19, June 2017, http://popstats.unhcr.org/en/overview#_ga=2.31676542.1179447990.1502616384-1036618518.1501231902.

叙利亚（5864人）、伊拉克（1856人）和巴基斯坦（1630人），比2016年略有减少。① 据意大利内政部公布的数据，2017年1月1日到8月14日，共有97293名非法移民通过海路到意大利，比上年同期下降4.15%。②

表1 2015年欧洲各国移民人数（按移民身份划分）

国家	移民总数（千人）	取得国籍		未取得国籍			
				欧盟成员国移民		非欧盟成员国移民	
		（千人）	（%）	（千人）	（%）	（千人）	（%）
比利时	146.6	17.9	12.2	61.8	42.2	65.8	44.9
保加利亚	255.2	10.7	42.5	1.4	5.7	12.9	50.9
捷克	29.6	4.5	15.1	14.5	49	10.6	35.9
丹麦	78.5	19.8	25.2	24.9	31.8	32.3	41.1
德国	1543.8	87.4	5.7	460.1	29.8	967.5	62.7
爱沙尼亚	15.4	8	52.2	3.2	20.7	3.7	23.7
爱尔兰	76.9	18.8	24.4	26.4	34.3	31.7	41.3
希腊	64.4	30.5	47.3	16.4	25.6	17.5	27.1
西班牙	342.1	52.1	15.2	106.2	31	183.7	53.7
法国	363.9	131.2	36	84.2	23.1	148.5	40.8
克罗地亚	11.7	6.5	55.4	2.2	18.7	3	25.8
意大利	280.1	30.1	10.7	63.5	22.7	186.5	66.6
塞浦路斯	15.2	3.2	20.8	6.1	40.2	5.9	39
拉脱维亚	9.5	5	52.5	0.7	7	3.8	40
立陶宛	22.1	18.4	83.1	0.8	3.7	2.9	13.2
卢森堡	23.8	1.2	5	16.4	69	6.1	25.8
匈牙利	58.3	32.6	55.8	10.5	18.1	15.2	26.1
马耳他	12.8	1.6	12.8	5.6	43.3	5.6	44
荷兰	166.9	39.2	23.5	60.1	36	61.4	36.8
奥地利	166.3	9.4	5.7	68.8	41.4	86.5	52
波兰	218.1	84.8	38.9	29.4	13.5	103.9	47.6
葡萄牙	29.9	14.9	50	6.4	21.2	8.6	28.7

---

① 欧盟国际边际管理局（Frontex），http://frontex.europa.eu/trends-and-routes/migratory-routes-map/。
② http://notizie.virgilio.it/top-news/viminale-gli-sbarchi-sono-in-flessione-97-293-da-gennaio-30191。

续表

国家	移民总数（千人）	取得国籍		未取得国籍			
				欧盟成员国移民		非欧盟成员国移民	
		（千人）	（％）	（千人）	（％）	（千人）	（％）
罗马尼亚	132.8	115.5	87	8.2	6.2	9	6.8
斯洛文尼亚	15.4	2.8	17.9	2.8	17.9	9.9	64.2
斯洛伐克	7	3.2	46.1	3.1	44.4	0.7	9.5
芬兰	28.7	7.3	25.5	7.6	26.5	13.1	45.6
瑞典	134.2	20.4	15.2	29.8	22.2	78.2	58.2
英国	631.5	83.6	13.2	269.8	42.6	278.6	44.1
冰岛	5.6	1.8	31.6	3.1	55	0.7	13.2
列支敦士登	0.7	0.2	24.8	0.3	41.2	0.2	33.9
挪威	60.8	6.9	11.3	27.1	44.6	26	42.8
瑞士	153.6	26	16.9	90.2	58.7	37.4	24.3

资料来源：欧盟统计局2017年4月10日的研究报告。

战后欧洲国家引入大量移民，原因是缺乏低端劳动力。这些移民在欧洲战后重建过程中起到过积极作用。但是，随着移民数量增加，欧洲社会生态日益复杂。2014年欧洲大选至今，欧洲国家饱受社会治安问题、恐怖袭击和难民危机的困扰，而这些问题集中体现在英、法、德三国。

根据国际移民组织公布的数据，截至2015年，英国的移民总数达到8542120人，移民占居住人口的13.20％，英国移民主要来源地区是东欧、加勒比海地区；主要移民来源国及人口数量如下：印度77663人、波兰703050人、巴基斯坦540495人、德国322220人以及少数北非国家。[①] 该国移民数量多，且多为合法移民，主要移民群体是劳工移民，但由于该移民群体遭遇失业困境、贫富差距大，甚至长期无业等因素，常有带黑社会性质的骚乱频发，给英国社会治安造成很大问题。

法国的移民问题主要表现为穆斯林移民制造的恐怖袭击事件。根据法国移

---

① IOM-World Migration, http://www.iom.int/world-migration.

民部门统计，2011年向法国递交申请移民人数较多的国家包括亚美尼亚、俄罗斯、刚果（金）等（见表2）。① 截至2015年，法国的移民总数达到7784418人，占居住人口的12.09%，比上一年增加了1784418人。目前，法国的移民主要来自北非地区：阿尔及利亚（1430656人）和摩洛哥（926466人）。② 2016年，移民来源国主要是阿尔及利亚、摩洛哥、中国和突尼斯，各来源国移民人数见表3。③ 从内因来看，近年抵法的外来移民大部分受教育程度较低，属于贫困阶层，游离于法国主流社会之外，在社会、文化、政治等领域参与度低，容易受到宗教极端思想的利用从而实施恐怖行动。由于法国经济长期不景气，外来移民日益受到主流社会的排斥和歧视，失业率高，更加大了他们对主流社会的不满，越来越多的北非穆斯林移民通过极端方式表达内心的不满。

表2 前九个向法国申请移民的国家排名及人口数量（截至2011年12月31日）

国籍	个人(人)	家庭(户)	总数(人)	比例(%)
亚美尼亚	372	1043	1415	13.6
俄罗斯	181	1061	1242	11.9
刚果(金)	962	186	1148	11
科索沃	353	691	1044	10
格鲁吉亚	167	409	576	5.5
中国	291	205	496	4.8
阿塞拜疆	68	270	338	3.2
阿尔及利亚	251	64	315	3
尼日利亚	203	45	248	2.4
总数	2848	3974	7329	70.4

资料来源：Rapport de OFII 2011。

① "OFII-Rapport D'actimte – 2011" European commission, https：//ec. europa. eu/commission/index_en.
② IOM – World Migration, http：//www. iom. int/world – migrationhttps：//www. immigration. interieur. gouv. fr/Info – ressources/Donnees – statistiques/Statistiques/Essentiel – de – l – immigration/Chiffres – clefs.
③ IOM – World Migration, http：//www. iom. int/world – migrationhttps：//www. immigration. interieur. gouv. fr/Info – ressources/Donnees – statistiques/Statistiques/Essentiel – de – l – immigration/Chiffres – clefs.

表3　2016年法国移民来源国及移民数量

来源国	移民数量
阿尔及利亚	28696
摩洛哥	27149
中国	15973
突尼斯	15208

资料来源：DGEF – DSED – AGDREF。①

相比于英法，难民危机对德国的冲击更大。2015年难民潮的首要特点是规模大。据联合国难民署（UNHGR）统计，2015年德国接受难民32万人，2016年接受难民约67万人。② 从近年欧盟公布的国别庇护申请数据来看，难民和移民集中涌向欧盟几个成员国，其中德国最多（见表4）③；德国的移民来源国以波兰为主（见表5）。此次难民潮中，可能有少数"伊斯兰国"极端分子混杂在难民中流向欧洲。此次难民危机的爆发并非偶然，从历史因素看，难民来源地等多数国家都曾是殖民地，例如：叙利亚是法属殖民地，阿富汗和巴基斯坦则是英属殖民地，赴欧投亲靠友者不在少数。同时，欧洲国家比较宽松的避难政策以及补助福利对难民也有不小吸引力。

表4　2015~2016年欧盟成员国家首次庇护申请数量

单位：人

国家	2015年	2016年
德国	476510	745155
匈牙利	177135	29430
瑞典	162450	28790
意大利	83540	122960
法国	76165	84270
英国	40160	38785

资料来源：Eurostat Data in focus 8/2017。

---

① https：//www.immigration.interieur.gouv.fr/Info – ressources/Donnees – statistiques/Statistiques/Essentiel – de – l – immigration/Chiffres – clefs.

② UNHCR，http：//popstats.unhcr.org/en/overview#_ga=2.31676542.1179447990.1502616384 – 1036618518.1501231902.

③ Eurostat Data in focus 8/2017，http：//ec.europa.eu/eurostat/tgm/table.do? tab = table&plugin = 1&language = en&pcode = tps00191.

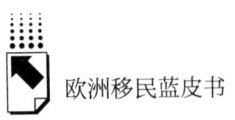

表5　2015年德国移民主要来源国及人口数量

国家	人数（人）
波兰	1930136
土耳其	1655996
哈萨克斯坦	1016844

资料来源：IOM, http://www.iom.int/world-migration。

二　移民问题对欧洲社会和谐的影响

2015年后，频繁发生的恐怖袭击和大量涌入的难民潮给欧洲社会造成不小的消极影响，对欧洲社会内部的和谐安宁有一定破坏作用，加剧了欧洲国家的阶级矛盾、种族歧视和代际矛盾。

首先，移民问题导致阶级矛盾的恶化主要表现在民众与移民、民众与政府，以及民众之间的矛盾。"欧洲晴雨表"（Eurobaromètre）发布的2016年秋季民调结果显示，56%的受访者对欧盟以外的移民持反对态度，33%的民众对来自欧盟成员国的移民也持反对态度。[1] 这种现象与宗教文化冲突有关，一方面，近年来欧洲多数新增移民信奉伊斯兰教，而移民接收国大部分是基督教徒，穆斯林移民通常很难融入当地文化生活，加剧了移民群体与当地居民之间的分裂与冲突。另一方面，伊斯兰教内部逊尼派和什叶派之间也存在严重的分裂与冲突。在内外冲突之下，穆斯林移民大量涌入加剧了欧洲社会的分裂。在人口老龄化、社会福利水平下降以及恐怖主义的蔓延等因素的影响下，欧洲民众近年来对移民的排斥心理日益升高。事实上，英国选择脱欧的重要原因之一就是公众不能接受大量中东欧国家移民流入英国的现状，更惧怕中东难民潮流入英国的可怕前景。

---

[1] 黄平、周弘、程卫东：《欧洲发展报告（2016~2017）》，社会科学文献出版社，2017，第57页。

与移民有关的恶性事件频发危害了欧洲国家的社会安全，加剧了欧洲民众与政府、政治精英之间的矛盾，导致各国极右翼势力纷纷抬头。欧洲国家的民众对待移民态度有很大分歧，尤其是对待难民的态度，让不少欧洲民众之间形成对立，加剧了欧洲社会内部的分裂。"欧洲晴雨表"（Eurobaromètre）发布2017年最新的民调结果显示，移民问题和恐怖主义上升为欧洲民众最关心的问题。①

其次，欧洲国家广泛存在着敌视外国移民的种族主义情绪，尤其对穆斯林族群更为明显。据英国媒体2017年6月22日报道，一位穆斯林女性被前上司要求其摘下黑色面纱，因为那是属于恐怖分子的。无独有偶，在曼彻斯特，一位穆斯林女性控诉上司要求其换去黑色面纱。②

种族歧视很大程度上是因为欧洲外来移民群体人口—宗教结构的改变。正因为欧洲人口—宗教结构的穆斯林化趋势明显，欧洲各国担忧今日的欧洲在未来将不复存在。国内的极右翼势力抬头，种族歧视加剧。从人口结构的角度，在数量上，穆斯林人口在欧洲呈上升趋势，给民众带去了恐慌。据"欧洲穆斯林人口数据"显示，2016年欧洲穆斯林人口总数为56520000万人，法国620万人，德国413万人，英国302万人，占欧洲总人口比例的7.66%，比1990年增长了3.56%。③ 据皮尤研究中心的报告显示（见图1），目前欧洲穆斯林人口增长率也出现下降的趋势，但依然明显高于非穆斯林人口的增长率。预计到2050年，欧洲穆斯林人口约占欧洲总人口的10%。欧洲白人族裔的人口比重将下降至47%。④

欧洲穆斯林移民生育率明显高于非穆斯林移民的生育率，这是穆斯林人

---

① "欧洲晴雨表"，https://ec.europa.eu/luxembourg/news/un-printemps-europ%C3%A9en-la-derni%C3%A8re-enqu%C3%AAte-eurobarom%C3%A8tre-standard-montre-un-regain-doptimisme_fr。
② http://www.independent.co.uk/news/uk/home-news/muslim-woman-black-hijab-terrorist-employment-tribunal-discrimination-suing-bury-manchester-a7803666.html。
③ Europe Muslim Population in 2016，www.islamicpopulation.com。
④ http://www.pewforum.org/2012/12/18/global-religious-landscape-exec/。

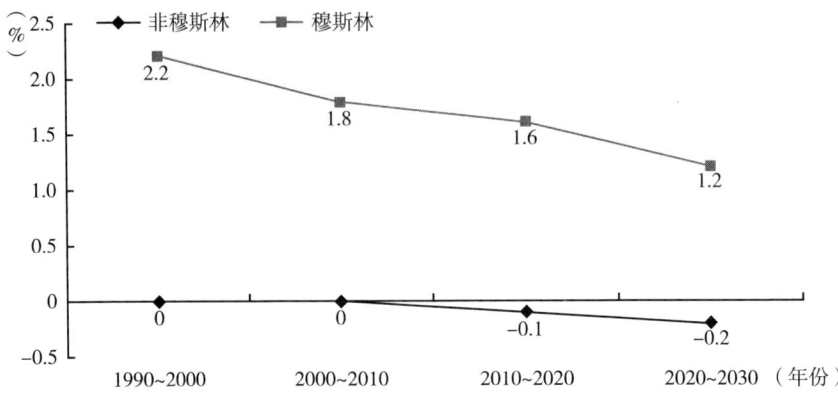

图1 欧洲穆斯林与非穆斯林年人口增长率对比

资料来源：http://www.pewforum.org/2012/12/18/global-religious-landscape-exec/。

口增长较快的主要原因。纵观全球，2015年至2020年，预计平均每个穆斯林妇女拥有2.9个孩子，而非穆斯林妇女有2.2个孩子，在欧洲，穆斯林的生育率也高于非穆斯林移民的生育率（见图2）。①

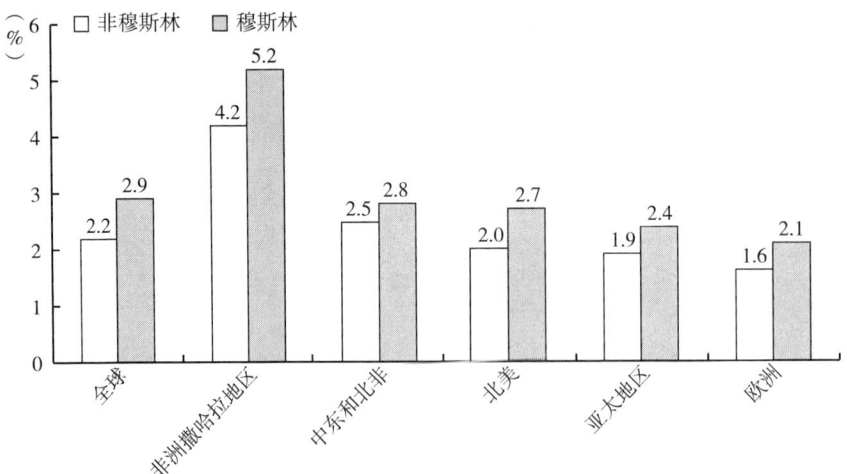

图2 全球穆斯林和非穆斯林人口生育率对比（2015~2020年）

资料来源：Muslims and Islam. 9 Aug. 2017. Pewresearch.org。

---

① "Muslims and Islam.", http://www.pewforum.org/, 9 Aug. 2017.

移民问题对欧洲社会的影响

在欧洲，目前穆斯林移民平均年龄要小于非穆斯林移民群体。穆斯林移民族群年龄的年轻化加快了他们的人口增长速度，也增加了他们的犯罪概率。例如，2010年，30岁以下的穆斯林人口占49%，而非穆斯林人口比例为34%；预计2030年，42%的穆斯林人均年龄在30岁以下，而非穆斯林则为31%（见图3）。① 据2017年8月皮尤研究中心的一份报告显示，截至2015年，穆斯林群体依然是最年轻的，平均年龄在24岁，比非穆斯林移民平均小7岁。②

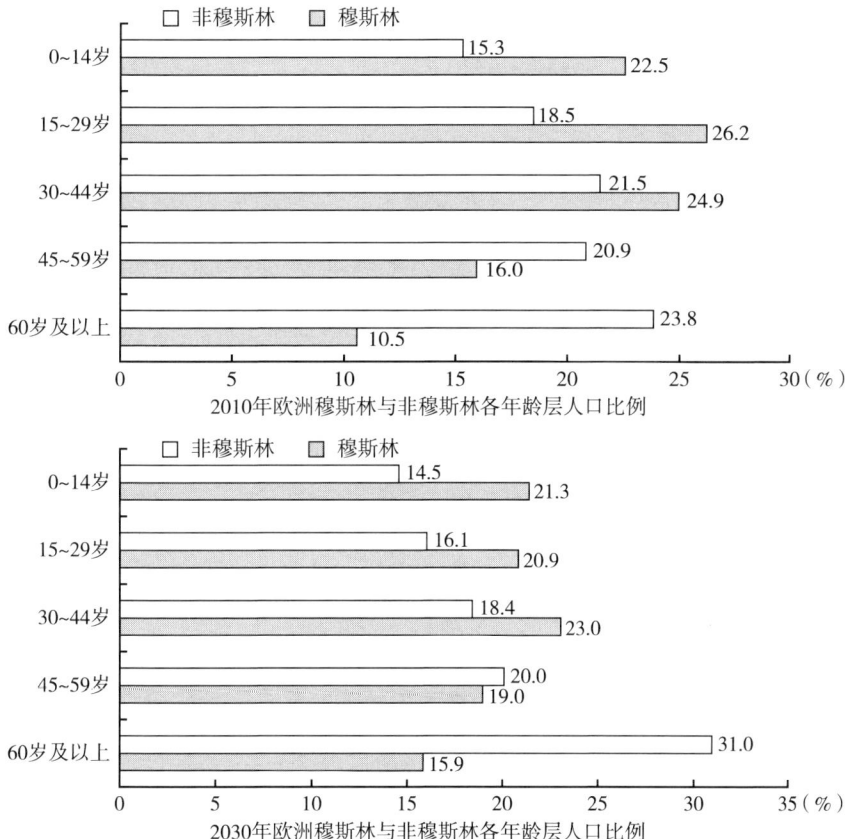

图3 欧洲穆斯林与非穆斯林各年龄层人口比例（2010年和2030年）

资料来源："The future of the global Muslism population" 27January 2011。

---

① "The future of the global Muslism population", http://www.pewforum.org/, 27January 2011.
② "Muslisms and Islam", http://www.pewforum.org/, 9 Aug. 2017.

从宗教的角度分析，据2017年8月皮尤研究中心的一份报告显示，欧洲伊斯兰教徒数量增长在所有宗教中是最快的，伊斯兰教已经成为仅次于基督教的欧洲第二大宗教。截至2015年，全世界穆斯林人口总数约为18000000人，几乎占了世界人口比例的24%（见图4）。①

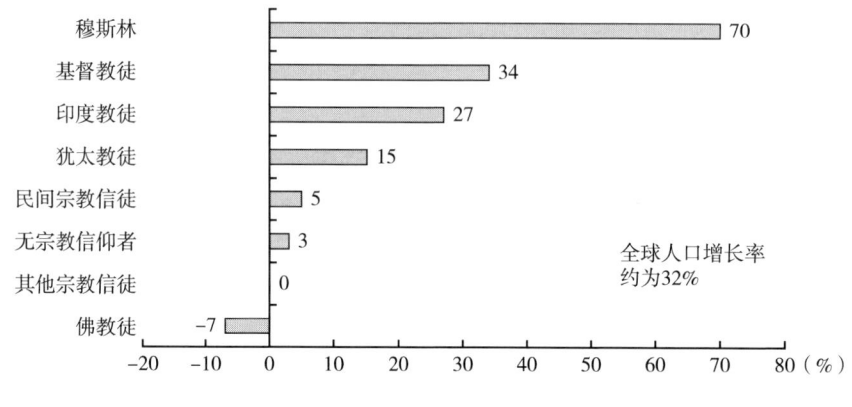

图4 各宗教增长比例（2015~2016年）

资料来源：2017年8月美国皮尤国际问题研究中心报告。

最后，移民群体之间的代际矛盾也是影响社会和谐的一个重要方面。年青一代移民和父辈们之间的矛盾激化。因为年轻人接触社会较其父辈更多，受到媒体各方面的影响程度也更大，产生思想的变化速度更快，容易和父辈产生隔阂甚至引起冲突。社会、经济、政治、文化的改变可能带来新的意识形态，让年轻一代更愿意跟同龄人交流，和父辈产生代沟。据德国警察局统计，土耳其移民的犯罪很大一部分来源于代际冲突，例如父亲或兄长用暴力方式教育孩子或姊妹，最终导致犯罪。② 总的看来，近年来宗教极端主义对在欧穆斯林青年的影响要超过其父辈，移民二代对所在欧洲国家的认同度反而低于其父辈，而这就给欧洲移民问题的前景蒙上阴影。

---

① 美国皮尤国际问题研究中心报告，Muslims and Islam. 9 Aug. 2017，www. Pewresearch. org.
② Joshua D. Freilich, Graeme Newman, S. GioraShoham, and Moshe Addad. "Migration, Culture Conflict and Crime" England：Athenaeum Press, 2007. P93.

三 欧洲移民问题对社会安全的影响

首先，大量的移民涌入对欧洲的社会治安造成威胁。例如：2011年，英国伦敦北部托特纳姆区的一场抗议示威最终演变成了蔓延全国多个城市的骚乱，5人在骚乱中死亡，多人受伤，警方逮捕了多达2250人。这次骚乱的背景，由于受到金融危机的冲击，2011年英国的失业率将从2010年的7.9%上升至9%，失业人口将达到270万，且失业者多为青年。英国16~24岁的年轻人中约有18%是失业者，黑人青年的失业比例更高达一半以上。① 高失业率为移民聚居区的黑帮蔓延制造了温床。同时，贫富差距加大也加剧了问题的严重性。英国统计局数据显示，最先发生骚乱的托特纳姆区的贫困程度在全伦敦33个行政区中排名第四，55%的当地居民属于全英国最贫困的1/5人群。② 这些贫困居民因难以融入主流社会，而被社会边缘化。

其次，恐怖袭击事件席卷整个欧洲，严重威胁欧洲民众的人身安全。继2015年1月7日《查理周刊》总部枪击事件和当年11月巴黎袭击事件之后，法国警官已经成为恐怖分子的袭击目标，如2016年6月法国警官被害，凶手声称效忠"伊斯兰国"；2017年4月20日，巴黎香榭丽舍大街发生枪击案并导致一名警察丧生，是2015年以来在法国死于恐怖袭击的第239人，也是在恐袭中殉职的第四名法国警员；据路透社最新报道，2017年8月9日，巴黎郊区发生车辆冲撞士兵事件，造成6名士兵受伤，目前嫌犯在逃。受伤的士兵属于"步哨行动组"（Operation Sentinelle），该行动自2015年法国恐袭事件后成立。③ 恐怖袭击不仅让民众自身安全受到严重的威胁，还对民众的心理带来影响，每天都生活在恐怖袭击的阴影下，让民众不能享受原

---

① "London riots: Looting and violence continues." BBC. News. 12 May 2011.
② "London riots: Looting and violence continues." BBC. News. 12 May 2011.
③ https://share.iclient.ifeng.com/shareNews?fromType = vampire&forward = 1&aid = sub_19653992.

本的社会生活。例如：2015年11月发生在巴黎法兰西体育场附近的连续恐怖袭击事件，造成127人当场遇难，368人受伤，[1]破坏了民众的社会文化生活。次年，法国国庆节期间，"伊斯兰国"又策划并实施了尼斯恐怖袭击，向庆祝国庆节的群众突袭，造成86人丧生。恐怖袭击事件不仅仅发生在法国，欧洲其他国家也同样遭受着恐怖主义的侵袭。再者，由于恐袭事件频发，导致移民输入国民众反对移民的情绪高涨，欧洲社会极右翼势力增强，从而形成恶性循环，可能为更多的暴力冲突埋下隐患。

另外，外国移民的犯罪已经对欧洲各国的社会安全造成严重影响。尤其是法国的北非穆斯林移民、德国的东欧地区的移民以及土耳其移民。据统计，在德国，80%的移民嫌疑犯年龄在30岁以下；70%的受教育程度只有小学水平；30%的没有工作。[2] 根据索斯藤·塞林（Thorsten Sellin）文化冲击理论，第二代、第三代移民的犯罪率要高于父辈们的犯罪率。[3] 因为年青一代移民和社会接触的概率大，同时受到文化冲击的概率也大，如果处理不当，便会形成违法或犯罪。因为没有很好地融入主流社会，更容易走上犯罪的道路。

同时，难民犯罪现象对欧洲难民接纳国的社会安全同样构成威胁。难民犯罪不仅导致民众的安全受到威胁，还有可能促进各国的极右翼势力增长，形成排斥移民群体的社会氛围。当难民到达接纳国以后，首要问题是面对生存问题，社会排斥会加剧移民群体的生存困难。当合法途径不能满足移民的生活所需时，选择非法途径去获得更多的利益的移民数量可能进一步增加。[4]

最后，非法移民犯罪也极大地威胁到欧洲社会的安全，并且已经成为国际社会关注的安全问题之一。由于非法移民难受法律保护，不享有平等的权利和社会地位，这种排斥扩大了该群体和输入国国民之间的矛盾，增加了社

---

[1] "Paris attacks death toll rises to 130." RTE News. 20 November 2015.
[2] Joshua D. Freilich, Graeme Newman, S. GioraShoham, and Moshe Addad：" Migration, Culture Conflict and Crime"，England：Athenaeum Press, 2007. p. 91.
[3] Joshua D. Freilich, Graeme Newman, S. GioraShoham, and Moshe Addad：" Migration, Culture Conflict and Crime"，England：Athenaeum Press, 2007. p. 235.
[4] 宋全成：《欧洲移民研究》，山东大学出版社，2007，第294页。

会的不稳定因素；同时，非法移民的受教育程度低，在输入国又缺乏平等的受教育的机会，更难找到合适的工作，甚至没有合法的工作权利，加之当地社会民众的歧视，使得他们难以融入社会，激化了非法移民和当地民众的矛盾。如2005年底北非裔非法移民与当地社会矛盾激化就诱发了巴黎郊区的骚乱事件。①

四 欧洲移民问题对社会文化的影响

欧洲移民问题不仅破坏了社会和谐、危害了社会安全，而且对社会文化也会产生消极影响。首先，文化价值观的冲突。根据文化冲突理论，引起冲突的重要因素之一即身份认同。② 从身份认同的角度分析，移民作为一个特定的族群，在种族、文化、宗教、语言上与当地居民都存在差异，因而他们往往在自我身份定义与他人身份定义之间徘徊，那些生活在社会的边缘，失去移民国家身份认同的穆斯林移民，在伊斯兰教穆斯林族群中则能找到身份认同。欧洲很多国家都有穆斯林社区，在一定程度上削弱了身居其中的移民对所在国的认同，强化了与当地居民之间的文化阻隔。另外，输入国的制度性歧视也会影响移民群体的自我身份认同。例如，英国政府给予移民和国民的区别待遇，这也是一种对移民身份的排斥，不利于移民建立对英国的认同感。欧洲国家要增强移民群体与当地居民社会融合，就必须更加重视增强移民群体对国家的认同感。

从宗教文化的角度看，文化价值观冲突表现为移民宗教文化价值观与欧洲国家主流文化价值观的冲突。在全球化背景下，冷战后的欧洲接收了大量的移民和难民，而他们当中大部分是来自穆斯林社会，主要来自北非、中东和土耳其，集中在法国和德国，信仰伊斯兰教。据统计，法国穆斯林有超过

---

① 文峰：《欧盟非法移民治理研究》，暨南大学出版社，2012，第160页。
② Abingdon Oxon: "Conflict, Peace, Security and Development", NY: Rotledge 2015. p.10. 身份认同是指一个人对自我特性、行为的表现，以及与某一群体之间所共有观念（国籍或文化）的表现。

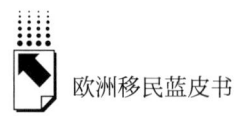

600万人口,伊斯兰教成为法国第二大宗教。根据"欧洲穆斯林人口数据"显示,2016年在法和在德的穆斯林人口总数分别为620万人和413万人,占本国总人口比例分别为9.6%和5%。①

大量的伊斯兰教徒定居欧洲,但拒绝融入欧洲以基督教为主流的社会文化生活。定居欧洲并没有使他们放弃伊斯兰教文化传统,反而强化了他们原有的文化特色,两种文化价值观的冲突进一步加剧。在法国,2010年4月,法国政府宣布准备对穆斯林妇女穿罩袍进行限制,一名法国白人女性在时装店内强行扯下一位穆斯林妇女的传统罩袍,导致发生激烈的肢体冲突。在德国,针对穆斯林移民的着装问题没有明确的规定。但1998年,一位穆斯林女性曾因为拒绝摘下头巾而被禁止从事教育事业。之后,穆斯林妇女包头巾的问题开始在德国热议,直到2003年,德国最高法院做出判决——不能禁止穆斯林女教师在课堂上佩戴头巾。这不仅仅是服饰的问题,更多地反映了两种文化的冲突。这种文化冲突在英国同样如此,只是较温和。

其次,移民群体文化的适应程度也影响了欧洲社会融合的程度。研究文化适应常常是通过分析移民群体对主流文化的接纳程度来实现的。"文化适应理论"是由跨文化心理学家约翰·贝利创立的,并涉及文化适应的结果;分析文化适应的态度和去向;厘清文化适应群体;找出非主流文化的定位等。"文化"可以被定义为价值观、信仰、观念和规范等。②当移民文化接触到主流文化时,通常有以下四种情况:同化、融合、分离、边缘化。③边缘化是移民对主流社会文化接纳程度低的表现。

在欧洲移民问题中,边缘化比较集中体现在穆斯林恐袭事件、难民问题以及非法移民问题上。由于文化、宗教的差异性,无论是第一代穆斯林移民还是第二代、第三代,都有一个共同的特点,就是对主流社会文化的接纳程度

---

① 穆斯林人口统计,www.islamicpopulation.com。
② Joshua D. Freilich, Graeme Newman, S. GioraShoham, and Moshe Addad: "Migration, Culture Conflict and Crime", England: Athenaeum Press, 2007. p. 233.
③ 同化即个体愿意放弃原有文化,积极接受主流文化,并承认主流文化是其唯一的文化。融合即在保留原有文化的基础上接受外来文化。分离即坚持原有文化,并且拒绝与主流文化交流。边缘化即既不能坚持原有文化,又不被主流文化所接受。

低,在文化适应的过程中,他们逐渐选择边缘化。正因为如此,他们在社会上受到更多的歧视对待,而这种境况又加剧了他们边缘化的程度:排斥主流文化,强化原有文化,这让他们更难以适应和融入主流社会,形成恶性循环。

最后,移民问题导致欧洲多元文化主义遭遇失败。当今世界,越来越多国家形成多元化的种族、文化,自20世纪70年代以来,澳大利亚、加拿大、法国、英国等西方国家逐渐选择多元文化主义政策奉为国策,它允许移民在保持原有文化的基础上,融合当地主流社会文化。但是,由于长期存在两种文化甚至多种文化的冲突,多元文化主义政策并没有推动移民采取相应的策略融入主流社会,尤其在"9·11"事件之后,恐袭事件接连不断,多元文化主义经历了从开始遭受质疑到逐渐被放弃,欧洲多国宣布多元文化主义政策失败。

五 欧洲移民的前景和挑战

移民问题作为全球化的产物之一,也是欧洲面临最严峻的问题之一。全球化促进了人力资源的全球化进程,促使了大量的人口迁移,加剧了欧洲的移民问题。虽然一定程度上弥补了劳动力资源的不足,但是随之而来的一系列负面影响依然不容忽视。不但威胁欧洲社会的安全和稳定,而且给欧洲传统文化造成了负面的冲击。

大量的移民涌入对欧洲国家的经济发展、政治体系、人口构成、民族认同、非传统安全以及关系到民众自身利益的各方面都是严峻的挑战。人口迁移的数量之大、速度之快,不仅使欧洲面临经济上的压力,还让欧洲国家的社会福利体系受到冲击。根据2016年"欧洲晴雨表"(Eurobaromètre)显示,失业率和社会福利水平依然是欧洲各国民众所关心的以及欧洲各国需要面对的重要挑战。[①] 同时,欧洲民众的排外行为和种族歧视加剧了欧洲国家

---

① https://ec.europa.eu/luxembourg/news/enqu%C3%AAte-eurobarom%C3%A8tre-standard-de-lautomne-2016-limmigration-et-le-terrorisme-continuent-d%C3%AAtre_fr.

的极右翼势力膨胀，对欧洲各国的政治体系也是一大挑战。此外，跨国人口的流动必然带去文化的流动，不同文化价值观之间的碰撞和冲突，引起欧洲各国对文化交流与融入的思考。为了处理好移民问题，拥有一个更加融合的欧洲社会，移民和接纳国都需要面对跨越国籍的、种族的、文化的以及宗教等各方面的挑战。然而，不同类型的移民群体所带来的和承受的挑战也有所不同。难民、非法移民和穆斯林移民群体已经并将继续成为欧洲移民问题的重大挑战。

首先，难民的涌入给欧盟各成员国在接受、安置和甄别难民带来巨大的挑战，不仅给移民接纳国带来财政上的挑战，还给社会安全带来隐患。从地域上看，自2015年欧洲难民危机爆发以来，大量的难民来自中东、北非地区及阿富汗地区，该地区的难民普遍受教育水平低，给移民接纳国的经济造成更大的负担。此次难民人数之多，是继第二次世界大战以来欧洲发生的最严重的一场难民危机。从难民身份来看，此次危机的主体除了来自中东、北非和阿富汗地区的难民外，还有很大一部分来自非洲和欧洲非战乱地区，冒充难民，最终想成为欧洲社会的一部分，而非真正的战争受害者。难民问题是一个全球化的问题，需要国际社会共同面对。尤其是美国，作为战争的发起者和强大的资本主义经济体，应当担任起化解这场难民危机的责任。

其次，欧洲非法移民已经对欧洲各国构成现实性的挑战。欧洲的非法移民主要来自中东、北非以及撒哈拉沙漠以南的非洲国家，和难民都有相同之处，就是他们的受教育程度低，缺乏劳动技能，再者，他们普遍信奉伊斯兰教，是穆斯林文化的主体。欧洲社会需要面对的不仅是公共安全与国家安全的挑战，还有文化宗教的冲击。但是从人口结构来看，无论是难民还是非法移民，都有可能弥补欧洲社会人口老龄化、劳动力稀缺的境况，因为难民和非法移民多为中青年，只要引导适当，安置妥当，真正调动他们的积极性，让他们从"寄生"转变为社会主人的心态。

最后，穆斯林族群在错综复杂的欧洲社会生态环境下所面临的挑战也是多方面的。既然"移民"是全球化的产物，要想改善移民所带来的问题，需要多方面的努力。不仅需要移民输入国本身的政策性导向，还需要依靠输入国民众的包容心和对伊斯兰教的客观认识，理性看待穆斯林移民，而不是因为对少数极端主义者的排斥反感而否定整个穆斯林族群。同时，移民群体如何在欧洲社会生存，如何融入主流文化，也是值得深入研究的。穆斯林移民应该尽快地增加知识技能的储备，改善其经济政治地位，尽快融入主流社会，这也是移民解决问题的重要途径。今天的西方文明依赖于其独特的制度和信念，随着人口族群—宗教结构的改变，他们是否能够继续维系过去的西方文明的制度和信念呢？这将对欧洲甚至西方国家都是一个根本性的挑战。

B.5
移民对欧洲社会经济的影响探析：经验与证据

程永林 侯雅玲*

摘　要： 当前，欧洲国家的经济和社会治理模式正遭遇外来大规模移民尤其是难民潮所带来的强烈外生冲击。2015年以来，欧盟国家长期移民人口总数达到创纪录的5669866人。短期内，欧洲移民大规模涌入增加了当地政府的财政负担，可能拖累国民经济的恢复性增长。从中长期来看，移民对当地公共财政、经济发展以及劳动力市场都有积极影响。移民为欧洲国家提供大量廉价劳动力，有助于缓解人口老龄化压力，提升当地政府财政收入，缓解政府负债压力促进经济发展。为此，欧盟国家应积极调整本国移民政策，帮助移民融入当地社会，缓解大规模移民流入与难民潮在短期内产生的外部冲击与财政负担。

关键词： 移民人口　移民结构　宏观经济　财政政策

自2008年以来，受到全球金融危机和欧洲债务危机爆发的持续性影响，欧洲国家宏观经济走势普遍持续下行，经济复苏举步维艰，导致经济和社会治理结构出现严重问题。根据欧洲统计局数据，截至2017年6

---

* 程永林，博士，副教授，广东外语外贸大学广东国际战略研究院。主要研究方向为国际金融、国际政治经济学、公共政策。侯雅玲，广东外语外贸大学会计学院。

月,欧盟失业率高达 7.7%,失业人口接近 2000 万。其中年轻人失业问题严重,平均失业率高达 18%,失业人口超过 420 万。而希腊、西班牙、意大利年轻人失业率更是超过40%。[①] 在这样的背景下,近年来大规模涌入的移民和难民,日益成为欧盟国家内部最有争议的社会经济焦点问题。

2015 年以来,通过地中海抢滩意大利和通过土耳其进入希腊的难民数量呈现井喷的态势。到 2016 年底,进入欧洲的难民超过 400 万人,由此引发日益严重的社会经济问题。由于这些移民尤其是难民普遍所受文化教育程度不高,在社会规范和文化观念上,一时难以融入当地主流社会。因此,非法移民与当地居民的冲突给社会稳定和治理带来了巨大的压力。欧盟公众舆论普遍认为,移民滥用社会福利政策,容易制造街头犯罪,危害社区团结,导致当地经济发展与失业率恶化。因此,这给欧盟一些国家国内的极右翼政党提供了契机,不断借助一些族群冲突事件掀起对外来移民尤其是难民的排斥与抵制浪潮,而默许众多非法移民入境的执政党更是成为他们严厉抨击的对象。在这种日益加剧的社会舆论与政治压力下,面临日益严峻的难民危机,长期高调宣扬和秉持人权、自由和民主的欧洲各国,面临的难民情势、对待难民的文化和传统以及国民对难民的接纳社会心理等因素的不同,欧洲国家无法就难民接纳方案达成一致意见,针对难民的公共政策开始出现差异和分歧,欧盟内部出现前所未有的分裂,致使难民危机久拖不决。毫无疑问,欧洲国家的经济社会治理模式正遭遇外来大规模移民尤其是难民所带来的强烈外生冲击和影响。

一 移民引发欧洲人口结构性变动与公共政策博弈

1. 欧洲移民人口的统计性特征描述

从欧洲统计局的相关移民数据来看,2015 年有超过 470 万人移民到欧

---

① Eurostat, Unemployment rate, http://ec.europa.eu/eurostat.

盟国家（包含英国），同时在此期间，约 280 万移民离开欧盟成员国。① 在 2015 年的 470 万移民中，约 240 万移民为非成员国公民，140 万移民拥有不同欧盟成员国公民身份，约有 86 万人移民到他们所拥有公民身份的欧盟成员国（例如，返回的国民或出生在国外的国民）；此外，还有大约 19000 名移民为无国籍人。从移民人口的总量来看，欧盟国家（包含英国）2015 年长期移民（居住超过 12 个月）人口总数为 4650963 人，同比 2014 年（3775702 人）下降约 23.18%，环比 2013 年（3402000 人）上升 36.71%，如图 1 所示。

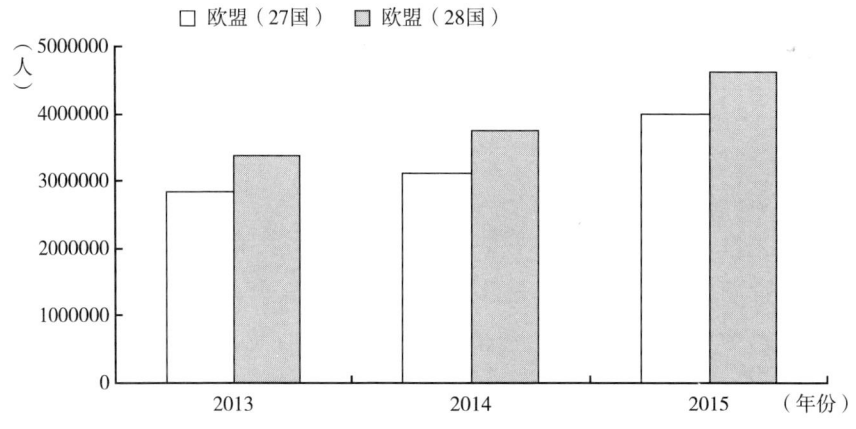

图 1　欧盟国家移民人口总量统计

资料来源：http://appsso.eurostat.europa.eu。

在欧盟国家中，2015 年进入移民数量最多的是德国（115.38 万人），其次是英国（63.15 万人）、法国（36.39 万人）、西班牙（34.21 万人）和意大利（28.1 万人）。2015 年德国不仅在所有欧盟国家中为移民移入数最多的国家，也是移出数最多的国家（34.72 万人），其次是西班牙（34.39 万人）、英国（29.92 万人）、法国（29.8 万人）和波兰（25.88 万人）。② 在 2015 年，共有 17 个欧盟成员国移入人数大于移出人数，但在保加利亚、

---

① 此处"移民"指之前在另一个国家居住，获得居住资格后到达或从国外返回到该国的居民。http://ec.europa.eu/eurostat/statistics-explained/index.php/Glossary：Migration。
② Eurostat, Immigration and Emigration, http://ec.europa.eu/eurostat/data/database.

爱尔兰、希腊、西班牙、克罗地亚、塞浦路斯、波兰、葡萄牙、罗马尼亚、拉脱维亚和立陶宛等国家，移入人数不及移出人数。2015年，约190万人从一个欧盟成员国迁移到另一个成员国。据欧洲移民报告显示，卢森堡占从一个欧盟成员国迁移到另一个欧盟成员国的移民总数的最大份额约为91%，其次是斯洛伐克（80%）和罗马尼亚（71%），意大利（26%），保加利亚、斯洛文尼亚和瑞典（均为28%）的份额相对较低。

2. 移民性别引发欧盟国家人口结构的变化

2015年以来，欧盟成员国移民总体中男性移民占比（56%）高于女性移民占比（44%）。在图2中，我们可以发现，男性移民占比最高的成员国是立陶宛（67%），其次为斯洛伐克、拉脱维亚、罗马尼亚、德国等国。女性移民占比中，塞浦路斯的女性移民占比最高（61%），其次为葡萄牙、爱尔兰、法国、列支敦士登以及西班牙。欧洲移民中男性移民比例总体高于女性移民比例，在欧盟国家中，仅有为数不多的六个国家女性移民比例高于男性比例。

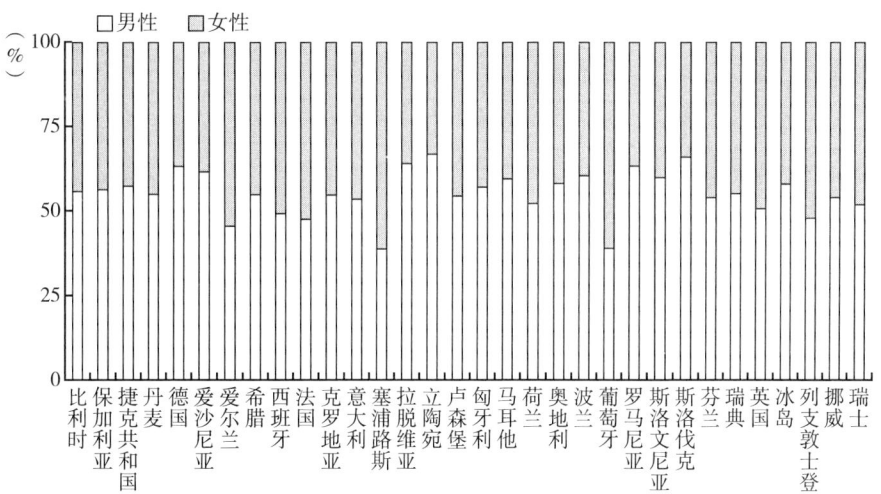

图2　欧洲移民性别占比国别分布示意

资料来源：欧洲统计局：http://appsso.eurostat.europa.eu。

平均而言，2015年移民至欧盟成员国的人口比当地居民年龄要小得多。据欧洲统计局2016年1月数据显示，欧盟（包含英国）总（包含本国国民与获得居住权的外来移民）人口年龄中位数为42.6岁；相比之下，2015年移民至欧洲人口的年龄中位数仅为27.5岁。外国人的年龄分布显示，与本国国民相比，移民人口年龄相对本国国民人口年龄较年轻。2016年1月1日，欧盟28国的全国国民人口年龄中位数为44岁，而居住在欧盟的非国民人口年龄中位数为36岁。

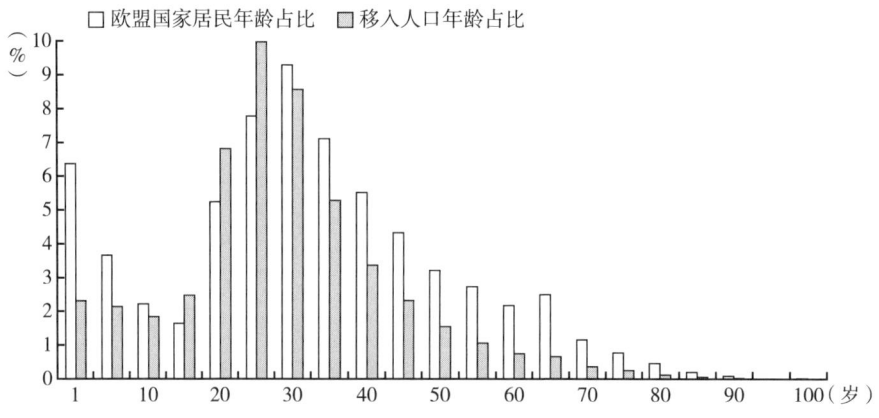

图3　欧洲男性外来移民与本地居民年龄对比示意

资料来源：欧洲统计局：http://appsso.eurostat.europa.eu。

3. 欧盟主要国家针对移民问题的社会舆论纷争与政策博弈

欧盟日趋严重的移民问题，尤其是难民危机的频繁爆发，使得社会舆论和公共政策面临考验。例如在英国，绝大多数受访民众认为愈演愈烈的难民问题是英国面临的最严峻考验，这一问题极大消磨了民众对欧盟前景的信心。而英国独立党在2015年的竞选纲领中，更是将反移民政策作为其竞选的重要政策选项。在这份竞选纲领中明确规定，"英国将在未来脱离欧盟，还将建立澳大利亚模式的打分移民制，且在五年内禁止非技术性移民"，同时"移民需缴足5年以上个税和国民保险才能申请永久居留，禁止英国公民的外籍配偶申请英国国籍"等限制性规定。

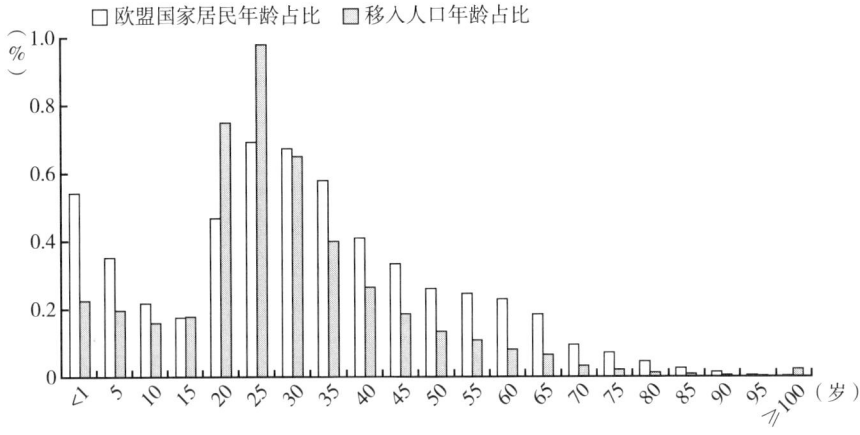

图4 欧洲女性外来移民与本地居民年龄对比示意

资料来源：欧洲统计局：http://appsso.eurostat.europa.eu。

根据德国联邦政府内政部的统计数据，仅在2016年上半年，德国边检机构拒绝13324人的入境请求，是2015年全年被拒入境人数总量的1.5倍。按照德国内政部拟实施的方案，德国政府在2016年计划遣返2.7万人，资助6.1万人回国。而根据德国警方的统计数据，2015年发生了817起针对难民庇护所的袭击事件，而2014年同类袭击事件只有199起，2011年则仅有18起。移民所引发的问题与对抗，一度导致德国默克尔政府的难民政策难以为继。比较幸运的是，默克尔政府借助德国基本法中的庇护法，面对国际和国内的舆论与政治压力，默克尔仍然坚持拒绝关闭德国边境，继续履行针对寻求庇护者的欢迎政策。

而在法国，近年来频繁爆发的难民危机与恐怖袭击事件，不断成为国内舆论争议的焦点话题，也成为国内政党与政策博弈的焦点议题。2016年7月，法国国内主流媒体《世界报》曾经做过一项民意调查，结果显示法国极右翼政党国民阵线领导人让·玛丽·勒庞，一直高调反对法国大规模接纳国外移民尤其是难民，在国内民调中的支持率高达28%，而共和党候选人前法国总统萨科齐的民调支持率为21%，时任总统奥朗德的民调支持率更是低至14%，对奥朗德的移民政策表示完全不满意的比率从43%上升至

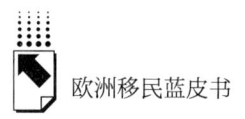

53%。而在奥地利2016年的总统大选中,反对接纳大规模移民的自由党候选人诺贝特·霍费尔,更是在第一轮竞选中就赢得36.4%的支持率,这一现象的接连发生是否意味着欧盟主要成员国的移民政策,尤其是难民政策将会发生逆转,值得持续关注和研究。

2016年3月18日,欧盟借助欧盟候选国资格与土耳其就难民政策展开谈判,并最终达成一揽子合作协议。该合作协议存在一个置换条款,协议约定欧盟每遣返一名叙利亚非法移民,相应地需要接收一名提出合法庇护要求的来自叙利亚的合法移民,同时向难民发放银行借记卡以协助难民安置。作为这一合作协议的回报,欧盟承诺向土耳其提供30亿欧元作为难民安置补贴等。协议签署后,从土耳其进入欧盟境内的难民数量短期内急剧下降了90%。

二 移民对欧洲经济的影响分析

从欧盟国家连续发生的一系列恐怖袭击与难民问题引发的后果角度分析,目前欧洲国家的民众正普遍对政府管理人口迁徙的能力失去信心,大范围的公共舆论开始对迁入移民持反对态度,极端的反移民观点也频繁出现在媒体辩论中。政府未能有效管控大规模的迁徙流,更加深公众对欧洲难民潮的恐惧。不过,从大多数国家经济飞速发展的历史经验,以及世界经济合作与发展组织收集的证据来看,人口迁徙对公共财政、经济发展以及劳动力市场都有积极的影响。但这些客观证据一旦近期难以在欧盟国家的社会公众舆论中得到扩散,人们担忧的仍然是大规模移民流入与难民潮在短期产生的经济、社会与人身安全威胁,这些舆论会对欧洲经济复苏和可持续发展产生一系列负面影响。移民对欧洲经济的影响,主要表现在以下三个方面。

1. 短期内,欧洲移民大规模涌入增加了当地政府财政负担,可能拖累经济的恢复性增长

2010年以来,葡萄牙、意大利、爱尔兰、希腊、西班牙相继发生主权债务危机,多米诺骨牌效应引发众多欧盟国家经济发展遭受重创,失业率居

高不下。在这种宏观经济发展形势低迷的背景下，数以百万计难民的涌入势必带来很多经济与社会问题，对移民的妥善安置也需要相当一大笔财政开支，而这无异于拖累欧洲经济的恢复性增长。以德国接纳和安置难民为个案，目前在德国内政部登记的难民申请人数已经超过 100 多万，根据德国政府制定的难民安置标准，每个难民每个月将会得到 670 欧元的救济款补助，这意味着联邦政府每个月需要为广大难民支付约 7 亿欧元的财政补贴。如果考虑到增加的边防安检、增设难民营、难民安置等具体事务和人员的开支，则每年为难民事务的处理和安置，就需要财政专项拨款 200 亿欧元左右。而对于目前财政收支状况依然艰难的意大利、希腊等欧盟国家而言，几十万难民的滞留、审查和收容，为此而增加的边防、警察、难民营建设等费用支出，导致其入不敷出的财政收支状况更加失衡。欧盟有关部门预计，由于欧洲难民危机而直接或间接增加的财政支出款项，未来几年将达到 8000 亿欧元左右。如果欧洲难民潮得不到有效治理，欧盟国家针对难民安置的财政支出规模势必将更加庞大，这无疑会进一步拖累欧洲国家经济的恢复性增长步伐。

2. 中长期内，移民为欧洲国家提供大量廉价劳动力，有助于缓解人口老龄化压力

人口老龄化这种趋势在人口年龄结构的转变中是可以清晰地反映出来，尤其是反映在老年人份额的增加，以及总人口中就业人数的下降。由于科技进步带来的生活水平提升、环境改善、社会福利保障等多重因素的影响，欧洲死亡率与出生率均保持低水平状态。2016 年 1 月，欧盟 28 国（包含英国）的人口约为 5.103 亿，其中年龄在 0~14 岁的青少年占欧盟 28 个国家人口的 15.6%，被认为工作年龄（15~64 岁）的人口占总人口的 65.3%，老年人（65 岁或以上）占 19.2%，老年人占比同期增长 0.3%，相较 10 年前增长 2.4%。[①] 欧洲各国人口结构也普遍遵循上述特点，例外主要是土耳其和冰岛（人口结构类似于爱尔兰）：在这两个国家，最小年龄的比例分别为

---

① Eurostat. Population，http：//ec. europa. eu/eurostat/data/database.

24.0%和20.0%，65岁及以上人口占总人口的比例较低，分别为8.2%和13.9%。阿尔巴尼亚和前南斯拉夫的马其顿共和国中65岁及以上人口的比例也相对较低，分别为12.9%和13.0%。然而，这些国家的人口老龄化趋势也是非常显著的。2016年1月1日，欧盟28国居民的平均年龄为42.6岁。在欧盟成员国中，爱尔兰的中位数年龄为36.6岁，德国的中位数年龄为45.8岁，分别代表了这两个会员国中每个成员国相对较年轻和相对较老的人口结构。

引入移民可以增加劳动力市场补给，缓解劳动力市场结构失衡。2015年，欧盟向非欧盟公民发放了260万张首次居住许可证，与2014年相比上升了12.1%。这一增长主要是由于雇用原因而颁发的第一批许可证数量增加，从2014年略低于60万增加至超过70万，增加约23.5%。其中英国接收移民633017人、波兰接收541583人、法国接收226630人、德国接收194813人、意大利接收178884人。2016年在欧盟发放的首次居留许可中，出于家庭原因占23.39%，另外是就业原因（25.52%）、其他原因（30.81%）和教育原因（20.28%）。

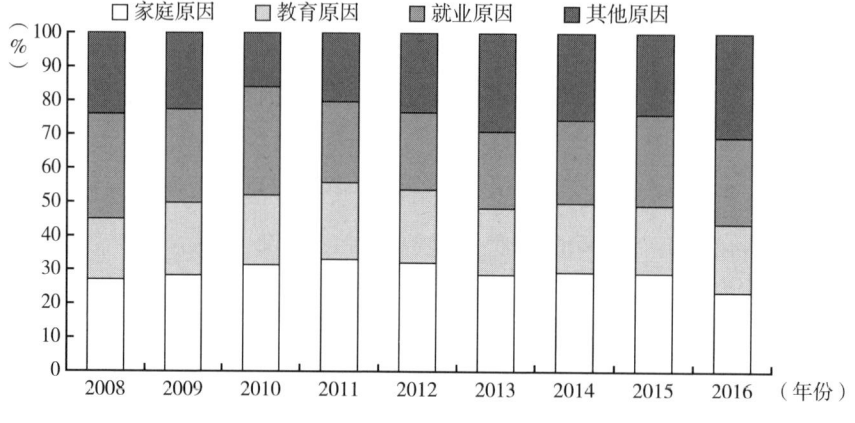

图5 首次居住许可证发放增长示意

资料来源：Residence permits for non-EU citizens EU Member States issued a record number of 2.6 million first residence permits in 2015, Main beneficiaries from Ukraine and the United States。①

---

① Eurostat. http://ec.europa.eu/eurostat/documents/2995521/7715617/3-27102016-BP-EN.pdf/ca706fa0-14fc-4b71-a2e2-46b2b933f8f8.

移民人口的到来，缓解了当地劳动力市场供不应求的矛盾，为当地经济发展补充劳动力，缓解人口老龄化带来的危机，同时刺激产生衣、食、住、行、娱乐、医疗、教育等方面的需求，增加就业岗位，降低本国失业率，进一步刺激经济发展。2015~2016年，冰岛外籍人口就业率由80.7%上升至86.6%，匈牙利上升了2.7%、爱尔兰上升了2.5%、捷克共和国上升了2.4%、希腊上升了1.5%、意大利上升了0.6%。此外，2015~2016年欧洲国家，特别是欧盟国家本地居民失业率也相应下降，其中冰岛下降0.9%、爱尔兰下降1.4%、希腊下降1.4%、意大利下降0.1%、德国下降0.5%。2016年，欧盟27国就业率为66.9%，截至2017年第二季度，欧盟27国就业率为67.7%，上升0.6%。

3. 中长期内，欧洲移民数量增长有助于提升当地政府财政收入，缓解政府负债压力促进国民经济发展

对于移民，存在一种比较普遍的观点或偏见：外来移民容易导致政府增加对这部分移民的社会福利支出，进而加重当地政府的财政负担。但是根据国际经合组织调查统计数据显示，过去50年来，OECD国家移民的累计负面影响平均值接近于零，即使负面影响存在，其累计均值也很少超过GDP的0.5%。相反，移民对移入国可以产生相当积极的经济效益，如在瑞士和卢森堡，移民为公共财政提供了大约占GDP 2%的经济效益。外来移民不仅为当地劳动力市场注入新血液，有助于改善劳动力的供给需求结构，减缓结构性失业率问题，促进当地经济发展，同时也为当地政府税收等做出相应的贡献。

加总欧洲政府收入各项个人所得税、生产税以及相关税款应收款发现，2012~2016年，欧盟各国税收占国内生产总值比率大多保持稳定或略有上升，其中希腊由2012年的7.2%上升至2016年的8.1%，上升0.9个百分点（见图6）。税收比例的上升可能来自税收政策的调整，也可能受到经济发展的影响。然而欧洲税收改革时期集中在金融危机以前，金融危机后欧洲各国开始意识调整经济结构，然而进度却较缓慢，于税收制度改革或调整而言，则是幅度更小。因此在这里可以认为税收比例的上升很大程度上，是来

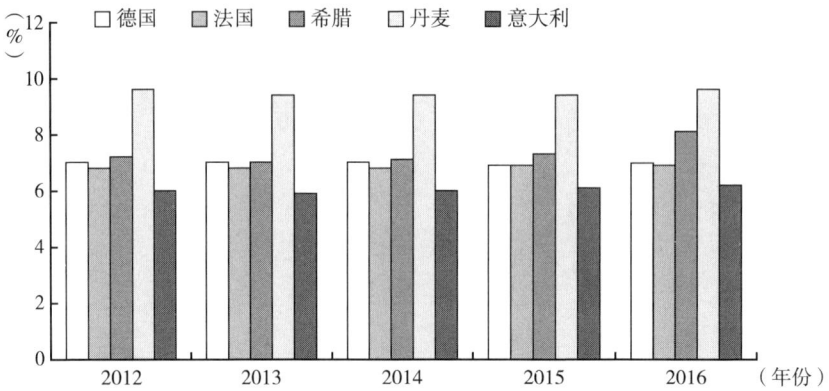

图6 增值税、生产税、个人所得税、政府税收应收款加总额占 GDP 比重

资料来源：欧洲统计局：http://appsso.eurostat.ec.europa.eu。

自经济发展的影响。

欧洲移民人口的增加，特别是劳动与就业类型的移民增加，缓解了欧洲当地劳动力市场的缺口，有助于改善当地劳动力供需困境，增加财政税收。此外，这部分外来移民的注入刺激当地消费市场，增加医疗、教育、生活用品等的需求，衍生出更多就业岗位，从而进一步提高就业率，增加个人收入，进而增加财政税收，缓解政府财政压力。财政收入的增加，使得政府有机会进一步扩大支出，刺激社会需求，启动生产、投资与消费"三驾马车"，调整经济结构，推动本地经济发展。

三 欧盟的应对措施与政策选择

据预测，欧洲劳动年龄人口在未来 10～15 年内将在预期内保持稳定或下降的趋势，人口老龄化问题加重，劳动力市场面临萎缩压力，从而影响当地经济发展。为应对人口老龄化产生的不利影响，从移民接纳国家角度而言，为了维持国内老年抚养比（65 岁以上人口/15～64 岁人口）比值的相对稳定，其政策选项要么是提高税赋比重，要么是开放劳动力市场，通过积极吸纳更多年轻劳动力以改善老年抚养比权重。但是由于移民在促进当地经济增长的同时，必然也会带来一系列融入当地社会所引发的政治、社会和文化冲突问题，甚至所要吸引的新增劳动年龄人口的移民数量，其所带来的就业压力，甚至会导致目前整体就业形势不佳的欧盟劳动力市场雪上加霜。当然欧盟国家普遍认识到大规模难民的到来也是个利好契机，为了避免欧盟劳动力的持续短缺和劳动抚养比的持续上升，欧盟国家针对外来移民尤其是难民，纷纷出台了相应的应对举措，对国内的移民政策进行积极调整和修正。

（一）帮助移民融入当地社会

目前，在OECD国家中平均每十个居民中就有一位是移民，这一比例在欧盟国家中则更高。确保大多数移民都能找到工作岗位，这不论是对移民解决自身生存问题，顺利融入当地社会，还是对欧盟国家的经济发展都是非常有益的，也可以形成良性循环。因为有助于移民发挥自身才能获得收入，政府通过征税增加财政收入。因此，为利于移民更好地融入当地社会，根据国情及时积极调整本国的移民政策，给予移民相应的技能培训、社会保障与公民权益，已经是发展的必然趋势。

1. 承认并重视移民带来的技能

包括与社会合作伙伴开发评价和识别外来移民资格和技能的程序，以这些程序集成的方案为出发点，提高移民重视自身利益的意识；设立社会组织或机构，为移民与雇主之间建立联系，并帮助他们获得早期的工作经历；确保移民受益于积极的主流劳动力市场政策，包括获得工资与补贴的权利；鼓励移民接受自己所在国家的公民身份；识别和消除移民在公共部门的就业障碍。

2. 帮助移民培训所需生活和工作技能

规划并实施语言、当地文化与环境介绍培训方案，使移民尽快融入当地社会，确保他们不会因融入障碍导致移民延迟找到工作；注重职业培训，为移民提供所需基本工作技能；提供移民接受过渡课程的机会；确保移民可以了解和熟悉东道国的劳动力市场，并提供就业指导；鼓励移民为三岁以上的子女申请儿童早期教育；鼓励移民尽早为其孩子办理移民申请；为在移出国

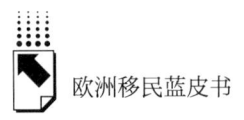

接受义务教育的移民孩子提供教育、就业的儿童培训，避免移民的孩子们接受程度较低的教育。

3. 拨出专款用于难民救济，缓解大规模移民流入，尤其是难民潮在短期内产生的外部冲击与财政负担

充分利用移民的技能，确保长期移民有充分的机会进入劳动力市场；为来自弱势移民家庭的年轻人量身定制救助的方法；确保移民妇女获得平等机会；提高反对移民歧视倾向并采取相应的救济方案与行动计划。

（二）积极调整本国移民政策

1. 吸引年轻移民

根据联合国的相关研究报告，通常情况下年龄从18岁到29岁的迁移人员数量，每年要占到国际移民总量的36%~57%，是迁移人口的主要组成部分。其中，15~24岁的年轻移民成为国际经济金融发展最强有力的推动者。建议放宽对年轻移民的准入标准，以吸收更多年轻移民，充分发挥劳动人口的潜力，形成长期增长动力，有助于提升经济效益，缓解欧洲人口老龄化的高压力，增加欧洲就业市场供给，推动国民经济良性发展。

2. 吸收高素质技术移民

伴随着20世纪90年代除苏联东欧国家解体外，大量犹太人移民到以色列，例如1990~1997年，仅仅由苏联移民至以色列的犹太移民就有大约71万人。这部分犹太人，大多受过良好的高等教育，并具有丰富的科研与工作经验。在吸纳外来高技术劳动力移民的基础上，以色列不断加大高新技术领域的研发，推动新技术领域如电子、半导体、计算机等行业的快速发展。同时这批移民的到来，又持续带来一系列连锁反应，有助于刺激社会经济需求，带动相关产业如建筑业、钢铁行业、装饰行业等的发展，使得以色列自20世纪90年代起，进入经济持续高速发展的时代。高素质移民的到来，为当地经济发展带来大量劳动力，也带来学识以及工作经验等一系列有效技能，为促进当地高新技术发展，刺激社会经济需求，加速经济转型升级，无疑发挥着重要的作用。

3. 增加投资移民

投资移民政策要求移民为移入国带来一定规模或数量的投资,以达到拉动地方经济增长的效果。比如美国曾利用EB-5方案,在南达科他州奶制品经济中心吸引来自60位外国投资者先后投入3000万美元,并结合银行贷款发展奶制品项目,创造了878个就业岗位,促进了当地经济的发展,并吸引了3.6亿美元的新一轮投资。投资移民政策为经济增长吸纳外来资本,资本投入催生了新兴产业或行业的供给,带动或创造了更多就业岗位,有助于刺激经济扩张,从而改善本地资金不足,提振本国经济发展。

B.6
媒体与欧洲移民/难民危机

杜慧贞*

摘　要： 自2015年以来大量移民和难民抵达欧洲，成为欧洲舆论和媒体报道的焦点话题。欧洲媒体对危机的报道具有显著的阶段性变化，对移民/难民的态度从排斥到同情，又从同情转向警惕甚至敌视。欧洲媒体在唤起公众和决策者对难民问题的关注和解决、凝聚人心动员社会力量应对危机、弘扬人道主义价值观等方面发挥了积极作用。同时，某些媒体报道中对移民和难民的刻板印象，经媒体传播并放大的极右政客的反移民话语、安全泛化的讨论、网络空间的谣言和仇恨言论又加剧了欧洲政治两极化和社会分裂现象。

关键词： 媒体　欧洲　移民危机　难民危机

媒体是人们获得信息的主要渠道，是了解外部世界的重要窗口，也是理解社会现实的重要依据。在移民/难民危机中，欧洲媒体如何描述该危机的性质、凸显危机发展中的主要事件？媒体、政治与民意这三者又是如何互动的？在危机传播中媒体是双刃剑，难民危机中的媒体是否也呈现了其积极作用和负面影响？本文首先介绍近三年来媒体报道欧洲移民/难民危机的总体特征、阶段性变化，然后选取希腊（一线难民接待国）、匈牙利（难民中转国）和奥地利（难民接收国）进行剖析难民危机中的媒体、政治与民意的

---

* 杜慧贞，女，浙江金华人，博士，副教授，广东外语外贸大学新闻与传播学院。主要研究方向为国际传播、国际舆情研判、政治传播。

相互影响,其次梳理国际社会各方改善移民/难民报道的努力和建议,最后总结媒体在欧洲难民危机中的总体表现并预测媒体在经验积累、批评和反思后的报道趋势。

一 欧洲媒体报道移民/难民危机的总体特征和阶段性变化

早在2014年联合国难民署就呼吁关注难民危机,但欧洲媒体并没有积极响应,相关报道只是零星出现。以英国为例,2014年英国媒体对移民和难民危机的报道总量才247篇,每天不到一篇。2015年4~6月移民乘坐的船只在地中海频频发生翻船事件,导致大量人员死亡或失踪。危机开始显现,英国媒体报道量上升到每天8篇。2015年9月初叙利亚年仅3岁的小难民阿兰溺亡的照片经社交媒体传播和主流媒体广泛刊登后,媒体开始高度关注和着力报道难民危机(见表1)。

表1 英国媒体2014~2017年对移民和难民危机的报道总量

单位:篇

年份	英国媒体标题和导语中包含"移民危机"的文章数量	英国媒体标题和导语中包含"难民危机"的文章数量	总计(季度、全年)	
2014年1~3月	1	34	35	
4~6月	8	32	40	247
7~9月	27	72	99	
10~12月	14	59	73	
2015年1~3月	3	29	32	
4~6月	528	194	722	8610
7~9月	2115	2719	4834	
10~12月	1043	1979	3022	
2016年1~3月	1560	1704	3264	
4~6月	670	903	1573	6760
7~9月	633	584	1217	
10~12月	291	415	706	

续表

年份	英国媒体标题和导语中包含"移民危机"的文章数量	英国媒体标题和导语中包含"难民危机"的文章数量	总计（季度、全年）	
2017年1~3月	168	337	505	1573
4~6月	101	223	324	
7~9月	203	242	445	
10~12月	57	242	299	

资料来源：根据数据库 LexisNexis 采集整理。

自 2015 年起，欧洲媒体将大批移民和难民到达欧洲的现象描述为"欧洲的危机"，这些新来者基本以"他者"的形象出现在媒体报道中：要么是弱势群体，要么是危险分子。媒体报道角度具有显著的阶段性变化。2015 年既是报道高峰年，又是角度最复杂多变期。9 月初叙利亚 3 岁男童阿兰溺亡的照片打动人心，推动难民危机议程的设置和相关政策的出台，媒体的短期效应显著，人道主义报道成为主流媒体最强音。但 11 月巴黎恐怖袭击和 12 月 31 日科隆新年性侵案发生后，媒体对移民、难民的报道转向负面，充满怀疑、警惕、排斥情绪的报道上升。2017 年媒体对移民危机的总体报道量大幅下降，但出现多国联合报道、跨国报道，关注移民路线的最新变化，知名媒体更注重舆论引导，强调从移民源头上解决问题。

1. 移民/难民危机初期：媒体报道侧重人道主义、渲染难民困境

阿兰溺亡的照片是难民危机中最具影响力的标志性图片。2015 年 9 月 2 日叙利亚年仅 3 岁的男童阿兰·科迪和家人试图从土耳其偷渡到希腊，结果不幸翻船，一家四口只有父亲存活，阿兰的遗体被海水冲上岸，俯卧在土耳其沙滩上的照片被全球媒体广泛刊登。媒体上出现震惊式标题，如《一张照片让世界沉默》意大利《共和报》；《一张图片唤醒欧洲》西班牙《国家报》。

这幅照片对欧洲媒体话语和难民危机政策影响巨大。之前英国媒体还只是把危机视为局部的"地中海移民危机""加来移民危机"。报道并没有从人道主义危机的角度切入，而是更强调如何阻止移民进入。阿兰溺亡的照片

促使英国右翼媒体报道角度发生180度大转变。大部分的英国报纸头版都刊登了阿兰溺亡的照片。《每日邮报》本来持续反对接受难民配额,8月28日头版还是危言耸听的大标题,《移民们:我们还能接受多少》,到9月3日用《人类大灾难中的小受害者》为标题呼吁伸手援助难民。类似的报道在英国三家报纸上增加了2倍,出现了很积极的标题《我们必须接纳更多(难民)》《我们为他们做得不够多》《政府应该提供更多的援助》。时任英国首相卡梅隆称自己作为一名父亲被阿兰溺亡的照片深深打动。他很快宣布大力增加对叙利亚难民的安置名额。媒体报道从"移民危机"转变为"人道主义危机""难民危机",移民的负面形象开始扭转,从遭遣返的人群变为急需帮助的弱势群体。

阿兰事件后,希腊的政治左派报纸 *Efimerida ton Syntakton* 上,体现人道主义、富有同情心的报道猛增到四倍之多。这些新闻的主题围绕移民路上的遭遇和到达后的待遇以及帮助他们的义工,尽量让难民们发声。政治立场为保守派的大报 *Kathimerini* 虽然未在头版刊登阿兰溺亡的照片,但提及"难民危机"的报道量翻了一番。① 德、意、葡三国对移民的正面报道,即富有同情心、仁爱慈悲、强调移民对社会有贡献的人道主义新闻马上猛增了三倍。当然,这些变化是短暂的。一周后,大多数报纸恢复到原先的报道立场,9月底几乎所有报纸的移民报道都没有月初时那么正面。② 阿兰照片只是带来短期的情感效应,而未能真正改变各媒体对移民的根本立场。

2. 移民/难民危机中期:媒体报道出现负面转向发出不同声音

2015年11月巴黎恐怖袭击后,关于移民的负面新闻增加,即将移民描述为经济移民或非法移民、耗尽社会资源的负担,被恐怖分子渗入。安全防御取代人道主义,成为很多政治立场保守派报纸的主要报道框架。难民危机议题框架

---

① LambriniPapadopoulou,2017,How Media In Greece Reported The Migration Crisis,http://en. ejo. ch/media – politics/media – greece – reported – migration – crisis.
② European Journalism Observatory,2015,Research:How Europe's Newspapers Reported The Migration Crisis,http://en. ejo. ch/research/research – how – europes – newspapers – reported – the – migration – crisis.

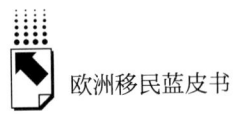
欧洲移民蓝皮书

呈现政治化、安全化特征,同时失实报道、假新闻泛滥、网络谣言四起。

保守党或右翼政党政客的话语策略是将难民问题政治化、安全化,因为欧洲政治高度媒介化,即政治传播高度依赖媒体机制。移民问题和如何应对难民危机成为国内议会讨论和政治竞选中的一大重要议题。各媒体机构根据自己的政治倾向进行选择性报道。一方面移民和难民议题受到媒体持续关注,另一方面其高度政治化让客观报道几乎不可能。因为新闻媒体通常都把政府官员和政治权威人物作为重要的消息来源。很多对难民的刻板印象、极端的反难民言论经过媒体传播而进入公共领域。

正如《牛津英语词典》将"post-truth"(后真相)选为2016年的年度词汇,欧洲移民和难民的话题在2016年也出现了"情感及个人信念较客观事实更能影响舆论的情况"。随着后真相时代的到来,网络上各种关于移民和难民谣言四起,失实报道、假新闻泛滥。失实报道主要包括错误信息(misinformation)和故意散播的假消息(disinformation)。常用的手段有植入虚假的新闻背景,片面使用犯罪率统计数据、加入误导性内容、杜撰信息。例如,匈牙利和俄罗斯的好几家网站都报道了2016年德国移民犯罪率惊人上升至52.6%;把瑞典的高强奸率简单归咎到难民,而忽略了瑞典是世界上对强奸罪定义最宽泛的国家。① 连中国网络上都在大肆传播"为什么瑞典强奸率非常高?因为瑞典是北欧接受难民最多的国家","巨量难民涌入,瑞典成世界强奸之都!欧洲毁了!"这些危言耸听的报道通过网络和社交媒体迅速在全世界传播,而一些理性解读犯罪率的文章却被冷落。一些杜撰的新闻案例包括"德国早已知道难民危机的到来并已大量购买安置难民的住宅","乔治·索罗斯是欧洲难民危机的幕后推手"。

2016年初发生在德国的"丽莎事件"成为最典型的后真相移民新闻案例。1月11日,俄裔德国女孩丽莎的父母向柏林警方报警称13岁的女儿失踪了。失踪约30个小时后丽莎回家告诉父母自己被几个中东、北非长相的

---

① Attila Juhász, and PatrikSzicherle. 2017, The political effects of migration-related fake news, disinformation and conspiracy theories in Europe, http://www.politicalcapital.hu/pc-admin/source/documents/FES_ PC_ FakeNewsMigrationStudy_ EN_ 20170607.pdf.

男子绑架并惨遭轮奸。俄罗斯第一频道电视台16日报道了这起"令人震惊的事件",在该电视台的脸谱上,该报道的浏览量达到数百万次,引发无数充满仇恨的评论。在科隆性侵案的背景下,"丽莎故事"迅速引起关注,在社交媒体上广泛流传。"丽莎事件"不断发酵,甚至引发外交口角。俄罗斯外长拉夫罗夫指责德国警方为了政治正确掩盖丽莎遭到难民轮奸的真相。德国外长施泰因迈尔反击称其"干涉德国内政"。尽管德国警方澄清丽莎没有被绑架和强奸,但"丽莎故事"煽动了德国俄罗斯社群的愤怒情绪,他们组织了声势浩大的抗议示威活动。德国外长呼吁"不要拿这个案件做政治宣传,不要煽动和影响德国内部已经十分激烈的关于移民的辩论"。2月1日德国《柏林日报》披露丽莎向警方承认自己遭疑似难民轮奸的经历纯属杜撰,"丽莎事件"出现转折,但仍有不明真相的人继续参与抗议游行。专家指出,"丽莎事件"涉及地缘政治,通过煽动德国国内的反移民情绪,制造社会对立,要让民众对默克尔和德国政府的信任度下降。[1]

3. 移民/难民危机近期:媒体报道冷静克制寻求解决途径

2017年欧洲媒体对移民危机的总体报道量大幅下降,但报道水准有较大改善,出现多国联合报道、跨国报道,注重舆论引导。

第一,媒体对移民危机关注度下降。以对移民危机做广泛报道的英国《卫报》为例,2017年的报道量几乎仅为2015年、2016年的1/10(见表2)。

表2 英国《卫报》对移民和难民危机的报道总量(2015~2017年)

单位:篇

年份	标题和导语中包含"移民危机"的文章数量	标题和导语中包含"难民危机"的文章数量	总计
2015	125	462	587
2016	44	462	506
2017	11	49	60

资料来源:根据数据库LexisNexis检索后整理。

---

[1] Attila Juhász, and PatrikSzicherle, 2017, The political effects of migration-related fake news, disinformation and conspiracy theories in Europe, http://www.politicalcapital.hu/pc-admin/source/documents/FES_ PC_ FakeNewsMigrationStudy_ EN_ 20170607.pdf.

第二,移民危机报道突破地方主义和欧洲中心主义转向多国联合报道、跨国报道。虽然移民危机报道总体上大幅下降,但一些有影响力的欧洲传统媒体仍然坚持做专题报道。英国《卫报》在2017年10月30日宣布与欧洲其他5家知名媒体合作共同启动"移民危机:抵达欧洲新路线"的系列报道。这个为时一周的新闻报道陆续在英国《卫报》、德国《明镜周刊》、西班牙《国家报》、意大利《新闻报》、法国《世界报》、丹麦《政治报》上刊登,并以专题形式在各自的网站用英语发布(见表3)。该系列报道聚焦深受移民危机影响的六个国家:利比亚、摩洛哥、阿尔及利亚、突尼斯、冈比亚、希腊。报道的主题是调查欧盟近期处理移民危机的政策及其影响,从北非移民"瓶颈"地带试图通过更危险的新路线抵达欧洲带来的诸多问题。每家刊物负责报道一个国家的最新移民动态,每天一篇,持续六天。①

表3 "移民危机:抵达欧洲新路线"的系列报道

媒体	报道主题
意大利《新闻报》	利比亚的拘留中心
英国《卫报》	摩洛哥里夫地区为何出现新的移民线路,这对摩洛哥乃至欧洲的稳定意味着什么
德国《明镜周刊》	希腊萨摩斯岛肮脏的难民营
西班牙《国家报》	关注从摩洛哥到欧洲的女性移民,她们虽然人数不多,但旅途最危险
法国《世界报》	当利比亚内战封锁了通往欧洲的常规路线,很多亚撒哈拉的移民转向阿尔及利亚
丹麦《政治报》	冈比亚别无选择的年轻人宁愿冒着生命危险到欧洲

资料来源:根据《卫报》网站2017年10月30日的新闻整理。

这些知名媒体都超越了以往只针对自己所在国家的移民问题转向跨国报道,结合移民的新动向而精心选择报道对象国。

---

① The Guardian, 2017, The Guardian partners with Der Spiegel, El País, La Stampa, Le Monde and Politiken on new migration series, https://www.theguardian.com/gnm-press-office/2017/oct/30/the-guardian-partners-with-der-spiegel-el-pais-la-stampa-le-monde-and-politiken-on-new-migration-series.

第三，舆论引导式报道，试图从根源上解决欧洲移民危机。BBC 最近的报道显然在发挥舆论引导功能，试图从根源上解决欧洲移民危机。2017 年 11 月 3 日新闻标题为《劝说准移民留在国内》，配图标题为《Hassan Odjo 说他很高兴回到塞内加尔》。报道讲述了两位试图移民到欧洲但被扣留在利比亚的塞内加尔人在国际移民组织自愿回国项目的帮助下终于回归祖国的欣喜，"我亲眼看见人们死在我面前，每天我都祈祷回到自己国家，今天是我最幸福的日子"。Hassan 对记者讲述了在利比亚的悲惨遭遇。在利比亚关押移民已成为赚钱的生意。"他们抓到你就把你关进监狱，殴打你，虐待你，并叫你打电话给父母寄钱来……他们像卖一杯咖啡一样卖黑人。"BBC 记者感慨，"面对这样的现实，更多的移民自愿选择回家就不足为奇了"。

该报道分四部分，其分标题为"危险的（移民）路线"、"回国"、"回国者的作用"、"不同版本的移民故事"。记者报道了国际移民组织（IOM）如何帮助想回国的移民实现愿望。工作人员也坦言回国者面临巨大的社会压力，他们通常都身负家庭希望，但移民欧洲壮志未酬，又花费了家里四处筹集的资金，回国的欣喜也夹杂着失望和羞愧。"他们在经济、健康和个人发展方面都需要帮助"。报道援引了一名 IOM 负责人的工作心得，"一些贫穷落后地区的移民者极其不了解移民的现实困难和面临的危险，因此自愿回国者通过现身说法帮助人们改变观念，发挥了关键作用。这样的信息如果是由欧洲人讲述就没什么效果"。当然，悲惨的真实移民故事也面临社交媒体上各种成功移民故事的冲击。报道还重点讲述了欧洲非政府组织 Coopi、La Lumiere 与国际移民组织一起如何通过玉米农场等项目帮助约 100 名回国者获得谋生方式，重新融入当地社区。在 BBC 的这篇报道里移民们成为新闻主角，这改变了以往报道中只见数字，听不到移民声音的狭隘视角。这篇报道既交代了移民的背景和原因，也提供了解决困境的出路，风格类似于近年来国际新闻界兴起的解困新闻学报道模式。

第四，移民报道框架从人道主义危机或安全视角转向"移民和发展"。联合国官员在积极引导把解决移民问题纳入发展的框架下讨论：包容均衡的发展将会促进移民规律的变化；发展中国家人民生活的改善将会减少人口外流，

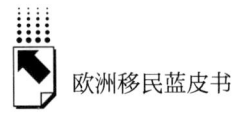

甚至有可能吸引移民的回流；走发展之路将减少移民作为生存的刚需，而是多一些机会选择。① 这样的舆论导向得到一些媒体的积极响应。《卫报》在其获奖无数的著名栏目《全球发展》下面特意推出了主题为"移民和发展"系列报道。该栏目在比尔和梅琳达·盖茨基金会的部分资助下开展报道。

二 欧洲难民危机中的媒体、政治、民意互动

欧洲各国因所处的位置和接纳难民的不同，难民危机中媒体、政治与民意的互动情形也大不一样。这里选取一线难民接待国希腊、中转国匈牙利和难民接收国奥地利三个案例进行剖析。

（一）一线难民接待国希腊

根据 UNHCR 的统计数据，希腊是地中海新线路最大的移民登陆点，到 2015 年 10 月 2 日抵达希腊正式登记的移民和难民多达 85.6723 万人，2016 年 17.345 万人，2017 年 2.9718 万人。② 由左翼政党主导的希腊政府在难民危机中因没有收紧边境管控而受到一些欧盟成员国的攻击，甚至遭到威胁——希腊将被踢出申根区。总理齐普拉斯利用社交媒体推特赞扬希腊人民的慈善行为，和反对党的反移民立场进行论战，批评欧盟一些国家的排外政策，呼吁欧盟要承担责任、团结一致共同解决难民危机。他在 2016 年 1～3 月发了 283 条推文。齐普拉斯对难民的人道主义立场，坚持开放边境的主张都得到左翼倾向报纸的认同和支持，受到右翼报纸的批评。③

希腊媒体早在 20 世纪 90 年代初 2 万名阿尔巴尼亚人涌入希腊时就有过

---

① ODI. 2017, Agreeing a global response to migration, https://www.odi.org/events/4517-agreeing-global-response-migration.
② UNHCR. https://data2.unhcr.org/en/situations/mediterranean/location/5179.
③ Salomi Boukala, and Dimitra Dimitrakopoulou (2017), Absurdity and the "Blame Game" Within the Schengen Area. Analyzing Greek (Social) Media Discourses on the Refugee Crisis, *Journal of Immigrant & Refugee Studies* (2017), pp.1-19, http://doi.org/10.1080/15562948.2017.1303560.

大规模报道移民的经历。当 2015 年难民危机爆发时,希腊传统媒体正陷入记者减薪一半,拖欠工资 3~5 个月,缩减新闻产量的困难时期。报道的主题和基调经历三个阶段的变化。2015 年 1~8 月,媒体用"海啸"形容涌入的"非法移民",聚焦流落街头广场的移民,混乱无序的场面,传播恐慌情绪,引用了很多来自右翼政党官员的移民威胁论观点。2015 年 9 月至 2016 年 3 月,媒体转向人道主义援助和欢迎难民的温情报道。这个转向基于多个原因。叙利亚小难民阿兰伏尸海滩的照片引发全球媒体的关注后,数千名记者赶到希腊一线采访报道。希腊的媒体也开始报道大部分居民同情难民,团结一致帮助他们。很多叙利亚难民面对记者采访时表示对希腊的感谢,有的申明他们仅仅在希腊短暂停留中转。教皇和多位国际知名人士来到希腊看望难民。这些新闻都缓解了难民威胁论的影响,极右政客不再发表火上浇油的言论,他们在媒体上也被边缘化。在此期间希腊媒体人以难民为主题的新闻摄影、摄像作品在国际上获得多个大奖。① 三位希腊摄影师为路透社拍摄的欧洲难民危机新闻图片获得 2016 届普利策奖的突发新闻摄影奖。

2016 年 3~12 月,报道转向负面。虽然抵达希腊的难民总量减少了,但一万多名难民因马其顿关闭边境而滞留在伊多迈尼,电视和网络媒体上渲染公众对难民的敌视态度,不再视他们为过客而是长期的问题。一些宗教领袖发表"穆斯林难民给欧洲带来风险"的言论。各种团体对难民的救助工作几乎不被媒体提及。总体而言,希腊媒体对难民危机的报道还是彰显了新闻专业主义和人性关怀,但也容易倒退引发分歧的报道,也有可能沦为民粹主义的舆论工具。②

---

① Nikos Megrelis, "Greece: Media's Double Vision as Migrant Crisis Catches the World's Imagination", How does the media on both sides of the Mediterranean report on Migration? http://www.icmpd.org/EMM4migration_ narrative.
② Nikos Megrelis, "Greece: Media's Double Vision as Migrant Crisis Catches the World's Imagination", How does the media on both sides of the Mediterranean report on Migration? http://www.icmpd.org/EMM4migration_ narrative.

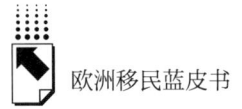

（二）难民中转国匈牙利

在2015年夏天之前，匈牙利媒体几乎没有报道过移民问题，2014年的民意调查结果显示当时只有3%的人认为移民是一个严重问题。因此，移民危机爆发后不但普通民众相当缺乏认知，对大量移民的到来感到困惑和惊恐，连记者和编辑都极其缺乏相关经验，仓促上阵。除了最大的新闻网站Index派记者前往中东地区采访外，到土耳其和希腊难民营进行深度报道，其他媒体通常都是情绪化的报道。三个国有电视台和电台基本都是和政府的反移民立场统一口径，大部分报道都集中在欧盟和匈牙利政府的分歧上，以及政府关闭边境，在匈塞边境建造170公里铁丝网的行动。① 媒体报道突显安全和边境管制措施，强调国家之间建立边境围墙，这与匈牙利拒绝接受难民配额制、修建边境铁丝网排斥难民进入的国家政策相呼应。

有研究显示匈牙利媒体的难民报道中超过50%的消息来源是政府领导，不到10%是NGO和专家，新闻中的难民基本都是无名无声的，有名有姓的难民只占报道样本总量的6.7%（而其他国家平均值为15.6%）。② 这和匈牙利政府限制记者到难民营采访的新闻管制有关。③ 媒体上刊登的照片31%是政府领导，11%是警察或边境巡逻兵，22%是难民。难民的照片大都是群体呈现，或者以戴着手铐的犯法者形象出现。据说国有电视台的记者被告知不要使用儿童难民或可能引发同情的照片。④ 在难民危机报道中颇让匈牙利

---

① BalázsWeyer. 2017, Hungary: How the Shock of the New Became a Polarising, Fearful and Toxic Story. How does the media on both sides of the Mediterranean report on Migration? http://www.icmpd.org/EMM4migration_narrative.
② BalázsWeyer. 2017, Hungary: How the Shock of the New Became a Polarising, Fearful and Toxic Story. How does the media on both sides of the Mediterranean report on Migration? http://www.icmpd.org/EMM4migration_narrative.
③ BernáthGábor and Vera Messing. 2016, Infiltration of political meaning production: security threat or humanitarian crisis? The coverage of the refugee "crisis" in the Austrian and Hungarian media in early autumn 2015. https://cmds.ceu.edu/sites/cmcs.ceu.hu/…/infiltrationofpoliticalmean-ing.pdf.
④ BalázsWeyer. 2017, Hungary: How the Shock of the New Became a Polarising, Fearful and Toxic Story. How does the media on both sides of the Mediterranean report on Migration? http://www.icmpd.org/EMM4migration_narrative.

媒体人感到耻辱的事件是，匈牙利一家右翼政治倾向的电视台（N1TV）女记者佩特拉·拉斯洛在 2015 年 9 月采集新闻时被拍到"伸脚绊难民"。该视频被德国记者上传到社交媒体 Twitter 上后引发关注和网民抗议，拉斯洛被单位以行为不检的理由革职，并于 2017 年 1 月被法院裁定犯有危害秩序罪，被判处缓刑三年。

2015 年匈牙利公众认为"移民是严重隐患"，"移民会导致恐怖主义和工作不稳定"的人数比例上升到 76% 和 82%。[①] 2016 年匈牙利就欧盟的难民配额计划举行全民公投，结果耐人寻味：投票率低至 43%，全民公决无效。但在有效选票中，对欧盟强制性分摊难民说"不"的选票达 98%。政府反移民的宣传攻势在媒体的配合下产生了一些作用，但也受到很多人的抵制，以拒绝参加投票表达他们的立场。

（三）难民接收国奥地利

总人口为 850 万的奥地利在 2015 年收到了 9 万难民的庇护申请。最让奥地利国民震惊的是 2015 年 8 月 27 日在该国东部高速公路边一货车内发现 71 具难民尸体。因此，在危机初期奥地利政府、民众和媒体都从人道主义立场出发对难民持欢迎态度。10 月 3 日维也纳约 2 万民众参加了"欢迎难民"游行活动，总统菲舍尔在集会上呼吁关注困境中的人们。当天一些公益社团联合举办了约 15 万人参加的"为难民发声"音乐会。媒体对此都进行了广泛的报道。

随着难民数量的猛增，奥地利的右翼势力开始在竞选中用各种话语策略把难民问题从人道主义危机转变为奥地利的国家危机。在竞选形势的压力下，中左翼和中右翼政党的联合政府也变得更加实际，不讲情面，基于安全考虑的方式来对待危机。边境从开放转向边境管制，严格限制难民数量。媒体报道也从最初的相对客观平和转向呈现国内政治党派围绕难民危机管理的

[①] BalázsWeyer. 2017，Hungary：How the Shock of the New Became a Polarising, Fearful and Toxic Story. How does the media on both sides of the Mediterranean report on Migration？http：// www. icmpd. org/EMM4migration_ narrative.

话语之争。报道政治纷争的焦点是建造边境围栏和设置接收难民上限。运用语料库语言学方法统计结果显示，奥地利11家发行量较大的报纸和4份杂志关于难民的报道共有6701篇（2015年4月4日至2016年2月24日），其中1697篇关于边境围栏，372篇关于难民人数上限。新闻报道中和"边境围栏"一起高频率出现的词包括"恐怖主义""恐惧""担忧""威胁"。开始大部分政府官员极力避免使用"边境围栏"，而是用"边境管理"这样的委婉语词，而右翼民粹主义政党自由党则喜欢直接用该词表达对难民的强硬立场。"边境围栏"一词在11月巴黎恐怖袭击后在奥地利媒体上达到峰值，也进入主流政治话语并取得合法性地位，最终成为政策性话语。"设置接收难民上限"的话语之争中有两种立场：不可侵犯人权和经济理性。后者在媒体上更加突显，"资源有限""预算""经济"等话语胜出。① 2016年1月20日奥地利政府宣布设定每年接收难民上限为3.75万人。

奥地利不同政治倾向的报纸对难民危机的报道差异很大。左翼倾向的严肃性精英报纸关注度更高，报道量是右翼倾向的通俗报纸的两倍多，更倾向于人性关怀的新闻（见表4）。即使在后期政府采取限制难民政策后，还坚持报道难民的悲惨遭遇，该类新闻比例高达44%，而关于难民引发风险和担忧的新闻比例只占25%。② 通俗类报纸对难民的污名化、危言耸听的报道、耸人听闻的假新闻被奥地利报刊委员会多次公开批评。通俗类报纸因发行量大，其失实或煽情的移民报道对公众还是产生了一定的影响。③ 在移民问题上立场强硬的库尔茨当选奥地利新一届总理。反难民的极右翼政党自由党在2016年大选中获得26%的选票，中左翼社会民主党

---

① Markus Rheindorf & Ruth Wodak（2017）：Borders, Fences, and Limits—Protecting Austria From Refugees: Metadiscursive Negotiation of Meaning in the Current Refugee Crisis, *Journal of Immigrant & Refugee Studies*. https://doi.org/10.1080/15562948.2017.1302032.

② Zeitel-Bank, N. (2017), "Dimensions of polity, politics and policy in the Austrian media system: Media coverage of the 'refugee/asylum seeker crisis'", *International Journal of Media & Cultural Politics*, 13: 1+2, pp. 91 – 109, http://doi.org/10.1386/macp.13.1 – 2.91_1.

③ Katharine Sarikakis. 2017, AUSTRIA Good and Bad, but a Lack of Accountability when Journalism Fails the Migration Test. How does the media on both sides of the Mediterranean report on Migration? http://www.icmpd.org/EMM4migration_narrative.

(社民党）在大选中失利，得票率为26.8%。奥地利被国际媒体认为"大幅右转"。

表4 奥地利不同类型报纸的移民报道差异

报纸类型和地位	日发行量/市场份额	移民新闻总篇数（篇）		标题中的高频词
		2015年	2016年	
发行量最大的通俗日报《皇冠报》Kronen Zeitung	100多万份/32%	138	229	恐怖、边境、犯罪、政治、安全、融合、控制、外来移民、寻求庇护者
发行量最大的严肃性精英报纸《标准报》Der Standard	8.6万份/5.4%	367	539	移民、难民营、难民、民粹主义、权利、融合、德国、非洲、欧盟委员会

三 国际社会改善移民/难民报道的努力与建议

面对规模空前的移民与难民危机，媒体机构无法独自担当报道重任。国际组织、高校科研机构、非政府组织都需要发挥合力，共同改善移民/难民报道、提供准确信息。下面介绍一些在改善移民报道方面颇有影响力的行动者。

1. 国际组织发挥推动作用

UNHCR（联合国难民署）早在2014年大规模移民到达欧洲初期就开始进行广泛的媒体宣传，希望通过媒体的力量推动欧洲各国提供更多援助。美国著名影星安吉丽娜·朱莉作为联合国难民署高专特使于2015年1月28日在《纽约时报》撰文呼吁关注恶化的难民问题，5月16日在BBC接受访谈并进行公开演说，5月17日又在《每日镜报》撰文，9月7日跟英国政客赫里克在《泰晤士报》发表联合文章"不要责怪寻求更好生活的难民"，呼吁各国领袖合力解决难民问题。联合国希望发挥朱莉的明星效应推动媒体更加关注难民问题。

媒体也确实在2015年下半年对难民危机的定调、吸引更多关注方发挥

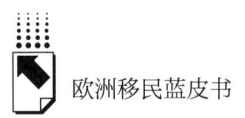

了重要作用，但媒体的报道没有发出统一的声音，有的呼吁更多援助，有的则毫无同情心，甚至反对增加援助。为了解报道的差异性，UNHCR 特意委托英国卡迪夫大学新闻学院研究欧洲五国的媒体报道。这项研究分析了西班牙、意大利、德国、英国、瑞典的媒体在 2014 年、2015 年初的数千篇新闻，总结出的移民报道规律为以后的媒体宣传活动提供了重要参考：如果希望各国媒体在难民问题上发挥作用，统一的媒体宣传方案并不奏效。要根据各国独特的文化和政治背景制订有的放矢、因地制宜的传播方案。①

联合国教科文组织国际传播发展计划（IPDC）在巴黎举行了"媒体与移民"的专家研讨会，反思难民危机报道中出现的问题，发现能胜任移民报道的专家型记者很少。不专业的记者无法区别"移民""申请避难者""难民"等术语的差异。媒体报道存在简单化倾向，有的轻易被政治人物操纵而报道了一些出格的言论，IPDC 意识到普通新闻机构的力量不足以应对政策性强的移民报道，承诺将推出后续行动以提升移民报道的专业性和职业伦理。②

国际移民政策发展中心（ICMPD）资助的研究在分析了地中海 17 个国家的媒体在 2015～2016 年的相关移民报道后发现，媒体报道造成了"移民等于问题"的错觉，其实移民是多方面的全球现象，形式多样，充满挑战和机遇。记者对移民现象的复杂性和多面性认识不足，缺乏全局观，造成报道单一狭隘、简单化倾向。因此，移民研究的专业机构和专家需要为记者提供更多的智力支持，为他们提供更丰富的数据和证据以改善报道质量。③

---

① Mike Berry et al. 2015, Press Coverage of the Refugee and Migrant Crisis in the EU: A Content Analysis of Five European Countries. Report prepared for the United Nations High Commission for Refugees, http://www.unhcr.org/protection/operations/56bb369c9/press-coverage-refugee-migrant-crisis-eu-content-analysis-five-european.html.

② UNESCO. 2016, Media and migration, covering refugee crisis, https://en.unesco.org/news/media-and-migration-covering-refugee-crisis.

③ ICMPD. 2017, Media and Migration from a migration perspective: Observations from the International Centre for Migration Policy Development, https://www.icmpd.org/fileadmin/user_upload/ICMPD_observations_Media_Migration_.pdf.

2. 高校发挥科研优势

伦敦政治与经济学院（LSE）依托已有的移民和媒体研究力量，整合资源，对欧洲八国 20 份报纸的移民危机报道进行内容分析研究，公开发了数篇报告和论文。该校还将寻求避难者、难民的研究经费增加至每年 50 万英镑。为促进媒体的移民报道更加公正、信息丰富、包容性强，研究者提出五个报道原则：要包括多元声音，让难民和欧洲民众多发声；要使移民报道情境化，将移民动因置于背景中考虑，国际组织和专业组织要多提供相关的记者培训；要尊重难民草根记者和难民们的传播权；善用网络数字资源，借助网上难民们的故事和信息反对弥漫欧洲公共领域的仇恨言论；借鉴全球移民和难民危机的科研成果，从中获得洞察力，增进对报道缺陷、挑战和机遇的认识。①

英国开放大学和法国对外传媒集团一起合作研究了难民们的智能手机和社交媒体使用习惯，发现智能手机被难民们视为必需品和生命线，不仅仅是和亲人朋友保持联络的工具，更为他们提供导航、语言翻译、新闻和实用资讯。目前缺乏及时可靠、一站式的难民信息服务。欧洲很多政府部门和新闻机构因担心有鼓励移民的嫌疑，未能积极提供相关资讯，难民们转向非主流的、未经核实的社交媒体网络信息。他们最常用的应用包括 WhatsApp 和 Viber。目前优质的难民信息服务提供者有谷歌应用 Crisis Infor Hub（危机信息中心）、Infomobile – Welcome 2 Europe（欢迎来欧洲）、The Village of All-together（共同家园）。②

3. 非政府组织参与治理假新闻、虚假信息

"难民危机也是一场信息危机"。媒体行业的非政府组织 InterNews 发现一些偷渡组织者恶意散播谣言如"欧洲不需要钱，一切都免费"来招揽生

---

① LilieChouliaraki et al. 2017，Project Report：The European "migration crisis" and the media——a cross – Europe Press content analysis. http：//www. lse. ac. uk/media@ lse/research/Migration – and – the – media. aspx .

② Marie Gillespie et al. 2016，Mapping Refugee Media Journeys：Smartphones and social media networks. The Open University / France Medias Monde. http：//www. open. ac. uk/ccig/research/projects/mapping – refugee – media – journeys.

意。虚假信息的泛滥误导很多难民做出错误的决定，引发很多问题。InterNews于是联合无国界译者组织、行动援助ActionAid创建了"地中海谣言追踪系统"，帮助发现并澄清在难民营中流传的谣言。该项目派遣会说阿拉伯语或波斯语的工作人员到希腊难民营进行面对面交流，给予他们一些有用的信息，并收集难民间流传的各种谣言和虚假信息，然后根据现场记下的详细笔记，经过查证核实、掌握事实的基础上，在专门的网站和脸书上用英语、阿拉伯语、波斯语和希腊语进行辟谣。① InterNews在网站上设立栏目《谣言和事实》，通过问与答的形式进行辟谣，另外还有特意为移民和难民提供的信息指南。② 英国的民间组织Hacked Off收集并揭露英国纸媒在报道难民危机中的失实新闻案例。2015年12月5日《太阳报》用两个整版刊登自由撰稿人Emile Ghessen的报道。他称自己沿着难民路线从土耳其到巴黎没有经历任何安全检查，不过2天后克罗地亚内政部部长披露在他们国家Ghessen出入境时都被要求出示护照检查。《太阳报》只好从网上撤下该新闻，并公开在报纸上承认报道具有误导性，"他的故事不能用来显示欧洲边境管理松懈"。③

4. 媒体行业的反思与辩论

媒体上不乏传媒人对移民危机报道的批评与自我批评。伦敦记者俱乐部曾组织知名媒体人参与讨论"移民、恐怖与媒体——在一线报道的责任"，大家对媒体在危机解决中应该承担的角色意见不一，有的认为记者不是移民政策专家，媒体就是要准确报道进展，仅此而已；有的认为媒体人要利用手中的笔呼吁当权者必须采取行动；摄影和摄像记者William Wintercross认为记者首先是人，其次才是报道者，没有必要超脱于人的情感之外。他在报道难民危机后专门成立了一个慈善组织帮助叙利亚难民。记者们都有同感，要

---

① Renate van der Zee. 2016, "The Refugee Crisis Is An Information Crisis". http：//en. ejo. ch/media – politics/the – refugee – crisis – is – an – information – crisis.
② InterNews. 2017, News That Move. https：//newsthatmoves. org/en.
③ Hacked Off. 2016, Accurate Reporting on Migrants is key to balanced debate. http：//hackinginquiry. org/mediareleases/accurate – reporting – on – migrants – is – key – to – balanced – debate/.

与担心移民的民众多交流，倾听他们的顾虑。①

新闻道德网（EJN）反思媒体报道难民危机的表现，指出以下问题：欧洲媒体在2015年危机爆发之前未能发出预警，一些政治人物反移民的仇恨言论绑架了媒体报道；报道水准不尽如人意，媒体有的因资源有限，或缺乏专业记者，未能提供翔实可靠的信息。EJN根据上述媒体报道缺陷提炼出了公正、冷静、慎重报道移民议题的五个原则，作为移民报道新指南：要报道事实，而非偏见；懂得相关法律知识；展示人性化报道；倾听各方声音；警惕仇恨言论。②

另外，还有一些民间人士发起了志愿者行动致力提升传播效果。如1900万难民项目（The 19 million Project）希望联合跨领域的人才如记者、程序员、设计师、数字战略师等，发挥众人的创意共同探索如何运用最新科技创新报道形式，通过应用程序、数字化互动、可视化数据、小型纪录片等创新方式来引发更多人关注流离失所的难民，促进全球行动共同解决危机。③遗憾的是，类似一些想法很美好的项目因缺乏长期的资金投入，未能持续运作下去。

四　媒体报道的发展趋势

欧洲媒体在难民危机中的总体表现既有可圈可点之处，又有诸多缺陷和遗憾。媒体在唤起公众和决策者对难民问题的关注和解决，凝聚人心、动员社会力量应对危机，弘扬人道主义价值观方面发挥了积极作用。危机处置中的诸多问题经媒体曝光后也促进了移民和难民管理的改善。同时，某些媒体报道中的移民和难民的刻板印象，经媒体传播并放大的极右政客的反移民立

---

① London Press Club. 2016，"Refugee Crisis——what's the role of the media?"，http：//londonpressclub.co.uk/2016/02/12/the-refugee-crisis-what-is-the-role-of-the-media/.

② Ethical Journalism Network. 2016，http：//ethicaljournalismnetwork.org/ejn-launches-new-migration-reporting-guidelines-gfmd.

③ 19 Million Project 2015，http：//the19millionproject.com/.

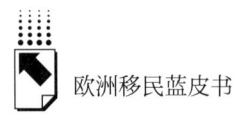

场、安全泛化的讨论、网络空间的谣言和仇恨言论又加剧了欧洲政治极化现象。

随着移民问题成为欧洲各国乃至全球政治的重要议题，媒体的相关报道也在经验积累、批评和反思中进步。经过国际组织和非政府组织的公开批评、专家的建议和提醒、公众的监督和媒体人的自省，媒体在移民关键词的表述、报道议题和报道框架等方面将有明显改善和变化。

明显歧视移民的表述将不会经常占据主流媒体话语。各方的呼吁——移民问题的话语表述要谨慎，不要让用词不当破坏公共讨论，取得一定成效。负责国际移民的联合国秘书长特别代表露易丝·阿伯在11月的公开演说中指出2017年开始出现对移民叙事的变化。之前媒体上常见的"非法移民"一词已大为减少；用来形容大量移民到来的词，如"hordes 成群结队、大批的""swarms 蜂拥而来，成群的""waves 一波波的"因缺乏人性关怀也被列入慎用范围。①

媒体生态中对移民话题多种声音并存，高品质新闻报道和各种虚假信息、煽动性言论、仇恨言论角逐舆论场。有高度社会责任感的媒体将继续发挥舆论监督的作用，对错误言论进行挑战和纠错。"流动是人类发展的必要条件"。移民现象的长期存在将让媒体从"难民危机"的突发性报道模式转向常态化的移民报道，有的媒体已指定专业记者专门跑"移民"这条线，跟进报道移民政策的制定和实施效果，移民的融入问题。

媒体报道将突破地方主义、本国中心主义，更多从全球合作的高度探讨移民问题。体现国际组织、非政府组织等多方协作或多国合作共商移民治理的新闻报道将会增加，如在联合国推动下将于2018年举行的国际移民问题政府间会议，以及即将签署通过的安全、有序和正常移民的全球契约都将成为媒体报道议题。

媒体在普及体现移民积极作用的数据和事实，特别是改变决策者的错误

---

① Overseas Development Institute. 2017, "Agreeing a global response to migration". https：//www.odi.org/events/4517 - agreeing - global - response - migration.

认知方面仍然任重道远。移民对接收国和来源地国的贡献的诸多数据和事实远非人人皆知。例如，意大利的农业、护理行业依靠大量移民劳工。2016年发展中国家收到的移民国际汇款为4290亿美元，相当于国际援助总额的三倍。移民汇款在某些国家GDP的占比达到20%。[①] 移民政策的制定必须以事实为依据，而不能跟着错误的感觉走。因此，良好的舆论环境需要更理性与平衡的媒体报道，更侧重移民对经济和文化促进作用的舆论引导。

---

① Overseas Development Institute. 2017, "Agreeing a global response to migration". https://www.odi.org/events/4517 – agreeing – global – response – migration.

B.7
意大利—利比亚移民管控合作的进展与局限

臧宇 熊倩*

摘　要： 20世纪90年代以来，从利比亚海岸前往意大利南部的中地中海线路一直备受海上非法经济移民青睐。卡扎菲政权垮台后，利比亚边境管控废弛，该线路上的偷渡活动激增。为保卫欧洲"南大门"，缓解因非法移民涌入而造成的过于沉重的经济、社会压力，意大利开始与利比亚合作。本文旨在对意大利同利比亚各方（包括萨拉杰政府、民兵武装和费赞诸部）在移民管控的重建方面开展的合作进行简要介绍，并分析其成败得失。在文末，本文还将对双方在移民领域的合作前景进行预测和分析。

关键词： 意大利　利比亚　移民管控合作

一　意大利的难民问题

意大利媒体极少使用"难民危机"这一表述，因为对该国而言，偷渡现象并非新问题，中地中海线路长期受到偷渡客的青睐，而其主体历来都是来自撒哈拉以南非洲甚至更遥远地区的经济移民。即使是在所谓"难民危

---

* 臧宇，男，湖北宜昌人，博士，副教授，广东外语外贸大学西方语言文化学院。主要研究方向为意大利社会与文化、跨文化交际、意大利移民问题。熊倩，女，湖南长沙人，硕士，讲师，广东外语外贸大学东方语言文化学院。主要研究方向为阿拉伯语言文化。

机"的大背景下,在利比亚登船,非法入境意大利的仍以经济移民为主。1997~2008年,每年通过海上偷渡抵达意大利的人数在13635人至49999人的区间内变化。意、利两国曾在移民管控方面开展过切实有效的合作。2008年,贝卢斯科尼(Berlusconi)的中右政府与卡扎菲(Gaddafi)政府缔结了《友好合作协议》,随后两年,经中地中海非法入境意大利的人数得到了有效控制,由2008年的36951人骤降至2009年的9573人,2010年进一步降至4406人[1]。然而一年以后,卡扎菲政府垮台,利比亚战乱四起,原本运转良好的边境管控不复存在,这让大批非法移民意识到了借道该国、前往欧洲的可能性。2014年,海上非法入境意大利的人数出现了井喷,达到了170100人(见表1),比上年激增了296.3%,每10个非法入境欧盟的人中,就有6个是从意大利的港口进入的。[2]

表1 1997~2016年由中地中海线非法入境意大利的人数统计

年份	1997	1998	1999	2000	2001	2002	2003
人数	22343	38134	49999	26817	20143	23719	14331
年份	2004	2005	2006	2007	2008	2009	2010
人数	13635	22939	22016	20455	36951	9573	4406
年份	2011	2012	2013	2014	2015	2016	
人数	62692	13267	42925	170100	153842	181436	

资料来源:意大利ISMU基金会。[3]

2014年1月至今,已有60余万人从海路非法入境意大利。[4] 2016年,随着《欧盟—土耳其声明》的签署和西巴尔干边界严控计划的实施,欧洲

---

[1] "Anno Record per le Richieste d'Asilo in Italia", West-info, http://www.west-info.eu/it/2016-anno-record-per-le-richieste-dasilo-in-italia/.

[2] "Anno Record per le Richieste d'Asilo in Italia", West-info, http://www.west-info.eu/it/2016-anno-record-per-le-richieste-dasilo-in-italia/.

[3] "2016: Anno Record per le Richieste d'Asilo in Italia", West-info, http://www.west-info.eu/it/2016-anno-record-per-le-richieste-dasilo-in-italia/.

[4] "Libia, Gruppo Armato Blocca Imbarcazioni Migranti", Yahoo News, https://www.yahoo.com/news/esclusiva-libia-gruppo-armato-blocca-imbarcazioni-migranti-094939572.html.

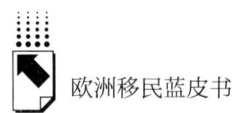

移民潮整体上得到了有效的控制,而在以利比亚为主要登船地,以意大利为登陆地的中地中海线上依旧形势严峻:非法入境亚平宁的人数(181436人,比2015年增长了17%)和意大利收到的庇护申请数(123482份,在成员国中列第二)均创下了20年来的新高①。同年,意大利却只遣返了5715人,不及荷兰的1/2,波兰的1/3,在欧盟成员国中仅列第13位,② 这与其第三大移民接收国③和第二大庇护申请受理国④的地位极不相称。

意大利难以有效阻挡海上来客,国内既有的移民不断挑战着其社会经济承受能力,"都柏林体系"改革一再受阻,移民再分配进展缓慢,法奥等邻国纷纷加强边境管控,唯恐引火烧身。欧盟"南大门"随时有失控之虞。⑤ 意大利若崩溃,则整个欧盟,特别是对经济移民更具吸引力的德、法、北欧亦难幸免。中地中海管控成了欧盟移民治理的重中之重。与"后卡扎菲时代"的利比亚合作,成为意大利的必然选择。从历史经验的角度看,合作有基础可依赖,有经验可借鉴,在遏制偷渡方面的成效值得期待。

然而,中地中海线非法移民的"推拉之力"强劲,牵涉的利益主体众多,没有适当的合作模式和多方参与的综合治理,单凭意、利两国之力,以"堵"为主,不过是扬汤止沸。通过合作,暂时遏止偷渡潮,其真正意义在于为新的治理模式的建构打下基础。

---

① "Anno Record per le Richieste d'Asilo in Italia", West-info, http://www.west-info.eu/it/2016-anno-record-per-le-richieste-dasilo-in-italia/.
② "Third Country Nationals Returned Following An Order to Leave - Annual Data", Eurostat, http://appsso.eurostat.ec.europa.eu/nui/submitViewTableAction.do.
③ "Quanti Immigrati Ci Sono nel'Unione Europea", West-info, http://www.west-info.eu/it/quanti-immigrati-ci-sono-nellunione-europea/.
④ "Asylum and first time asylum applicants - annual aggregated data", Eurostat, http://ec.europa.eu/eurostat/tgm/table.do?tab=table&init=1&language=en&pcode=tps00191&plugin=1.
⑤ "Libia, Don't Close Borders, Manage Them: How To Improve EU Policy on Migration through Libia, European Council on Foreign Relations", ECFR, http://www.ecfr.eu/page/-/ECFR220_-_DONT_CLOSE_BORDERS_MANAGE_THEM_%28MATTIA_TOALDO%29.pdf.

二 意利合作的内容与进展

意大利与利比亚的合作主要包括其与萨拉杰（Sarraj）政府的合作、与西北民兵武装的合作和与南方部族势力的合作三个方面。由于意识形态、价值观和欧盟成员国的身份所限，意大利最主要的合作伙伴只能是得到了国际社会承认的，由萨拉杰总理领导的政府。该政府控制着利比亚北方以的黎波里为中心的面积有限的地区，拥有一支海岸警卫队。联合国难民署、国际移民组织和欧盟也与之保持着接触。在国际社会的资助下，其辖区内正在建造用于接纳难（移）民的人道主义营地。2017年2月2日，意大利政府与的黎波里当局签订了《利比亚国与意大利共和国关于促进发展、打击非法移民、打击偷渡和加强边境安全的谅解备忘录》（后称《备忘录》），双方宣布承认卡扎菲时代的《友好合作协议》和2012年1月签订的《的黎波里宣言》。意大利承诺将建立非洲基金，重点帮助包括利比亚在内的移民潮沿线的非洲国家。《备忘录》在内容上与《友好合作协议》高度重叠，共8条，将非法移民和有组织偷渡活动列为突出影响两国关系的问题。合作主要内容可概括为以下几点。

第一，意大利向的黎波里当局的边境警察和海岸警卫队提供技术支持，给予其必要的装备和人员培训，以加强利比亚的安全力量和一北一南、海陆两路的边境管控，打击非法移民、偷渡集团和石油走私。

第二，由欧盟或意大利出资，在利比亚修建人道主义营地，完善现有营地，以收容被拦截下来的非法移民，同时与移民输出国、各国际组织开展合作，推动遣返。意大利为营地提供药品和医疗器具，对工作人员进行培训，并在营地中开展联合研究，以便及时了解移民的新动向，制定和修正应对措施。

第三，双方共同致力在利比亚和移民潮沿线诸国发展经济，加强基础设施建设，提高民众生活水平，改善医疗卫生条件。特别是要在利比亚偷渡集团活动最为猖獗的地方创造就业，为民众提供正当的工作岗位，发展

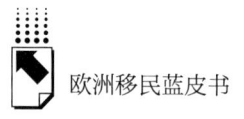

替代经济。①

合作为萨拉杰当局争得了来自欧盟的资助:次日,欧盟即发表《马耳他宣言》(后称《宣言》),支持意利合作。两个月后,欧盟非洲信托基金为《宣言》配套项目拨款9000万欧元,以发展利比亚经济,并强化其行政力量。8月9日,联合国驻利比亚特别代表萨拉梅(Salamé)会见意大利总理真蒂罗尼(Gentiloni)时,已有4700万欧元到账②。

由于联合国目前正对利比亚实施武器禁运,意大利无法向利比亚提供大型装备,只是赠送了10艘小型巡逻船。③ 经意大利议会批准,国防部派遣搭载着武装人员和救援人员的特雷米蒂舰(Nave Tremiti)前往的黎波里,与利比亚海警联合巡逻,并为其组织人员训练。此举得到了的黎波里方面的欢迎与配合:萨拉杰一直谋划组建一支自己的海军,纵然不能遂愿,至少也可以依靠素质日益提高的海警和有限的船只有效地增强的黎波里的海上防御,使其在与各派的博弈中处于有利态势。

7~8月,作为回报,萨拉杰政府在规范NGO海上行动和海陆边境巡逻两方面与意大利通力合作,做出了积极的贡献。以管控NGO船只为例,如何规范NGO的海上搜救行动,一直是困扰意大利政府的难题。根据主流媒体的报道,参与海上救援的NGO大多态度暧昧,视角单一,遵从"人权高于一切"的逻辑,无视域内国家的相关政策法规,长期违规操作,其行为在客观上助长了偷渡活动,破坏了域内移民问题的综合治理。偷渡船运送移民,大多严重超载,偷渡者落水或被"蛇头"推下水的现象十分常见。NGO船只常尾随其后,或在附近游弋,随时准备救人。无论是在靠近意大

---

① "Migranti: accordo Italia-Libia, il teso del memorandum", Repubblica, http://www.repubblica.it/esteri/2017/02/02/news/migranti_accordo_italia-libia_ecco_cosa_contiene_in_memorandum-157464439/.
② "Libia, Don't Close Borders, Manage Them: How To Improve EU Policy on Migration through Libia", ECFR, http://www.ecfr.eu/page/-/ECFR220_-_DONT_CLOSE_BORDERS_MANAGE_THEM_%28MATTIA_TOALDO%29.pdf.
③ "Libia, le tribù del Sud siglano la pace e si impegnano a bloccare i migranti", La Stampa, http://www.lastampa.it/2017/04/02/esteri/libia-le-trib-del-sud-siglano-la-pace-e-si-impegnano-a-bloccare-i-migranti-qzNs23DGeOOSdJi7G285FK/pagina.html.

利还是利比亚一侧的水域将人救起,NGO 通常都选择将其送往意大利的港口,借以"更好地保障其人权"。NGO 多先用小船搜救,再将获救者送到在海上等待的大船上,多次搜救之后,再将获救者集中送往欧洲。由于常会有人将落水者救起,继而送往意大利而非利比亚,"人蛇"集团有恃无恐,坚持超载。

为解决这一问题,意大利出台了《非政府组织海上行动准则》(后称《行动准则》),要求 NGO 签字并遵守。其核心内容有二:第一,警员登船,监督搜救工作;第二,禁止在海上船只之间转运落水者。《行动准则》的出台意在制止 NGO 的违法、违规操作,减轻意大利的压力。然而,以"无国界医生"为首的相当一部分 NGO 拒绝签字,意政府随即要求其退出搜救行动。正当双方僵持不下,政界、宗教界批评内政部部长明尼蒂(Minniti)行事武断之时,的黎波里方面却以粗暴而有效的方式为真蒂洛尼政府解了围。利方着手建立海上搜救区,并要求进入该区域参与救援的 NGO 船只必须在同利、意双方充分协调的情况下作业。他们对未经批准、违规作业的船只发出警告,甚至开枪(利海警坚称是朝天鸣枪警告)[1],迫使拒绝签字的 NGO 悉数退出了搜救。意方亦无挽留之意,表示在搜救力量不足时,将向索菲娅行动(Operation Sophia)或其他过境的船只求助。

萨拉杰政府海陆两路的巡逻也初见成效:2017 年 7 月,在意大利港口登陆的非法移民比 2016 年同月减少了 52.5%,由 23552 人降至 11193 人。[2] 仅当月就有约 13000 名企图偷渡者被堵截在了的黎波里,或被带回该港。从 7 月 1 日至 8 月 25 日,共有 14391 人从海上非法入境意大利,与 2016 年同期的 44846 人相比,足足下降了 68%。8 月 1 日至 25 日的非法入境人数和 2016 年同期相比,减少了 86%。1 月 1 日至 8 月 25 日的数据与上年同期相比,下降了 6.85%。[3]

---

[1] "Migranti, il Viminale:'Il codice Ong è puro buonsenso'", Repubblica, http://www.repubblica.it/cronaca/2017/08/16/news/migranti_ong_morcone-173187346/?ref=search.

[2] "Si muovono le navi italiane e i barconi tornano a casa", West-info, http://www.west-info.eu/it/si-muovono-le-navi-italiane-e-i-barconi-tornano-a-casa/.

[3] "Migranti, il Patto con la Libia Frena gli Arrivi: da Luglio -68%", http://www.ilsole24ore.com/art/notizie/2017-08-26/migranti-patto-la-libia-frena-arrivi-221553.shtml.

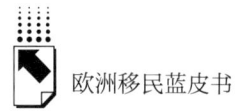
欧洲移民蓝皮书

这样的积极进展使得意大利内政部部长明尼蒂有资本为促成一项为期十年、针对利比亚和沿线国家的总额高达 27000 万欧元的资助①，游说欧盟诸国；也为意大利总理真蒂罗尼在 8 月 28 日的巴黎峰会上增加了话语权，连默克尔和 7 月底曾慢待意总理的马克龙也在态度上有明显转变，表示《都柏林条约》已不适应新的形势，应当修改，意大利负担过重，有失公允。之前批评《行动准则》的人士也大多改变了立场，连天主教主教大会也公开支持明尼蒂。大批偷渡者在利比亚的营地就地收容具有双重意义：一是减轻了意大利在财政和社会两方面的压力（意大利尚有超半数的市镇拒绝接纳移民，② 内政部和意大利市镇联合会的艰难谈判或可暂缓）；二是在心理上对偷渡者起到了阻吓的作用，因为他们很可能无法到达预定的目的地——欧洲，而将在利比亚人的营地中失去自由。

北部民兵武装和南方部族势力也为遏制偷渡潮做出了贡献，这也可归功于萨拉杰的领导，因为至少在名义上，他们是听命于的黎波里的。不少民兵武装原本就是偷渡的组织者，因为其利润堪比石油走私。但当民兵领袖们发现与意大利合作同样回报丰厚时，便选择了以政府的名义反对偷渡，一方面可"黑吃黑"，剪除敌对势力，另一方面也可得到援助。在传统上的偷渡旺季，成功抵意的人数不增反减，欧洲边防局（Frontex）认为这也与"偷渡之都"——萨布拉塔（Sabrata）七月的交火有关。但路透社援引的当地消息灵通人士的说法却与之有一定出入：近期在的黎波里以西 70 公里的这座港口——前往意大利的主要登船地，出现了一股自称"48 旅"的民兵武装。他们并未与任何势力交火，而是强行阻止偷渡客登船，并将其带走收容。③

---

① "Migranti, Gentiloni a Ue: Serve Maggior Sforzo", Ilsole24ore, http://www.ilsole24ore.com/art/notizie/2017-08-16/migranti-gentiloni-juncker-paesi-ue-finanzino-progetti-libia-142521.shtml?uuid=AEChHdDC&refresh_ce=1.
② "Quanti Sono i Comuni Italiani che Accolgono gli Immigrati", Ministero dell'Interno, http://www.interno.gov.it/it/notizie/minniti-sugli-sbarchi-non-ci-sono-condizioni-dichiarare-stato-emergenza.
③ "Libia, Gruppo Armato Blocca Imbarcazioni Migranti", Yahoo News, https://www.yahoo.com/news/esclusiva-libia-gruppo-armato-blocca-imbarcazioni-migranti-094939725.html.

两年前,在利比亚西北港口祖瓦拉(Zuwara)曾有武装分子袭击偷渡集团,借以向西方靠拢,如今那里的偷渡现象近乎绝迹。"48 旅"此举无疑是效法前人,以争得的黎波里和意大利的认可与支持。7~8 月,另一民兵组织控制了的黎波里机场,有效拦截了来自孟加拉国的移民。2016 年还鲜有关于孟加拉国偷渡客的报道。① 然而在 2017 年 1 月 1 日至 8 月 14 日的统计中,这一人均斥资上万美金、先持利比亚工作签证飞抵的黎波里,再乘船前往欧洲的人群,成了意大利的第二大非法入境群体(8728 人,占 8.97%)②(见表 2)。孰料 9、10 两个月,非法入境意大利的孟加拉国人数竟骤减到可以忽略的程度(1~10 月入境总人数仍列第四③)。尽管的黎波里当局对此不予置评,但意方却不会忽视此类主动接近的势力。

表2 2017 年 1 月 1 日至 8 月 14 日经中地线非法入境意大利的人数统计

来源国	人数(人)	排名
尼日利亚	16559	1
孟加拉国	8728	2
几内亚	8683	3
科特迪瓦	8053	4
马里	5615	5
厄立特里亚	5592	6
……	……	……
总计	97293	—

资料来源:根据意大利维吉尔网的数据整理。④

---

① "I trafficanti per portarci i bengalesi lasciano i siriani a casa", West – info, http://www.west – info.eu/it/i – trafficanti – per – portarci – i – bengalesi – lasciano – i – siriani – a – casa/.
② "Migratory Flows in July: Numbers Fall in Italy, Remain High in Spain", Frontex, http://frontex.europa.eu/news/migratory – flows – in – july – numbers – fall – in – italy – remain – high – in – spain – X4OFNn.
③ "Migratory Flows in October: Overall levels remain low; Spain arrivals soar", Frontex, http://frontex.europa.eu/news/migratory – flows – in – october – overall – levels – remain – low – spain – arrivals – soar – hcsz3c.
④ http://notizie.virgilio.it/top – news/viminale – gli – sbarchi – sono – in – flessione – 97 – 293 – da – gennaio – 30191.

的黎波里当局的边防力量规模有限,真正在5000千米的陆路边境巡逻中担当主力,阻拦从乍得、阿尔及利亚和尼日尔等邻国涌入的非法入境者的,是利比亚南部撒哈拉腹地的费赞(Fezzan)地区的部族力量。利内战爆发后,南方战祸不断。6年的动荡之后,意方积极参与部族间的和平斡旋,并于2017年1月底将60位部族领袖一同邀至罗马。在72小时的紧张谈判后,特布(Tebu)和苏莱曼(Suleiman)二部终于实现了和解。两大势力在明尼蒂、利副总理麦蒂格(Maitig)和图阿雷格(Tuareg)部首领的见证下,于2月3日在意内政部大楼(前总理府,意大利建国史中具有重要象征意义的地点)签订了和平协议。在促进费赞和平的过程中,明尼蒂凭借个人魅力赢得了一众首领的尊重和信任,也争得了其在南部边境管控和沙漠人道救援方面的合作。一旦"封锁了利比亚的南部边境,就等于关好了欧洲的南大门"①。3月29日,意大利与南方部族缔结了关于加强移民管控的合作协议。4月26日,特布和苏雷曼部族代表在联合举行的记者招待会上,着重谈及了打击偷渡的计划与措施。8月26日,利比亚南方市长代表团造访罗马,与明尼蒂再谈边境管控。②

南方诸部期待意大利的进一步资助和技术支持。考虑到费赞地区不仅是阻拦非法移民的前沿,也是防备"伊斯兰国"和"圣战"组织的前沿,欧盟也不会袖手旁观,其2017年度总额为1亿3600万欧元的移民治理专款中就有费赞部族的一部分。③

根据欧洲边防局公布的8、9、10月的统计数据,在非法进入欧盟的四

---

① "Libia, le tribù del Sud siglano la pace e si impegnano a bloccare i migranti", La Stampa, http://www.lastampa.it/2017/04/02/esteri/libia-le-trib-del-sud-siglano-la-pace-e-si-impegnano-a-bloccare-i-migranti-qzNs23DGeOOSdJi7G285FK/pagina.html.

② "Libia, a Roma nuovi incontri tra Minniti e i sindaci del Sud sulla lotta al traffico di migranti", La Stampa, http://www.lastampa.it/2017/08/25/esteri/libia-oggi-a-roma-nuovi-incontri-tra-minniti-e-i-sindaci-del-sud-sulla-lotta-al-traffico-di-migranti-Wiq2wcg2kvN5JZLtQQga9J/pagina.html.

③ "Migranti, Gentiloni a Ue: Serve Maggior Sforzo", Ilsole24ore, http://www.ilsole24ore.com/art/notizie/2017-08-16/migranti-gentiloni-juncker-paesi-ue-finanzino-progetti-libia-142521.shtml?uuid=AEChHdDC&refresh_ce=1.

条主要线路中，就总入境人数而论，中地中海线（中地线）依然"三分天下有其二"。从月度数据来看，中地线偷渡活动受到了有效的遏制。由于部分移民转从突尼斯（已于10月取代利比亚，成为第一登船地①）和阿尔及利亚等地登船，前往意大利，导致9、10月的非法入境人数有所上升，但5600人次和6700人次这两个月度数字与2016年同期相比，下降幅度均在2/3左右，7~9月（传统高峰期）的中地线非法入境总人数也降至2014年以来的最低水平②（见表3）。

表3　2017年8~10月经四条主要线路非法入境欧盟的人数统计

线路	8月非法入境人次（人次）	9月非法入境人次（人次）	10月非法入境人次（人次）	1~10月非法入境人数（人）	与上年1~10月相比（%）
中地线	4500	5600	6700	112000	-30
西地线	2400	1800	3300	15500	+100
东地线	4200	5750	4900	31500	-82
西巴尔干线	未公布具体数据				
四线合计	13900	156000	15300	173000	-63

资料来源：根据Frontex数据整理。③

意利合作对稳定欧盟南部边界具有重要战略意义。经过近三年的摸索和调整，原本在移民治理方面经验不足，行动迟缓，应对乏力的意大利终于找到了破局的切入点，并在欧盟的危机应对中发挥了关键性的作用，得到了日

---

① "Migratory Flows in October: Overall levels remain low; Spain arrivals soar", Frontex, http://frontex.europa.eu/news/migratory-flows-in-october-overall-levels-remain-low-spain-arrivals-soar-hcsz3c.

② "Migratory Flows in September: Arrivals in Italy lower than a year ago, more departures from Tunisia and Algeria", Frontex, http://frontex.europa.eu/news/migratory-flows-in-september-arrivals-in-italy-lower-than-a-year-ago-more-departures-from-tunisia-and-algeria-me32tk.

③ "Migratory Flows in September: Arrivals in Italy lower than a year ago, more departures from Tunisia and Algeria", Frontex, http://frontex.europa.eu/news/migratory-flows-in-september-arrivals-in-italy-lower-than-a-year-ago-more-departures-from-tunisia-and-algeria-me32tk.

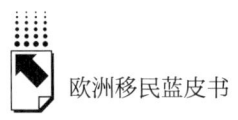

益广泛的支持,既不必像"我们的海"行动(Operation Mare Nostrum)时期那样独木难支,耗尽财力,也避免了特里顿行动(Operation Triton)中被迫独立接纳所有被拦截者的尴尬。

三 意利合作的局限

意利合作的阶段性成果令人欣喜,但其进展不免会受制于利比亚地方割据态势、两国政治的不确定性和域外强国的干扰。意大利最主要的合作者——萨拉杰政府地位不稳,权威有限。各派不过是在暂时的利益驱动下,仅在名义上效忠于的黎波里。总理仅能对以的黎波里为中心的的黎波里塔尼亚(Tripolitania)地区进行松散的控制。且域内武装派别林立,中央政令难出的黎波里城,无法对各派进行整合和统一号令。首都东面不远的重要港口、第三大城市米苏拉塔(Misurata)就处在几股民兵武装的控制之下,他们虽然在名义上受总理节制,实则在西北部海岸拥有各自的"国中之国"。西部靠近突尼斯边境,以萨布拉塔和扎维亚(Zawiyah)为中心的区域,大小港口众多,山头林立,是走私和偷渡的重灾区。"人蛇"集团已适应了这一带迅速变化的局势,擅长"打一枪换一个地方"。被"48 旅"驱离萨布拉塔的团伙目前已转移到不远处的阿尔·科霍姆斯(Al Khoms)一带活动。部分武装在宣布效忠的黎波里当局,拿着欧盟资助的同时,依然暗中经营偷渡生意。民兵武装参与打击偷渡,纯为利益驱动,其忠诚难以保证,效果难以持久。

费赞地区也只是在名义上听命于的黎波里,许多部族的国家观念淡漠①,长期各自为政。域内民族状况复杂,操阿拉伯语、柏柏尔语等不同语言,风俗传统各异的人群间缺乏共同认可的法律或规则。利益冲突难以得到有效的协调,刚刚实现的和平十分脆弱。近在咫尺的极端势力随时有可能死

---

① "Kohl, I. (2014) Libya's 'Major Minorities'". Berber, Tuareg and Tebu: Multiple Narratives of Citizenship, Language and Border Control, Middle East Critique, 23: 4, 423-438.

灰复燃。费赞随时有重燃战火的危险，一旦该区域陷入混乱，陆路边境管控中断，非法越境人数可能出现报复性反弹。部族势力对国际责任缺乏概念，其对协议的忠诚难以持久。一些部族的驼队，本身也承接过或仍然操持着沙漠地区的偷渡生意，未必愿意为获得资助而放弃"人蛇"买卖。

  眼下意利合作最大的障碍和变数是利比亚军事强人哈夫塔尔（Haftar）将军。没有他的支持，意利合作的效果必然大打折扣。哈夫塔尔拥有各派中最为强大的军力，统领着东部的昔兰尼加（Cyrenaica）地区，操控着贝达（Beida）政府和图卜鲁格（Tobruk）议会，可谓"三分天下有其一"。他是一位纵横家，曾是卡扎菲的亲信，后来却成了"倒卡"的主要领袖。他"曾与利比亚所有主要的派别并肩作战，也曾同他们所有人兵戎相见"①，有丰富的政治和军事斗争经验，志在一统全国。他拒绝承认的黎波里当局，虽然今夏在马克龙和真蒂罗尼的邀请下，他曾与萨拉杰两次会面，两派的关系却并未得到实质性的改善，仅留下空洞的联合声明。目前看来，哈夫塔尔敌视意大利，合作希望渺茫。将军本人曾指责意方舰船进入利海域参加联合巡逻，侵犯了利比亚主权。8月中旬，将军全面禁止了意大利公司在其辖区内的活动，不仅令企业蒙受了巨大的经济损失②，也使得意方参与发展利比亚经济，创造就业，用正当工作替代偷渡经济的计划遭遇严重挫折。意大利驻的黎波里大使佩罗内（Perrone）还被昔兰尼加政府的经济部部长阿沙尔（Asar）宣布为"不受欢迎的人"③。昔兰尼加南连苏丹，北邻地中海，有漫长的陆地边境和海岸线，倘若将军有意放松南、北两线管控，意利现有的合作将有功亏一篑的危险。从历史经验来看，将军完全有可能在其认为必要时，效法卡扎菲，拿边控和非法移民做文章，向的黎波里当局、意大利以及

---

① "The Unravelling: Libya's New Strongman", The New Yorker, http://www.newyorker.com/magazine/2015/02/23/unravelling.
② "Libia, Tobruk: Italiani ostili, no a nuovi accordi con loro società", http://www.repubblica.it/esteri/2017/08/16/news/libia_tobruk_italiani_ostili_no_a_nuovi_accordi_con_loro_societa_-173183748/.
③ "Libia, arrivano meno migranti che così finiscono nel lager di Sabha", Repubblica, http://www.repubblica.it/solidarieta/immigrazione/2017/08/08/news/libia-172648143/.

欧盟施压。明年年初，意、利两国都将举行大选，两国的政局走向充满变数：若意大利民粹分子上台，开端良好的合作恐有不了了之之虞；若将军和总理中有一方不承认大选结果，就可能引发更激烈的对抗甚至内战，将军之前许下的重建秩序之后再谈合作的承诺也就失去了前提。

利比亚收容营地的人权状况也遭到了尖锐的批评，令意利双方背负了沉重的道德和舆论压力。欧盟和其他国际组织修建的人道主义营地数量少，新营地的建设进度缓慢，目前挑大梁的仍是利比亚人的营地。此类营地多由监狱、废弃厂房、仓库改建，设施简陋，卫生和居住条件差，人员爆满。更为严重的是，利方人员虐待、搜刮、毒打、强奸甚至杀害被收容者的丑闻也不断被爆出。根据"人权医生"（Medici per I Diritti Umani）组织今年对600余名来自撒哈拉以南非洲国家的移民所做的调查，这些被利比亚收容过的非法入境者中，"有85%的人曾遭到过毒打、非人道的虐待和侮辱；有79%的人曾被囚禁在极度拥挤、卫生状况极差的地方；有60%的人长期被克扣水粮，得不到医疗救治……"① 虽然小样本的统计数据无法对整体情况进行准确有效的反映，但至少能说明问题的存在。

此外，9~10月的移民改线虽只导致了非法入境人数的少许增长，却也给意利合作敲响了警钟。意大利不应满足于阶段性成果，必须突破"堵"的思维，转而在长期综合治理上下功夫。

四　意利合作的未来走向

"后卡扎菲时代"的政局动荡造成的边境管控的废弛使意大利先于整个欧洲遭遇了非法移民潮的冲击。近年来，中地线上"人蛇"数量保持稳定，偷渡潮后劲十足。"都柏林体系"改革进展缓慢，欧盟内部移民再分配工作又一再迟滞，意大利持续承受着巨大的经济和社会压力。2017年，在联合

---

① "Libia, arrivano meno migranti che così finiscono nel lager di Sabha", Repubblica, http://www.repubblica.it/solidarieta/immigrazione/2017/08/08/news/libia-172648143/.

国难民署、国际移民组织等机构不同程度的支持下，意大利与利比亚各派、费赞诸部密切合作，以切实的利益换取了积极的配合，给偷渡活动以有力的打击，终于7～8月阶段性地遏制了偷渡潮，暂时稳定了欧盟的南部边界。尽管利比亚对非法入境者的收容声名狼藉，但却为意大利免去了"首次入境国"的尴尬，也在客观上对偷渡者起到了阻吓的作用。意大利、国际移民组织和联合国在利比亚、突尼斯等国修建的人道主义营地建成后，被收容者的人权状况也有望得到改善。

明年是意大利和利比亚的大选年，政局走向尚不明朗，既有的合作可能遭受毁灭性打击。利比亚派别林立，缺乏统一指挥，各方力量难以整合。国际社会认可的萨拉杰政府和俄罗斯支持的哈夫塔尔将军互不买账，且后者对意大利采取敌视态度，禁止意大利企业在昔兰尼加地区活动，拒绝与意方合作，这使得目前联合打击偷渡，管控边境的效果打了折扣，替代经济的发展更是无从谈起。但意方不应过于悲观地看待与哈夫塔尔将军的合作：他是典型的圭恰迪尼（Guicciardini）式实用主义者，是否与意大利携手，无关原则，一旦时机成熟，价码合适，他同样有望在边境管控和区域移民治理的合作中做出积极贡献。随着意埃关系的改善，与哈夫塔尔交情深厚的塞西或能为意方与将军的合作牵线搭桥。

要解决移民危机，发展移民源头国和过境国的经济，改善民生，至关重要。虽然生活水平和健康水平的提高可能增强人们移民他乡的能力，在短期内甚至会令移民数量不减反增，但从长远来看，唯有切实减少输出国和目的国在生活质量上的差距，方才有希望降低两地间的"推拉之力"，唯有为沿线国家提供充足的正当就业机会，令民众有望通过诚实的劳动过上富足的生活，偷渡现象才有可能根除。

国别与区域研究

Regional and Country Reports

B.8
德国移民现状及政策分析

林 璐*

摘　要： 长期以来，德国一直是欧洲最主要的移民输入国。2015年欧洲难民危机爆发后，德国更是接收了大量寻求庇护的难民。一方面是如何实现这些移民的融入，是德国各界共同关注的问题，为此德国各级政府采取了形式多样、内容丰富的措施帮助移民融入社会，尤其是帮助他们学习德语、实现就业。但另一方面，移民给德国政府和社会带来了极大的挑战，要克服这些问题需要社会各界的共同努力。本文介绍了德国接收移民，尤其是难民的总体情况，归纳了德国为帮助移民融入采取的最新措施，并分析了德国移民管理中存在的问题及其应对方法。

---

* 林璐，女，广东新会人，硕士，讲师，就职于广东外语外贸大学西方语言文化学院和国际移民研究中心。主要研究方向为跨文化交际、国别研究。

关键词: 德国 移民政策 移民融入

第二次世界大战结束后,急需大量劳动力进行重建工作的德国引入了大量的客籍劳工,拉开了大规模移民浪潮的序幕。尽管一直到20世纪80年代,德国媒体中仍不断出现关于德国到底是不是一个移民输入国的争论,但从德国人口构成的发展变化可以看出,外国人的比例长期以来一直持续增长,德国成为"非典型移民国家"已成了不争的事实。[①] 2015年欧洲难民危机爆发后,德国采取了开放、宽松的政策,成为大量难民的首选目的地。根据欧洲统计局的统计数据,2016年欧盟收到的首次避难申请超过72万份,其中超过一半都是向德国提出的。2017年第一季度的避难申请中也有超过1/3是德国收到的。2016年,德国是欧盟国家中唯一一个避难申请数量与人口比例呈上升趋势的国家(从每千人6份上升到9份)。[②] 加上通过其他途径进入德国的移民,截至2016年9月,德国的人口总数为8250万,其中1004万是外国人,约占12.2%。[③] 由于移民问题在德国已经有数十年的历史,在难民危机中德国受到的冲击又最为强烈,因此德国在移民管理方面的经验对欧洲其他国家有着重要的借鉴意义。

一 德国移民的增长和构成

从2010年开始,进入德国的移民数量一直持续快速增长,2015年更是达到了顶峰,一年之内就有将近214万移民进入德国,这是从1950年有统

---

① 参见《时代》周刊文章标题,http://www.zeit.de/2015/38/deutschland-einwanderungsland,访问日期:2017年11月9日。
② FaktenzurAsylpolitik. 1. Halbjahr 2017,第9页。https://www.svr-migration.de/wp-content/uploads/2017/08/SVR_Fakten_zur_Asylpolitik.pdf,访问日期:2017年11月9日。
③ "Ausländische Bevölkerung nach Geschlecht und ausgewählten Staatsangehörigkeiten". https://www.destatis.de/DE/ZahlenFakten/GesellschaftStaat/Bevoelkerung/MigrationIntegration/AuslaendischeBevoelkerung/Tabellen/Geschlecht.html,访问日期:2017年11月9日。

计数据以来移民数量最多的一年，比2014年增加了45.9%。扣除2015年离开德国的近一百万移民，2015年德国移民数量净增长达到113.9万人，比2014年的55万人增加了一倍还多（见图1）。

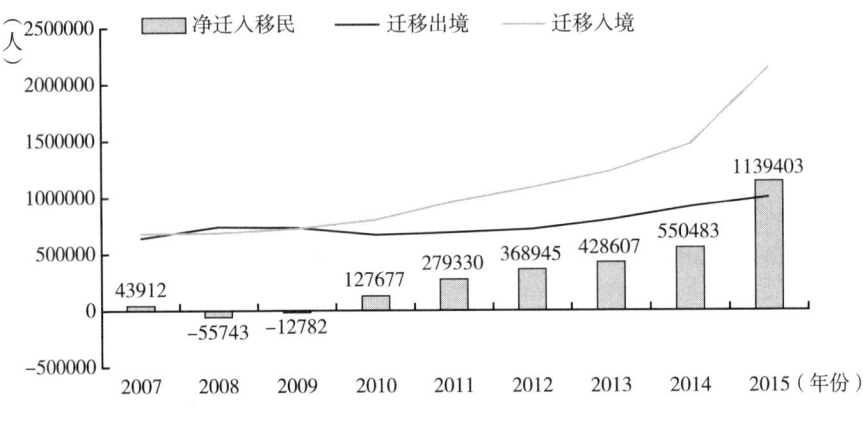

图1　2007～2015年德国人口迁移数据

资料来源：德国联邦移民与难民署（das Bundesamt für Migration und Flüchtlinge）。

2015年迁入德国的移民中45%是欧盟国家公民，其中德国人占6%。另外13%的移民来自其他欧洲国家。来自亚洲国家的移民占30%，还有5%的移民来自非洲国家。[①] 从移民的原因来看，占最大比例的是寻求庇护的难民，其次是来自欧盟其他国家的移民，另外上大学、家庭团聚和就业也是外国人进入德国的最主要原因（见图2）。

2016年，进入德国的移民数量有了下降，根据德国外国人登记中心（ARZ）的数据统计，从2016年1月到9月共有近100万人进入德国，离开德国的人口则为近50万人，净迁入移民514533人。与上一年同期相比，输入移民的数量下降了17%，输出移民的数量则上升了27%，因此净迁入移民与2015年同期相比共下降了约40%，这主要是由于难民数量减少了。

---

① Migrationsbericht 2015，第9页，http://192.168.127.151/cache/2/03/www.bamf.de/934cc9dbb9707c4f3289d05b69548acb/migrationsbericht - 2015.pdf?__blob=publicationFile，访问日期：2017年11月9日。

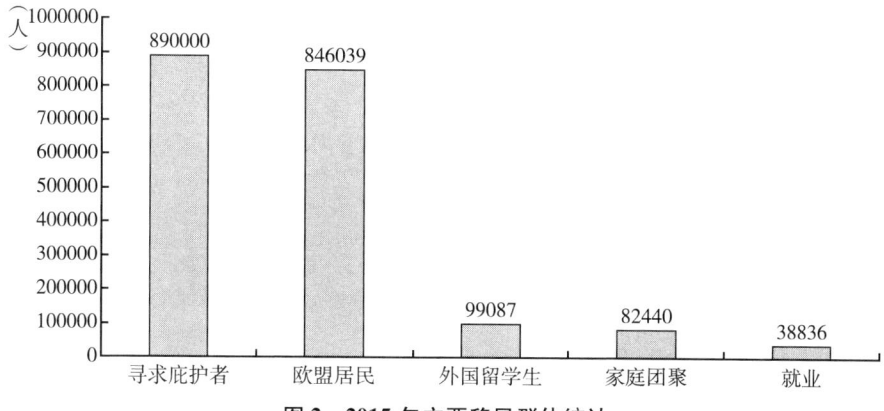

图 2　2015 年主要移民群体统计

联邦移民与难民署（das Bundesamt für Migration und Flüchtlinge）：Migrationsbericht 2015.，https：//www.bmi.bund.de/SharedDocs/downloads/DE/publikationen/2016/migrationsbericht－2015.pdf？＿＿blob=publicationFile&v=4。

二　难民数量的持续增长

从 1953 年到 2016 年底，共有 530 万人向德国提出过避难申请，其中的 82.5% 即 437 万份申请是 1990 年后提出的。最近的一波增长，始于 2008 年，申请人数最多的，则是 2015 年和 2016 年，分别占申请总数的 10.8% 和 16.8%。2016 年，在德国提出避难申请的人数达 745545 人，这是从 1953 年德国设立移民与难民署以来的历史最高值。该年度提出避难申请的数量远远大于进入德国的难民数量，这是由于资格审核部门的工作量远远超出了负荷，许多 2015 年进入德国的难民无法在当年提出申请。为了尽快处理堆积如山的申请，联邦移民与难民署雇用了大量的新员工，2016 年全职员工的数量比原来增加了一倍还多。2017 年 1 月至 12 月，联邦移民与难民署共收到 222683 份避难申请，比上年同期下降了 72.5%。[1] 这一数字与进入德国

---

[1] Aktuelle Zahlen zu Asyl，Ausgabe：Dezember 2017，第 4 页，http：//www.bamf.de/SharedDocs/Anlagen/DE/Downloads/Infothek/Statistik/Asyl/aktuelle－zahlen－zu－asyl－dezember－2017.pdf；jsessionid=CA0EEB5AA2541149473D148885909280.1＿cid368？＿＿blob=publicationFile，访问日期：2018 年 3 月 9 日。

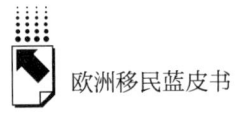

的难民数量基本持平,这说明难民的避难申请流程已经处于正常运作的状态。

从难民的来源国来看,2015年以前向德国提出避难申请的人主要来自科索沃等西巴尔干国家、厄立特里亚等非洲国家和伊拉克、叙利亚等中东国家。随着中东局势的变化,来自叙利亚的避难者人数从2014年开始急剧上升,2015年叙利亚第一次成为德国移民数量最多的第一来源国,进入德国的叙利亚人达到30多万,与上一年相比猛增了403.3%。2017年1~12月,来自叙利亚的初次避难申请继续以48974份位居第一,占申请总数的24.7%,紧随其后的是伊拉克和阿富汗,但来自这两个国家申请数量总和也仅占申请总数的19.4%。①

2015~2017年上半年提出避难申请的人当中,约3/4(76%)的人年龄低于30岁,未成年人比例达44%,只有0.7%的申请者年龄为65岁以上。从性别比例来看2/3的申请者为男性。这主要是由于来自许多国家的难民都必须经过一段漫长而危险的路才能抵达德国。②

据统计,排除申请人自行撤回或申请根据规定被转到其他国家等情况后,2016年收到的避难申请共有62.4%得到了批准,2017年上半年的申请通过率则为53.3%。一旦难民的避难申请被驳回,德国政府首先鼓励其自愿返回祖国,否则难民将被驱逐出境。2017年上半年共有13459名申请者离开了德国,其中相当一部分人都得到了2015(REAG/GARP)计划的资助。③

---

① Aktuelle Zahlen zu Asyl, Ausgabe: Dezember 2017, 第8页, http://www.bamf.de/SharedDocs/Anlagen/DE/Downloads/Infothek/Statistik/Asyl/aktuelle – zahlen – zu – asyl – dezember – 2017.pdf;jsessionid = CA0EEB5AA2541149473D148885909280.1_cid368?__blob = publicationFile,访问日期:2013年3月9日。

② Fakten zur Asylpolitik. 1. Halbjahr 2017. 第2页。https://www.svr – migration.de/wp – content/uploads/2017/08/SVR_Fakten_zur_Asylpolitik.pdf,访问日期:2017年11月9日。

③ "REAG/GARP – Programm 2015" 是 Reintegration and Emigration Programme for Asylum – Seekers in Germany (REAG) 和 Government Assisted Repatriation Programme (GARP) 的缩写,这是国际移民组织受德国内政部和各州相关部门共同委托推行的人道主义项目,其目的是帮助需求庇护者回到祖国,参见 http://www.bamf.de/SharedDocs/MILo – DB/DE/Rueckkehrfoerder ung/Foerderprogramme/Programme REAGGARP/reag – garp – programm.pdf?__blob = publicationFile,访问日期:2017年11月9日。

三 帮助移民融入的措施

随着移民数量的不断增加,尤其是大量难民的不断涌入,德国政府为了帮助移民融入德国社会采取了一系列的措施,最主要的目的是为移民接受继续教育和就业提供条件。

为了更好地掌握近年进入德国的难民的受教育情况,德国就业市场和职业研究所(Institut für Arbeitsmarkt – und Berufsforschung)、联邦劳动局(Bundesagentur für Arbeit)和社会经济调查组织(Infrastruktureinrichtung Sozioökonomisches Panel)于2016年共同组织了针对难民的"IAB – BAMF – SOEP"调查,该调查由柏林德国经济研究所(Deutsches Institut für Wirtschaftsforschung Berlin)和联邦移民与难民署研究中心(Forschungszentrum des Bundesamtes für Migration und Flüchtlinge)合作开展,计划每年进行一次,根据德国外国人登记中心提供的数据对2013年1月1日以后进入德国的18岁以上难民进行随机抽样调查,了解他们及他们的家人在原来国家的受教育情况、在德国接受教育的情况以及他们掌握语言的情况。2016年共对4816名成年人进行了访问,并收集了他们家庭中5717名未成年人的基本资料。为了更好地了解这些难民在德国的融入情况,计划于2017~2018年对被访者进行跟踪调查。根据初次调查的结果,难民的受教育程度呈现两极分化的态势。只有12%的难民拥有大学文凭或拿到了博士学位;40%的被访难民上过中学,其中35%取得了中学毕业证书;近11%的难民只上过小学;还有11%的人称他们从未接受过学校教育。值得一提的是,在学历较低和未上过学的难民中,46%的人都表达了继续求学的强烈意愿。工作经验方面,18岁到65岁的受访者中有73%都宣称有过工作经验,其中30%曾做过工人,25%曾作为一般雇员工作,13%担任过领导职位,这为他们进入德国就业市场提供了良好的基础。

但语言方面的障碍仍不可忽视:虽然有1/4的受访难民能够熟练运用英语,但90%的难民在抵达德国前都不懂德语。就掌握德语的情况看,存在

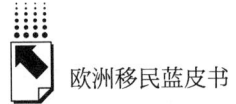

着明显的性别差异：几乎1/4的男性宣称自己能非常熟练或熟练地运用德语，能达到这一水平的女性却只有15%左右。总体而言，语言水平会随着在德国居住的时间增长不断提高，在德国居住满三年的难民中有32%能熟练或非常熟练地掌握德语。① 针对这种情况，上至联邦政府，下到各州和社区，都采取了一系列的措施来帮助难民融入。其中一个重要的任务是帮助难民掌握德语。

从20世纪60年代开始，德国政府就开始在学校为移民子女提供语言方面的专门项目，但当时的方法是将来自同一国家或说相同语言的移民儿童单独安排在同一个班级里学习，但很快这样的班级就逐渐在各个联邦州都被取消了。这一方面是由于德国政界对移民的认识发生了变化，不再将客籍劳工和他们的家人视为一段时间后便会离开的"客人"；另一方面移民的数量增长和来源的多样化也使这种措施变得无法实践：单独开设的班级无法覆盖所有母语语种。目前，德国中小学针对移民儿童的语言课程设置虽然根据儿童的年龄、班级及学生的构成等情况有不同的操作模式，但其共同的指导思想是帮助移民儿童尽快适应并进入常规的学校教育体系。因此学校不为移民儿童提供双语或多语课程，而是重视让孩子尽快掌握德语。具体操作方式可以是在正常课程外为移民儿童提供特别的语言培训，也可以是安排所有语言水平较差的学生一起接收额外的辅导。以黑森州为例，小学会在入学时对所有孩子的阅读和写作能力进行测试，并将测试的结果作为分班的依据。这是因为虽然移民儿童在口语表达方面不如以德语为母语或第二语言的孩子，但所有孩子都是刚刚开始学习书面语言。这样做的好处是移民儿童一开始就在常规班级里与其他孩子一起学习，有利于他们迅速融入德国的教育体系。②

随着近两年来移民数量的大幅增长，德国政府开始着手为年龄更小的孩子提供语言方面的帮助。2016年初，德国联邦家庭、老人、妇女和青年事

---

① Herbert Brücker, Nina Rother und Jürgen Schupp. IAB – BAMF – SOEP – Befragung von Geflüchteten 2016：Studiendesign, Felderergebnisse sowie Analysen zu schulischer wie beruflicher Qualifikation, Sprachkenntnissen sowie kognitiven Potenzialen.

② 参见 Mona Massumi et al., Neu zugewanderte Kinder und JugendlicheimdeutschenSchulsystem。

务部开始推动"语言从托儿所开始：因为语言是通向世界的钥匙（Sprach-Kitas：Weil Sprache der Schlüsselzur Welt ist）"项目，该项目计划实施三年，每年投入经费1亿欧元，受惠群体是来自教育水平偏低和有移民背景家庭的孩子，项目结合日常生活帮助这些孩子学习德语，并将它作为儿童日托课程的固定组成部分。[1]

由德国联邦政府出资、联邦移民与难民署组织的"融入课程"是针对成年移民的核心项目。一般性的"融入课程"平均由100个学时的导向课程和600学时的语言课程构成。已经取得中学或职业培训毕业证书的移民，可以选择430个学时的强化课程（30个学时的导向课程+400个学时的语言课程）。此外还有专门针对文盲、妇女、父母、青少年等人群的融入课程，以及专门进行语言培训的课程（900个学时）。[2] 仅2016年，就开设了2万门与移民融入相关的课程。从2005年到2016年，共有166万人开始参加融入课程，完成课程的人数在94万左右。负责提供课程的机构包括教会组织、国际协会、社区机构、语言学校等，开设课程最多的是业余大学，占全部课程的31.4%。[3]

为了帮助移民进入就业市场，从2007年开始，由欧洲社会基金（der Europäische Fond）资助、联邦移民与难民署负责执行的ESF-BAMF项目开始运作。这个项目最重要的组成部分是与职业相关的德语课程。对已经完成语言课程的参加者，只要攻读了包含求职知识培训、专业知识课程和电子数据处理等内容的专业课程，再完成相关的实习和参观企业项目，即可获得资格认证。[4] 2015年推出的职业德语推广项目（Berufsbezogene Deutschsprachförderung）针对

---

[1] 参见 https：//sprach-kitas.fruehe-chancen.de，访问日期：2017年11月9日。

[2] Inhalt und Ablauf der Integrationskurse. http：//www.bamf.de/DE/Willkommen/DeutschLernen/Integrationskurse/InhaltAblauf/inhaltablauf-node.html，访问日期：2017年11月9日。

[3] Integrationskursgeschäftsstatistik für das Jahr 2016 (bundesweit) . 第3页. https：//www.bamf.de/SharedDocs/Anlagen/DE/Downloads/Infothek/Statistik/Integration/2016/2016 - integrationskursgeschaeftsstatistik - gesamt_ bund. pdf?_ _ blob = publicationFile，访问日期：2017年11月9日。

[4] Das ESF - BAMF - Programm. http：//www.bamf.de/DE/Willkommen/DeutschLernen/DeutschBeruf/Deutschberuf - esf/deutschberuf - esf - node.html，访问日期：2017年11月9日。

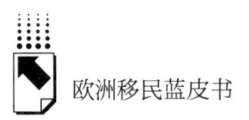

的是无法通过融入课程达到 B1 语言水平的移民或需要取得职业资格认证的移民，与 ESF-BAMF 项目相比，它在 300 个学时的基础模块之上提供了针对不同职业的专业模块，因此能更好地满足个人的不同需求。①

从 2005 年开始，德国联邦和各州便通过福利机构为成年移民提供个性化的咨询服务（Migrationsberatung für erwachsene Zuwanderer，MBE）。为了解咨询服务的效果，2015 年联邦移民与难民署对来自 98 个不同国家的 1200 多名咨询者进行了访问，了解了他们的语言水平、就业情况和生活状况，并对 12 名咨询顾问进行了质性访谈，在此基础上就 MBE 服务取得的成效和存在的不足进行了总结。② 此外，德国联邦家庭、老人、妇女和青年事务部为 12 岁到 27 岁的青少年和青年人提供咨询，这主要是通过与学校、培训机构等组织的合作开展。

德国联邦政府、各州和社区还推出了大量帮助移民融入社会生活的项目，例如专门为妇女开设的课程、专门针对移民的体育项目、鼓励移民参与志愿活动的项目等。这些项目为德国居民与移民创造了相互接触的机会，有助于他们相互增强理解、消除偏见。

四 移民带来的机遇、挑战及其应对

德国基金会融入与移民顾问委员会（Sachverständigenrat deutscher Stiftungen für Integration und Migration，SVR）是 2008 年由八个基金会共同倡议成立的独立研究机构，从 2010 年开始，每年上半年委员会都会发布一份关于融入和移民的年度报告，对该年度的移民情况进行总结。2017 年度报

---

① Berufsbezogene Deutschsprachförderung. http：//www. bamf. de/DE/Willkommen/DeutschLernen/ DeutschBeruf/Bundesprogramm - 45a/bundesprogramm - 45a - node. html，访问日期：2017 年 11 月 9 日。

② Lisa Brandt et al. Zehn Jahre Migrations - beratung für erwachsene Zuwanderer (MBE). http：//www. bamf. de/SharedDocs/Anlagen/DE/Publikationen/Forschungsberichte/fb25 - migrationsberatung. pdf?__blob = publicationFile，访问日期：2017 年 11 月 9 日。

告的标题是"危机中的机遇：德国和欧洲难民政策的未来"。① 与许多其他欧洲国家一样，德国的本国人口总数长期持续下降，社会的老龄化程度不断提高，因此移民的输入从人口和经济发展的角度符合德国的国家利益。从长远来看，移民的加入可以缓解德国的老龄化趋势，提供大量青壮年劳动力，拉动经济增长和本国人就业，因此移民对德国的发展有着重要的意义。

由于德国的移民政策宽松，提供的待遇优厚，大量的移民，尤其是难民将德国视为首选的目的地。欧洲难民危机爆发后，德国发挥了重要的带头作用，其标志性事件是2015年9月默克尔以"欢迎文化"和"我们做得到"的口号向滞留匈牙利的数千难民开放边境，她表示德国不会对申请避难者人数设限，而叙利亚难民具有优先避难权。② 自此，来自中东、中亚和非洲的难民源源不断地涌入德国，许多问题也随之显现。2015年新年夜，德国多个城市发生抢劫、盗窃和袭击事件，之后德国的移民和难民问题受到空前关注。2016年德国第二电视台的"政治晴雨表"调查、德国趋势调查等权威民意调查的结果显示，大量德国民众对难民问题持悲观态度。他们认为德国联邦政府已经失去对移民问题的掌控，难民危机将给德国造成沉重的经济负担，难民将威胁德国文化和社会价值观。③ 德国国内的排外情绪迅速滋长，暴力攻击明显增加，仅2017年1~7月，阿玛窦·安东尼奥基金会（AmadeuAntonioStiftung）就在其门户网站"鼓起勇气对抗右翼暴力（MutgegenrechteGewalt）"上统计到419宗针对难民的暴力袭击事件，其中包括纵火、身体伤害等攻击。④ 面对这一困境，德国政府必须对其难民政策

---

① Chancen in der Krise：ZurZukunft der Flüchtlingspolitikin Deutschland und Europa. Jahresgutachten 2017. https：//www. svr‑migration. de/wp‑content/uploads/2017/10/SVR_ Jahresgutachten_ 2017. pdf，访问日期：2017年11月9日。
② 鲍永玲：《难民危机背景下德国政党生态的新演进》，《国际论坛》2016年第18卷第6期，第72页。
③ 鲍永玲：《难民危机背景下德国政党生态的新演进》，《国际论坛》2016年第18卷第6期，第72~73页。
④ Fakten zur Asylpolitik. 1. Halbjahr 2017. 第8页. https：//www. svr‑migration. de/wp‑content/uploads/2017/08/SVR_ Fakten_ zur_ Asylpolitik. pdf，访问日期：2017年11月9日。

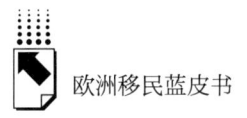

进行及时的调整,一方面控制难民的继续涌入,另一方面帮助移民尽快融入德国社会。

在欧洲应对难民危机过程中,德国一直呼吁欧盟团结、制定统一政策,共担接收难民的责任,同时强调与其他国家合作,以消除难民危机产生的根源,并积极推动欧盟与土耳其等国家加强合作控制难民潮。2017年进入欧洲的难民数量与前一年相比有了较大幅度的下降,其中的一个重要原因是2016年3月欧盟与土耳其达成解决难民危机的"九点协议"。该协议的核心内容是遣返和安置相结合的机制:通过非法途径抵达希腊的难民如果未提出避难申请,或一旦其申请被判定为不合理或不可信的,将被遣返至土耳其;作为交换,每遣返一名难民,欧盟就将一名生活在土耳其的叙利亚难民安置到欧盟国家。[1] 许多人将这个协议称为一次"交易"(deal),并对此持批判态度。他们质疑希腊相关部门做出裁决前是否对难民的申请进行了彻底的审查,也担心土耳其无法给难民提供良好的生活条件。这些疑虑虽然不无道理,但"安置"机制为移民政策的改革提供了新的思路。根据现有法律,只有通过非正常渠道抵达欧洲的人才有权利申请庇护,这意味着不冒着生命危险踏上危险的偷渡旅程,就不可能进入欧洲。"安置"机制的引入,使得通过合法途径进入欧洲的人也有机会获得难民身份,从而为妇女、儿童、老人等最需要帮助的人提供了平等的机会,在偷渡过程中不幸丧生的难民数量将有望减少。

2015年9月,欧盟通过难民分配方案,德国和法国是接收难民最多的国家。目前欧盟实施的是中央调控式的重新分配机制:一旦某个国家的难民数量达到配额,则自动将难民重新分配到未完成分配任务的国家。SVR认为可以利用难民继续迁移的意愿来实现难民的分配,它建议有条件地赋予身份已经被认定为难民自由流动的权利。至于要满足何种条件才能获得这一权利,可根据实际情况规定,例如可根据目标国的就业市场需求制定政策吸引

---

[1] 新华网:《欧盟和土耳其达成解决难民危机"九点协议"》,http://news.xinhuanet.com/2016-03/19/c_1118381777.htm,访问日期:2017年11月9日。

难民进入。①

虽然德国政府已经在移民融入方面投入了大量的财力物力，但随着难民的大批涌入，这项工作仍然任重而道远。由于目前的融入项目主要针对语言培训和职业教育，不少德国人把移民视为劳动市场上的竞争者，担心他们抢走自己的饭碗，分享了社会福利，因此对移民抱有仇视心理，这也是右翼势力重新活跃的原因。为了消除这种偏见，在移民政策和移民管理中应对难民和就业移民进行明确的区分，如果过分强调接收难民与就业的关系，一旦出现劳动力的饱和，难民很容易就会成为众矢之的。德国和其他一些欧盟国家将某些国家列为安全的来源国，为这些国家的人申请避难设置障碍，就是为了传递两重信息：一方面让来自这些国家的人清楚自己没有希望以难民的身份进入德国，另一方面让德国人看到政府对难民的接收并非毫无限制。

协助移民在德国实现就业的措施为移民融入德国社会创造了必要的条件，但仅仅靠语言培训和职业教育，还无法让移民认同德国的社会文化和价值观。2016年新年前夜科隆的大规模性侵事件后，德国政府意识到价值体系的宣传教育跟就业培训一样重要，因此将融入课程里的导向课课时从60提高到了100。② 但实际上，价值观的传播是无法通过课程实现的，只有移民真正融入社会中，在日常生活中体会并实践特定的价值观后，才能真正将其内化。但恰恰在大批难民刚刚进入德国的最近两年，德国民众的排外言论和行动都有不断升级的态势，这非常不利于难民认同德国的社会文化，因此政府部门应加大力度打击针对难民的犯罪行为，为他们的融入创造良好的条件。为了避免难民大量涌入大城市，德国规定他们入境后的前三年只能居住在指定的地点。接收难民的社区应该充分利用这三年的时间，让他们无论是在居住还是工作方面都融入社区当中。在实现安居乐业后，还可以引导他们

---

① Die neunKernbotschaften des Jahresgutachtens 2017. https：//www.svr‑migration.de/wp‑content/uploads/2017/04/SVR_ Jahresgutachten_ 2017_ Kernbotschaften.pdf，访问日期：2017年11月9日，第14页。

② Die neunKernbotschaften des Jahresgutachtens 2017. https：//www.svr‑migration.de/wp‑content/uploads/2017/04/SVR_ Jahresgutachten_ 2017_ Kernbotschaften.pdf，访问日期：2017年11月9日，第17页。

参与其他社会活动,例如参与志愿者服务。

当然,学习德语和接受教育对移民的融入来说同样重要。与为移民设置特殊的课程和项目相比,对现有的教育和培训体系进行改革是更好的方法。这一方面是为了避免种族和社会的分化,另一方面德国现有的职业教育体系已经被证实是完善有效的了。根据移民的具体情况,可以对职业教育模式进行一些调整,例如降低门槛,分级为移民提供学习的机会。此外还可以参考博洛尼亚进程的模式,将职业教育分为基础阶段和专业阶段,这种标准化的模式有利于对取得的学习成果进行认定,提高移民的积极性。职业资格认证也可以参照这一思路,不需要为难民制定专门的认证体系,只需要制定统一可信的标准来认定工作经验等非正式的工作资质即可。

总而言之,移民的融入是一个漫长的过程,它既需要移民自身的努力,也需要接收国政府和社会各界的共同参与,德国必须根据实际情况的变化不断调整难民接收和管理的相关规定,努力帮助移民融入德国社会,为经济社会发展做出贡献。

五 结语

作为已经有很长历史的移民输入国,德国的移民政策和移民管理的经验对世界各国具有重要的借鉴意义。近年来,德国净迁入移民的数量呈持续上升态势,而其构成则呈现多样化趋势。在近期的欧洲难民危机中,德国由于其开放的态度和宽松的政策成为难民首选的目标国家。此外,德国对欧盟其他国家的居民和外国留学生也有着强大的吸引力。无论以何种途径进入德国,这些移民的共同特点是年纪较轻,并希望能在德国长期生活,这给德国社会的发展带来了新的机遇和挑战。

德国在移民融入方面的重点一直是帮助移民学习语言和完成职业培训。随着难民的大量涌入,德国加大了这方面的投入,其政策也呈现新的特点。一方面,充分利用现有的教育体系为移民提供语言培训和职业教育,这既可以提高效率、节省开支,又能够保证移民尽快地适应德国的教育方法,为进入就业市场提供保证。另一方面，移民课程的内容不再局限于与就业相关的内容，致力于向新移民传播德国文化和社会价值观，具体措施包括丰富融入项目的内容，扩大受惠人群的范围。

从 2017 年的数据来看，进入德国的难民数量有所减少，难民危机给德国带来的冲击有望缓解，但如何对大批移民，尤其是难民进行安置、培训，仍将是一个艰巨的长期性任务，移民带来的社会问题、国内右翼势力的抬头等，都是德国需要克服的挑战，因此仍需要对移民接收和管理政策不断进行调整，既加强与其他国家的合作，又推动全体国民的参与，最终实现德国社会的和谐发展。

B.9
马克龙时代法国难民政策分析

王 牧*

摘 要： 自2015年夏以来愈演愈烈的"难民潮"给欧洲社会与政坛带来了巨大冲击。2017年新当选的法国总统埃马纽埃尔·马克龙以"全面改革"为口号，试图在难民问题的处理上表现出新的姿态。本文将首先论述法国政府自解散"丛林"之后所采取的难民政策以及所面临的艰难处境；其次以法国与意大利因难民问题而引起的边境争端为出发点，进一步探讨马克龙政府对待难民问题的态度和立场；最后本文将深入剖析从马克龙竞选之初到当选之后关于解决"难民危机"的主张与计划，并联系正在进行的法国《移民法》改革，揭示法国新政府难民政策的走向和影响。

关键词： 马克龙 难民潮 难民政策

2017年5月7日，法国新一任总统大选落下帷幕，埃马纽埃尔·马克龙（Emmanuel Macron）领导前进党①力挫国民阵线候选人玛丽·勒庞（Marine Le Pen），当选为新一任法国总统。面对复杂的国内、国际形势，加之执政时间尚短、经验尚浅，马克龙政府在各方面的政策都表现出模糊

---

* 王牧，女，湖南湘潭人，博士、副教授，广东外语外贸大学西方语言文化学院。主要研究方向为法国语言文学、国别研究。
① 法国前进党（En Marche，EM）建立于2016年1月马克龙宣布竞选之时，2017年5月改名为"前进共和国"（La République En Marche，LaREM）。

性和不稳定性。关于难民的接待和安置问题,马克龙当选之后出台的相关政策和法令体现了他对待难民问题的两个基本立场:一方面,马克龙多次宣称接待难民对于包括法国在内的欧洲国家而言是一种"义务",他关于移民的"机会论"和"荣誉论"秉承了法国一向引以为荣的"博爱"和"慷慨"的传统,与此同时,他坚持移民政策的"世俗化"与"平等"原则,因而获得了大多数民众的支持;另一方面,他要求对不符合条件的难民立刻遣送出境,同时严格区分难民身份,提高入籍申请"门槛",甚至对救助难民的个人和组织实施法律惩戒,诸多具体法令的出台都表示出法国新政府的"自我保护"倾向。因此,马克龙的难民政策既有对法国传统价值观和"共和国原则"的延续和坚持,也表明了其"实用主义"和"保护主义"的立场。本文将聚焦法国难民现状,考量现行的有关难民安置的政策与法令,对新一届法国政府的难民政策走向和影响做出相应的分析与预测。

一 "丛林"撤除之后的难民安置问题

法国北部离英国最近的港口城市加莱(CALAIS)在 2016 年 10 月之前是欧洲最大的难民营"丛林"(JUNGLE)的所在地。这里聚集了来自苏丹、叙利亚、厄立特里亚、阿富汗等多国难民。自 20 世纪 90 年代,难民们来到加莱,希望以此为中转站去往福利条件更好、工作机会更多的英国。现在的"丛林"始建于 2015 年初,当时的政府决定将散落各处的非法占地居留者集中起来,将他们暂时安置在城市周围。然而,随着难民的不断聚集,"丛林"难民营引起了治安、卫生等诸多问题,成为政府的"烫手山芋",在国际上也变得声名狼藉。2016 年 10 月 24 日到 27 日法国政府实行强制措施,对当地的难民营进行拆除,"丛林"自此解散。按照政府计划,从 8 月末开始,在自愿的原则下将难民送往各地的"接待和指导中心"(Centres d'Accueil et d'Orientations,CAO),在那里难民可以提交避难申请,等待政府的审核。对于拒绝迁移、继续滞留在加莱的难民,则

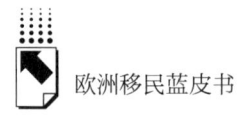

将很快被遣返。根据当时的内政部部长贝尔纳·卡泽诺夫（Bernard Cazeneuve）的提议，政府将把从加莱撤离的难民分散到法国各省，但是各地的接待中心位置紧缺，虽然法国政府努力增加难民安置点，但各个城市仍然"不堪重负"。

"丛林"覆灭之后，出现了一系列新的问题。第一，"丛林"曾有8000多人常驻，最高峰达到1万多人，但是2016年10月政府疏散难民时，只安排了大约4000人前往各地的接待中心，其他人滞留在当地或者继续流亡。① 第二，滞留人员的生活环境简陋，进入当地的无国界医生希望与加莱市长达成协议以改善当地难民的生活条件，提供最低生活保障，如饮用水、食物和卫生用品，并允许人们自由地进入和离开。第三，在敦刻尔克附近的格朗德桑特（Grande-Synthe）难民营到2015年10月共计有约800名难民，而2016年1月激增至2500人，其中很多是年幼的孩子和他们的家人。这个难民营很像"丛林"，但是条件更为简陋。随着"丛林"的拆除，格朗德桑特变得愈加拥挤和混乱，新建的营地"亚麻田"（la Linière）2017年4月10日到11日发生了火灾，使得救援物资供应更加紧张②。第四，"丛林"拆除之后，难民们涌入了各省的接待中心，因为位置有限，很多人不得不在中心周围搭建简陋的住所，甚至露宿街头，引起当地的治安和卫生问题。第五，"丛林"中原居住了近千名无家可归的外国矿工，2016年将近34000名矿工来到欧洲，他们主要来自厄立特里亚、阿富汗、尼日利亚和冈比亚等国，他们中的很多人和难民一样无家可归，生活没有着落。

在坚决拆除了"丛林"难民营之后，面对棘手的难民和外来矿工安置问题，法国政府采取了一系列相应措施。首先，加莱地方政府提出和英国建立"人道主义通道"来接待难民家庭，尤其是难民儿童。"丛林"解散之

---

① 《法国着手拆除加莱丛林难民营，4000移民已被安置》，腾讯新闻，2016年10月26日，http://news.qq.com/a/20161026/010011.htm。

② "Incendie au camp de Grande-Synthe：《Il faut une vraie volonté d'accueillir》"，2017-04-11，http://www.rfi.fr/emission/20170411-grande-synthe-le-camp-migrants-ravage-incendie-apres-une-rixe.

后，滞留在当地有近千名无人陪伴的儿童，法国希望继续加强与欧盟成员国之间的合作与协调，共同解决难民的庇护申请和接收问题，并要求重新协商《图凯条约》（Accords du Tourquet）①，但是各国基于本国利益而做出的反应并不一致，使得救援和安置工作进展缓慢。其次，政府允许无国界医生进入格朗德桑特营地，并支付3900万欧元用于营地的日常运作，并指定由"法兰德斯儿童、青年和融入协会"（Association des Flandres pour l'Enfance, la Jeunesse et l'Insertion, l'AFEJI）作为营地管理者。② 同时，法国政府在各地建立了"移民紧急安置中心"（Centre d'hébergement d'urgence pour migrants）和"接待与指导中心"（Centre d'accueil et d'orientation, CAO），为难民提供基本生活设施及救援物资。但是这些机构的申请条件相对严格，且位置有限，无法容纳不断涌来的申请者，不得不将相当数量的难民拒之门外。最后，在巨大的接待和救援压力下，政府允许社会组织和民众提供对难民的援助，但是具体政策并不稳定，各地实行的法令也并不一致。2017年3月22日，里尔行政法庭取消了加莱市长旨在阻挠各人道主义组织向滞留难民发放食物的禁令，这是第二次法院做出裁定取消限制帮助难民的市政命③。另外，近千名非洲和阿富汗难民露宿在巴黎周边及市内的大街小巷，5月3日，人道主义组织Utopia 56号召法国民众打开大门收留难民④，这一号召也得到巴黎政府的默许。与此同时，法国政府表明了治理非法难民的决心。新一任内政部部长热拉尔·哥伦布（Gérard Collomb）2017年5月宣布向加莱

---

① 《图凯条约》是法国和英国签订的关于控制双方芒什海峡海域港口边境的条约，2003年2月4日签订，2004年2月1日实行，在2017年法国总统大选期间，马克龙提出重签协议有关条约，尤其是关于矿工安置问题。
② "Impasse des réfugiés en France"，2017 – 08 – 03，http：//www. msf. fr/actualite/dossiers/impasse – refugies – en – france.
③ "À Calais, la justice autorise les associations à donner à manger aux migrants"，2017 – 03 – 23，http：//www. la – croix. com/France/Immigration/A – Calais – justice – autorise – associations – donner – manger – migrants – 2017 – 03 – 22 – 1200833922.
④ "Migrants : le réseau d'hébergement citoyen s'étoffe"，2017 – 05 – 09，http：//www. lemonde. fr/immigration – et – diversite/article/2017/05/09/migrants – le – reseau – d – hebergement – citoyen – s – etoffe_ 5124741_ 1654200. html.

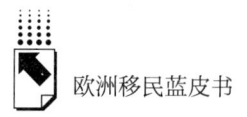

增派超过150名警察和宪兵,他宣称要避免加莱再次成为移民聚集点,坚决阻止"丛林"的再次建立。①

二 法国政府对法意边境的难民管理

从2011年开始,中东和非洲的政治动荡使得欧洲的移民数量逐年增加。尤其是从2015年夏天开始,因为战乱和"伊斯兰国"的恐怖活动,叙利亚、利比亚等中东和北非地区国家成为欧洲"难民潮"的主要来源地。地中海由于地处欧洲和非洲大陆之间,一直是非法移民进入欧洲腹地的重灾区。目前,地中海中部海域是叙利亚、伊拉克、厄立特里亚、埃及和索马里等国难民最常穿越的通道,也是最致命的偷渡路线。意大利则是该条通道上非法移民登陆欧洲,前往法国、德国、英国和北欧等的主要中转站。据统计,2016年1月1日到5月24日,1398名偷渡者丧生于地中海;而2017年同一时间段,60521人通过地中海来到欧洲,其中1530人遇难,之后,超过80%的幸存者进入意大利境内(见表1)。

表1 2016年1月1日至5月24日和2017年同期从地中海进入意大利、希腊、塞浦路斯和西班牙的难民数量与死亡人数统计

国家	2017年1月1日至5月24日		2016年1月1日至5月24日	
	到达(人)	遇难(人)	到达(人)	遇难(人)
意大利	50267	1442(地中海中部)	36184	982(地中海中部)
希腊	6667	37(地中海以东)	156156	376(地中海以东)
塞浦路斯	273	—	345	—
西班牙	3314	51(地中海以西)	648	40(地中海以西)
总计	60521	1530	193333	1398

资料来源:l'OIM, l'Organisme International des Migrations(国际移民组织)。①

---

① "Le ministre de l'intérieur envoie des policiers supplémentaires à Calais et adopte une ligne dure anti-migrants", 2017 – 05 – 06, http://www.lemonde.fr/immigration – et – diversite/article/2017/06/05/le – ministre – de – l – interieur – envoie – des – policiers – supplementaires – a – calais – et – adopte – une – ligne – dure – anti – migrants_ 5139128_ 1654200. html.

对于不断涌入的难民，马克龙"自我保护"的立场十分明确。第一，他提议重申 2013 年修订的《都柏林条约》（*Règlement Dublin Ⅲ*）[②]，要求各国对初次抵达其境内的难民负责，其实就是主张意大利应当对从地中海抵达其港口的难民承担收容、接待和审查等一系列责任，而不是任由他们从边境进入法国。法国重新开始对无须检查的"申根国家"进行边境控制，这一措施主要是针对在意大利登陆的突尼斯和利比亚难民。同时，政府严格控制入境者，并增加了 5000 名边境警察，以组织意大利境内的非法难民进入法国。第二，政府承诺尽快安置从地中海而来的难民，对于被德国拒绝的阿富汗难民，和集中在东部地区来自阿尔巴尼亚的难民，政府将提供居所；对于从希腊和意大利中转而来的黎巴嫩、约旦等国的难民，新总统承诺在六个月之内由指定机构，即"法国保护难民和无国籍者办公室"（l'Ofpra, Office français de protection des réfugiés et apatrides）完成对其避难申请的审查。第三，对于条件不符合的难民，马克龙承诺将尽快地将他们送回边境，这一主张直接导致了法国与意大利之间的矛盾。因为法意边境聚集了数量庞大的难民，他们经过地中海，从意大利登陆，目的是越过边境去往其他西欧发达国家。而法国政府对难民的遭返边境政策事实上就是将难民送回意大利边境，让其独自承担来自地中海的难民潮压力。第四，包括法国在内的其他欧洲国家也都对从意大利而来的难民采取了"闭门"政策。法国、瑞士、奥地利都关闭了他们和意大利的边境，法国甚至增加边境警察严格控制从意大利入境的外国人。并且，西班牙、法国、挪威、德国、瑞典的无政府组织一直以

---

① International Organization for Migration. https：//www. google. fr/search？q =％C3％A9volution + de + la + situation + dans + la + m％C3％A9diterran％C3％A9e&source = lnms&tbm = isch&sa = X&ved = 0ahUKEwiT76uPgPfXAhXEipQKHZVWBfkQ_ AUICigB&biw = 1366&bih = 574#imgrc = JUw8JEiFTXQdmM.

② 《都柏林条约》，又称《欧洲议会与欧洲参议院第 604 号条约》，2013 年 6 月 26 日签订，是欧盟国家签订的关于《避难法》的一个补充文件，指定了难民在《日内瓦公约》规定下寻求政治避难的申请流程。目的是理清哪个欧盟成员国负责特定的寻求避难者，并确保至少一个成员国处理申请。《都柏林协议》一共有三个：第一版是 1990 年由欧盟各国签订的《都柏林公约》（*La Convention de Dublin*），第二版（*Le règlement Dublin Ⅱ*）2003 年签订；第三版（*Le règlement Dublin Ⅲ*）是 2013 年修订的。

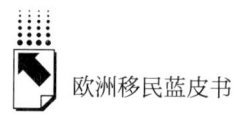

来都将来自利比亚的难民船只停靠在意大利的港口。法国及邻国的反映，不仅引起了政府之间的矛盾，也激发了意大利民众的不满。在他们眼中，法国总统筑起了一堵墙，一堵"马克龙之墙"①，保护了法国，却对意大利的危难"袖手旁观"。

从法国的角度，马克龙政府在坚持保护"法国利益"的前提下，一直试图与意大利、德国、西班牙等国进行磋商，希望能够解决地中海非法难民的安置和遣返问题。但显然，在各自利益的屏障下，马克龙的努力并没有使意大利政府和民众满意。2017年7月初，法国、意大利和德国的内政部部长们召开了一次"小型峰会"，就移民问题进行协商，意大利的媒体在会议结束后一致对"不了了之"的结果表示了失望。紧接着，在爱沙尼亚的塔林会议上，马克龙表示法国将接受从意大利入境的政治难民，但是对于其他难民，他没有表态，意大利的媒体将其态度解读为"不接受"②。2017年8月28日在法国举行了"四国峰会"（法国、意大利、德国、西班牙），主要议题之一就是难民危机，但是因为各国的利益分歧，这次会议也并没有取得关键性的进展。③

面对难民危机，虽然意大利媒体对马克龙关闭法意边境的做法提出了广泛的批评，但是意大利的民众却希望政府能够实施"马克龙式"的边境防御措施，其原因是显而易见的：首先，意大利几乎要承担大半来自西亚和非洲的难民入境以及之后的安置责任。其次，因为难民的数量巨大，政府缺乏资金和设施将其妥善安置，由此引起了环境、卫生、治安等一系列问题。再次，很多难民真正的目的是去往法国、德国、瑞士和瑞典等更为发达的欧洲

---

① "Les Italiens rêvent d'un Macron contre l'immgration", 2017 - 07 - 06, http：//www.dreuz.info/2017/07/06/les - italiens - revent - dun - macron - contre - limmigration - que - leur - ont - dit - leurs - medias/comment - page - 1/.

② "Vu de l'Italie, sur la question des immigrants, Macron nous laisse seul", 2017 - 07 - 04, https：//www.courrierinternational.com/article/vu - ditalie - sur - la - question - des - migrants - macron - nous - laisse - seuls.

③ "La France organisera un 'G4' avec l'Espagne, l'Allemagne, l'Italie fin août", 2017 - 07 - 29, http：//www.leparisien.fr/politique/la - france - organisera - un - g4 - avec - l - espagne - l - allemagne - et - l - italie - fin - aout - 29 - 07 - 2017 - 7164174.php.

国家，他们并没有将意大利当作自己将要长期生活和融入的地方，意大利的媒体近来不断报道难民引起的骚乱和暴力事件，更让本地居民感到恐惧和愤慨。最后，在巨大的移民压力之下，意大利国内也面临严重的金融危机，而联合国与欧盟所提供的财政援助只能是"杯水车薪"。2015 年，欧洲理事会以"避难、移民与融入基金会"的名义向意大利提供了一笔 1 亿 3500 欧元的援助，2017 年 6 月 29 日，欧洲理事会确认将为接待难民的国家继续提供经济援助，但是联合国的款项却并非全部给予意大利政府，有相当大的部分给了各种无政府组织和人道主义机构。①

一方面是国内危机和民众的不满，另一方面是法国及邻国的"爱莫能助"，在此形势下，意大利政府对难民的态度也发生了转变。8 月 2 日，一艘德国无政府组织的救援船被意大利巡逻兵拦截在利比亚海域。有人提议让难民船转向法国，但显然，法国并不会接受意大利的安排。② 在此前召开的意大利、法国、德国部长参加的预备会议中，各国之间的商议也并不顺利，最终没有达成明确的协议，尤其是关于法意边境的难民问题。③ 各方推诿的结果让地中海上漂流的难民前途变得愈加迷茫。

三 马克龙对难民的"接待"与"控制"主张

2017 年 1 月，作为总统候选人的马克龙访问柏林，他与德国副总理西格玛·加布里埃尔（Sigmar Gabriel）进行了会谈，明确地表明了法国对待

---

① "La Commission européenne prête main forte à l'Italie pour faire face à la pression migratoire qui s'exerce sur Lampedusa"，2015 - 02 - 19，http：//europa. eu/rapid/press - release_ IP - 15 - 4453_ fr. htm.
② "Migrants：l'Italie passe à l'action pour limiter les arrivées"，2017 - 08 - 02，http：//www. leparisien. fr/societe/migrants - l - italie - passe - a - l - action - pour - limiter - les - arrivees - 02 - 08 - 2017 - 7172403. php.
③ "L'Union européenne solidaire avec l'Italie sur la question des migrants，mais sans solution. Jean - Pierre Stroobants"，2017 - 07 - 01，http：//www. lemonde. fr/europe/article/2017/07/01/l - union - europeenne - solidaire - avec - l - italie - sur - la - question - des - migrants - mais - sans - solution_ 5154256_ 3214. html.

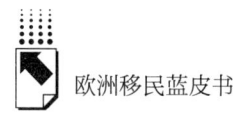

难民问题的基本立场。其一,他对默克尔的难民接待政策表示赞同,并在去柏林的途中会见了德国难民代表。其二,他在柏林访问期间不断地重复对于难民的基本划分,他强调:"把恐怖分子和难民,还有其他形式的移民混淆在一起是一个认识上的错误,是历史和政治深层次的错误。"① 其三,马克龙建议修订《都柏林协议》相关内容,主张欧盟对到达的难民负责。他认为,面对难民潮,欧洲并没有做出应该的反应;他表态,接待难民,尤其获得政治避难身份的难民是欧盟各国的义务。其四,马克龙建议签订关于没有被允许进入欧盟的难民遣返协议。同时,他呼吁在安全防卫方面,加强欧洲的合作,建立持续的国防基金,以保证难民回流能够有序进行。

2017年4月,在与玛丽·勒庞针锋相对的竞选过程中,对于"国民阵线"主张只接受申请者向其来源国的法国大使馆或领馆提出的避难申请,马克龙和《论坛》(*La Tribune*)的记者谈到了他关于"避难法"的几点建议:首先,他指出:"法国应当坚持历史的传统,承担接待难民的合理责任,同时将没有被接受的难民有效率地送回。"② 其次,他强调有必要对难民申请程序进行改革,希望能够在6周到8周内遣返被拒的难民,这项提议限制了整个难民审核及安置程序必须在6个月当中完成。随后,他建议委托"法国保护难民和无国籍者办公室"(l'Office français de protection des réfugiés et des apatrides, l'Ofpra)在第一时间处理经由各渠道进入法国领土的难民安置事务。最后,为了进一步提高效率,他提议分散权力,允许由各个接待中心直接做出接受或遣返难民的决定。

2017年7月,当选总统两个月之后,马克龙在奥尔良发表公开讲话,明确表示了新政府对难民问题的态度,并提出了具体的政策计划。在此之前,他访问了临时安置中心的难民家庭,也以非正式的身份参加了当地的难

---

① "Accueil des réfugiés, un devoir pour Macron", 2017 – 01 – 10, http://www.leparisien.fr/elections/presidentielle/candidats – et – programmes/accueil – des – refugies – un – devoir – pour – macron – 10 – 01 – 2017 – 6550497.php.

② "Présidentielle 2017: que proposent Le Pen et Macron en matière de l'immigration", 2017 – 04 – 26, http://www.latribune.fr/economie/presidentielle – 2017/presidentielle – 2017 – que – proposent – le – pen – et – macron – en – matiere – d – immigration – 696877.html.

民入籍仪式，并声称："我们的挑战是宣扬人道主义。"① 关于具体政策，他提出了政府工作的几点计划：第一，法国即使面临巨大压力也要坚持多民族、多文化的共同发展路线，尽量对移民提供保护与安置，同时必须严格区分政治难民和经济移民。第二，主张和欧盟国家一起对难民问题从源头上进行处理，提议与利比亚、尼日尔、乍得等国进行协商，并对其进行一定的经济援助，避免难民冒险偷渡到欧洲。第三，确保已经入境的难民得到有尊严的安置，在此之前，政府刚刚清理了巴黎18区的"莎贝尔营地"（Chapelle），将无法容身的难民送往其他省的"接待中心"。为了适应紧急的局势，政府7月中提出议案，到2019年要再提供12000个位置给申请避难者。第四，强调"融入"能力是入籍的关键，规定申请者必须达到B1或以上水平才允许入籍，主张优先引进企业投资人、学者、艺术家，并且简化硕士文凭以上的大学生就业手续。而在所有的提议中，都没有对移民的民族、语言、宗教进行限制。最后，新总统号召政府和各救援组织行动起来，共同解决难民问题，建立"人道主义走廊"，避免难民继续通过地中海的"死亡之旅"来到法国。

目前，马克龙当选已经过去了半年时间，随着内阁的组成和国内政局的基本稳定，马克龙雄心勃勃地开始了他在竞选中承诺的"全面改革"。继《劳动法》改革政策的出台，9月马克龙就政府即将进行的《移民法》改革发表了总的路线和原则。第一，他提出"彻底改革《避难法》和移民接待政策"②的口号，并确定新的相关政策将从2018年第一个季度开始实施。第二，马克龙明确表示此次改革将效仿戴高乐总统1945年11月2日颁布的新法，建立新的《避难法》及相关法律的基本法。第三，马克龙表示将继承法国对于难民的"接待"传统，在改革中也将继续坚持"自由、平等、

---

① "Emmanuel Macron face au grand défi de l'accueil des réfugiés", 2017 – 07 – 27, http://www.europe1.fr/politique/emmanuel – macron – face – au – grand – defi – de – laccueil – des – refugies – 3398582.

② "Immigration, Emmanuel Macron définit une ligne ferme pour sa future loi", 2017 – 09 – 05, http://www.lepoint.fr/politique/immigration – emmanuel – macron – definit – une – ligne – ferme – pour – sa – future – loi – 05 – 09 – 2017 – 2154778_ 20.php.

博爱"的"共和国精神"。第四,对于避难申请的处理,总统重申了六个月的期限,希望政府提高工作效率,并同时保障申请者的基本权利。马克龙认为,政府目前的难民遣返工作效率太低,提出缩短非法难民居留时间。他甚至提议增加外交官员,专门负责向难民来源国递交资料。第五,马克龙坚持严格区分难民身份,尤其对政治难民和经济移民进行区别,并采取相应政策。第六,内政部确认新法将对现有的"遣返法令"进行修改,将"遣返回首次入境国"改为"护送回来源国"或鼓励"自愿返回"。第七,加强与德国的联盟,两国因为面临同样的危机与困难,因而将更加紧密地合作,解决难民收容和安置问题。法国将以德国现行相关法律为参考,对难民实行更为具体的区分。作为法国难民政策参考模版的德国,曾经在2015年向上百万的难民敞开了大门,但之后,德国采取了严格的难民管理政策。2017年第一季度德国一共遣返难民12545人,相当于法国2016年全年的遣返人数①。

由以上分析可见,马克龙从竞选到当选初期,在表明承担难民接待责任的同时,并非没有条件和限制。实际上,法国政府对待难民的接待和安置一直保持着理性的态度,采取了"控制"和"管理"的手段。据5月16日《世界报》报道,四位六十多岁的退休人员被捕,被尼斯法院处以800欧元的罚金,因为他们在法国和意大利边境帮助藏匿被拒绝入境的厄立特里亚家庭,违反了《避难法》。②5月29日,法国国际新闻网证实戴高乐机场2017年9月底将建立一个拘留区域,附加特别法庭来审理不被接受的外国人入境案件③。因此,法国的边境对于难民来说从来不是一道可以轻易逾越的防线。

---

① "Immigration, Emmanuel Macron définit une ligne ferme pour sa future loi", 2017 – 09 – 05, http://www.lepoint.fr/politique/immigration – emmanuel – macron – definit – une – ligne – ferme – pour – sa – future – loi – 05 – 09 – 2017 – 2154778_ 20. php.

② "Aide aux migrants: amende requise contre quatre retraités", 2017 – 05 – 16, http://www.lemonde.fr/police – justice/article/2017/05/16/aide – au – migrants – amende – requise – contre – quatre – retraites_ 5128613_ 1653578.html.

③ "Migrants jugés à Roissy : le barreau de Bobigny et la magistrature s'indignent", 2017 – 05 – 29, http://www.france24.com/fr/20170529 – migrants – juges – roissy – tgi – tribunal – annexe – bobigny – colere – avocats – magistrats – justice.

四　法国难民政策未来走向

近年来，日益突出的移民危机和难民问题给法国乃至欧洲的政局带来了不可回避和忽视的影响，埃马纽埃尔·马克龙也正是在重重危机中，被民众寄予厚望当选为新一任总统。但是复杂的局势和深刻的矛盾也给这位改革者带来了巨大的挑战，各项政策的悬而未决和晦暗不明让法国人对马克龙的信心逐渐动摇。根据《星期天周报》2017年7月的调查结果，马克龙的民意满意度为54%，比6月减少了10%，并呈持续下降的趋势。[1] 马克龙主张脱离"左""右"的全新政治理念与复杂的社会现实及不可控因素之间的不契合，反映在具体的难民政策上，表现出明显的不稳定性和不确定性。他对法国核心价值观的坚持和对保护"法国利益"步步为营的态度，也使其在理想和现实之间小心翼翼、难顾周全。面对欧盟提出的"配额制"，法国政府承诺欢迎3万移民，但事实上只完成了约4000人的搬迁计划。欧盟委员会因而将法国列为"应紧急加速转移"的国家[2]。马克龙表示将继续对难民的"接待"传统，尽管法国在这一点上广受质疑。

面对复杂的国内、国际局势，马克龙必须通过一场彻底的改革来恢复民众对他的信心，就像他所承诺的"改变法国的面貌"。当《劳动法》改革在法国国内掀起轩然大波的同时，这位雄心勃勃的总统又提出了"全面改革《移民法》"的计划，这对于面临难民危机的法国，将是至关重要的转变。不管是法国民众，还是国际社会都希望法兰西的自由、平等、博爱能够充分地体现在新政的各个方面，对于难民的遣返与安置能够建立在人道主义的基础之上，同时，快速处理避难申请不会引起工作质量的下降和判断失误的

---

[1] "Seul Jacques Chirac a connu plus forte chute qu'Emmanuel Macron trois mois après son élection", 2017-07-23, http://www.lejdd.fr/politique/chute-brutale-de-la-popularite-de-macron-10-points-en-un-mois-3395402.

[2] "UE: la fin des quotas de répartition de réfugiés entre les Etats membres", 2017-09-26, http://www.rfi.fr/emission/20170926-union-europeenne-point-politique-relocalisation-migrants.

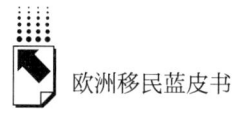

发生。

综观马克龙当选前后法国难民政策的走向,我们可以发现其政策在逐渐走向明确化、具体化和制度化。一开始,马克龙仅仅是表明了接待难民的立场和遣返非法难民的计划;之后,法国政府确定了提高难民遣返效率的工作章程,建立专门机构负责相应事务,并制定了新的入籍法。同时,法国一直在寻求与其他欧盟国家之间的合作,比如与意大利、德国、西班牙等国的多次协商以及对《都柏林协议》的重新商榷。目前,《移民法》改革正在进行,政府对现行法律进行了颇具创新意义的修改计划,如遣返方式和新法的修订依据。法国提出"帮助难民自愿返回其来源国",这一点和德国的"Starthilfe Plus 计划"① 不谋而合,实际上是对《都柏林协议》中的关键内容做出了修改。同时,根据改革方针中的"加强德法联盟"原则,法国和德国在难民问题处理上基本保持了一致,都是"严控"和"安置"相结合,两国的具体措施也明确了欧盟解决难民危机的政策走向。

在当前形势下,虽然法国的难民政策招致了意大利的不满,在国内也饱受质疑,但是以马克龙为首的新政府不断地尝试与各国积极协商,致力加强"德法联盟",主张与欧盟国家和难民来源国广泛合作,共同寻求解决难民危机的方法。同时,对于《移民法》及相关法律的全面改革也让面临相同困境的西方各国充满了期待。在"民粹主义"呼声日益高涨,"恐怖主义"威胁继续蔓延的背景下,法国难民政策的走向不仅对国内的社会稳定至关重要,更对国际政治和经济局势产生重大影响。

---

① 德国从 2017 年开始执行"Starthilfe Plus 计划",主要内容是根据难民的不同情况,支付 800~1200 欧元援助其自愿返回来源国。

B.10
意大利的庇护申请政策、成效与新进展

Alessandra Venturini*

摘　要： 20世纪80年代后期，意大利成为一个移民接收国，其后又成为庇护申请者的重要目的国，该国收到的庇护申请数于2015~2016年达到历史高峰。本文从意大利庇护申请者的人数规模、国籍、性别和集中地等几个方面，对这一人群的基本情况进行了介绍，继而对该国庇护申请程序的三个阶段的主要任务、方法和成败得失进行了评述，特别是庇护申请者保障体系在帮助移民和难民就业方面取得了很好的成效。意大利的经验为新形势下的移民控管工作，特别是社会融入工作，提供了行动参考，并呼吁国际社会更为广泛的参与和合作。

关键词： 移民　意大利　难民　融合　庇护申请者

20世纪80年代后期，意大利成为一个移民接收国。最初，移民主要来自邻近的地中海沿岸国家，如摩洛哥、突尼斯，或以前与意大利有联系的国家，如拉丁美洲国家。在柏林墙倒塌后，来自阿尔巴尼亚的移民涌入意大利，再之后是波兰移民、乌克兰移民和罗马尼亚移民。这些移民通过就业、家庭团聚或者寻求避难的方式进入意大利。除持有合法签证的外国人之外，

---

* Alessandra Venturini，女，都灵大学、欧盟大学研究院移民政策研究中心教授。译者，张莉，广东外语外贸大学西方语言文化学院意大利语系学生。

非法移民在意大利数量非常庞大。意大利海岸线绵长,且邻近移民输出国,边境控管成本高,困难大,再加上意大利拥有规模庞大的地下经济组织,这对移民而言充满了吸引力。本文介绍了非法入境意大利申请难民庇护的申请者特征,考察了意大利的难民庇护政策及成效,并讨论了欧洲难民危机管理的最新进展。

一 意大利的庇护申请特征

以往,前往意大利庇护申请者的数量有限。1999年,由于阿尔巴尼亚和前南斯拉夫的危机,庇护申请者的人数急剧上升;2003年,在意大利约有12000名难民、13000名庇护申请者。2008~2011年,北非国家爆发"阿拉伯之春"运动,在意大利大规模出现偷越边境的非正规移民和庇护申请者。国际保护申请数量从2010年的10050人增长到2011年的34115人;2011年,通过海路入境者激增至63000人,到2014年,猛增至123000人,入境人数和申请国际保护人数的增加和两者之间的差额日益增大,成为移民现象的主要特征(见图1)。

对进入意大利的庇护申请者,意大利设立专业部门从事海上营救活动。莱塔政府(Letta government)在2013年11月,开展了"地中海"(Mare Nostrum)行动①,对海上来客提供第一阶段援助。2015年,"我们的海"行动终止,同年,欧盟边防局启动了"特里顿"(Trition)行动②,由各成员国海军参与,在地中海开展巡逻和营救工作。该行动由欧盟官员通过预测六个"热点"(hotspots)来开展,欧盟和意大利的官员将向入境者提供帮助,进行登记,并在必要的时候将其转移至其他欧盟国家安置。③

---

① "Mare Nostrum",拉丁语,字面意为"我们的海",指的是地中海。
② Trition 为由 Frontex(欧盟边防局)设立的海上营救项目。
③ 参见 Caponio, T. and F. Tarantino (2015) La governance multilivello dell'accoglienza in prospettiva comparata, FIERI Working Papers, forthcoming and Pastore, F. and G. Henry (2014) *The Governance of Migration, Mobility and Asylum in the EU: A Contentious Laboratory*, Imagining Europe, Working Paper No. 5, April 2014, Roma: Istituto Affari Internationali (IAI)。

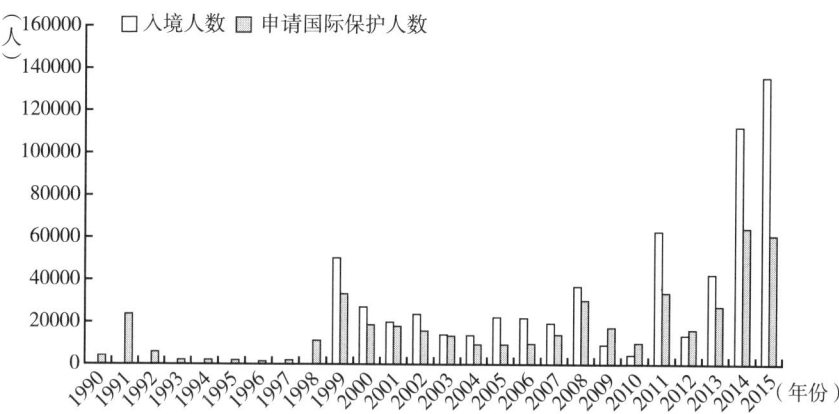

图1 1990~2015年入境人数与申请国际保护人数对比

资料来源：Ministerodell'Interno（2015）Rapportosull'accoglienza di migranti e rifugiati in Italia. Aspetti, procedure, problemi, edited by the study-group made by A. Golini, S. Costa, A. Facchini, A. B. Faye, E. M. Le FevreCervini, S. Masso, L. Pacini, P. Pinotti, R. Scotto, Lavinia, C. Tronchin。

2014年，在抵达意大利的17万非法入境者中，约有42000名叙利亚人和34000名厄立特里亚人。其后，叙利亚人的数量逐渐减少，2015年降至7000人。排名前三的难民群体分别是：厄立特里亚人、尼日利亚人和冈比亚人。而从2017年入境的人数来看，其主要部分是来自撒哈拉以南的国家（见表1）。

表1 2017年意大利境内庇护申请者的来源国组成

单位：%

来源国	占比	来源国	占比
摩洛哥	5	科特迪瓦	8
苏丹	5	孟加拉	8
厄立特里亚	5	几内亚	9
冈比亚	5	尼日利亚	16
塞内加尔	5	其他国家	28
马里	6	共计	100

资料来源：意大利内政部。

申请庇护者国籍的构成解释了申请数量巨大且拒绝数量也日益增大的原因。2013 年、2014 年和 2015 年的拒绝率分别为：30%、37% 和 51%。而到了 2016 年和 2017 年则高达 60%。真正获得庇护的个人不超过 10%。申请避难者的国籍构成说明了进入意大利的难民很大一部分是经济移民。之所以采用申请庇护的途径，是因为缺少了其他入境方式："前门"（持劳工签证入境）劳动通道未敞开，所以人们转走"后门"（乘飞机或船只非法入境，或持旅游签证入境，逾期滞留不归），合法签证获得的困难使得他们改走非正规途径。

入境人群中男性占大多数，女性只占 20%，但相对于第一次流入总量（6%~7%）已有明显提高。流出量的增加可能表现为不同的模式，女性成为家庭团聚和迁移的关键角色。2016 年无人陪伴的未成年人难民增加至 24000 人，恰恰印证了这一模式。移民中年轻群体占多数：48% 的男性和 31% 的女性的年龄在 18~25 岁，几乎没有超过 60 岁的难民。

庇护申请者最初集中在意大利南部地区。2013 年，42% 的庇护申请者集中安置在西西里岛（Sicilia），15% 在拉齐奥大区（Lazio），14% 在阿普利亚大区（Puglia），12% 分布在卡拉布里亚大区（Calabria）。地方政府进行再分配，于是北方地区也加入接纳庇护申请者的队伍当中。2016 年，伦巴第大区（Lombardia）和西西里岛（Sicilia）庇护申请者所占比例均达到了 13%，拉齐奥大区（Lazio）为 9%，皮埃蒙特大区（Piemonte）、威尼托大区（Veneto）以及托斯卡纳大区（Toscana）均为 7%~8%。

二 意大利庇护申请政策

按照 2015 年 7 月 15 日第 142 号法令规定，在意大利的庇护申请期限为 6 个月，到期后可重新申请，直至法院做出最后判决。第 21 条规定，庇护申请者享有公共医疗卫生服务，以及儿童接受教育的权利。第 22 条，根据欧盟指令，允许庇护申请者在提交国际保护申请的两个月之后（在此之前为六个月）进入劳动市场，但这并不代表其可以获取工作许可证。在此期间，庇护申请者可以获得物资补助或金钱补贴。

对于获得难民身份（refugees status）或辅助保护（subsidiary protection）的外国人，政府授予其居留许可证，有效期为5年。居留许可证到期后可申请延期，也可以凭此证申请工作许可证。工作许可证赋予满足上述两种条件的外国人以下权利：在当地市政局注册；在没有对房产和收入检测的情况下，可申请家人团聚；办理旅游所需证件，如护照；工作时将其视为本国居民般平等对待；以及获得社会、健康和住房援助的权利。特别是在有偿工作、个体经营、考取专业资格、接受职业培训和在职培训等方面，获得工作许可证的外国人享有与本地居民一样的权利（2014年10月7日第154号法令）。此外，他们还能享受与本国居民一样的福利待遇，即退休职工（65岁以上）、残疾人士、孕妇及有三个或以上孩子的家庭，可领取补贴。只有在5年后难民才能获得公民身份，10年后方可获得辅助保护，但是两者只有进行税务申报测试后才能获取。

另外一种合法身份为人道主义援助（Humanitarian support）签证，期限为2年，持有者享有所有辅助保护的权利。然而，更多的限制是在与家人团聚环节，相关机构会对其房产和收入进行检测。相较而言，人道主义援助许可证持有者对获取工作许可证的意愿更强烈。庇护申请被拒绝者和移民可以进行上诉，可以在意继续居留一年，直到程序结束为止。原则上遣返和简单驱逐属于可执行范畴，但因其成本太高，故很少实施。

在意大利申请庇护程序非常复杂，可分为三个阶段：外国人初来乍到时接受第一阶段援助；提交国际保护申请，此阶段称为第二援助阶段；申请将被接受或拒绝，进入第三阶段。根据《都柏林条约》（2013年第604号法令），当难民通过海路或陆路入境时，接受第一阶段援助，且应该在首次入境国提交国际保护申请。并不是所有的难民都想留在意大利，只有不到半数的人对其难民身份进行认证。在登记之前，大多数人逃离了收容中心，向北前往德国、瑞典等国，或因为他们在那里有亲戚，或因为他们期待在那里获得更好的未来。

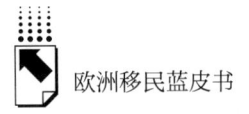

在第一阶段，意大利移民援助中心（CDA/CPSA/CAS）①对庇护申请者进行接待。这些救援中心提供紧急救援、食品、衣服和医疗救援以及语言支持，而这些援助通常是由非政府组织提供，其中，最主要的有无国界医生（Médecins sans Frontières）、救助儿童基金会（Save the Children）、奥地利难民委员会（Caritas）、意大利团结联盟（Italian Consortium of Solidarity）、意大利难民委员会（Italian Council for the Refugees）以及移民关爱与服务中心（PastoraleMigranti）。除此之外，还有一些地方志愿者协会组织。这些援助中心会安排难民进行拍照，供身份认证之用。大多数难民乘船抵达，也有难民被营救于干旱地区，这些组织结构庞大且复杂的中心，因各种临时性原因，接待大量难民。

在第二阶段，对于申请国际保护的移民来说，在申请结果揭晓之前，仍要等待一段时间。这一阶段长约一年，超出了实际所需。等待期内的援助主要通过庇护寻求援助中心（Centri di Accoglienza per RichiedentiAsilo，CARA）进行。通常，该中心能容纳100人。2003年，SPRAR（Sistema di Protezionedei Richiedenti Asilo，意为"庇护申请者保障体系"）即开始运营和工作；2013年，SPRAR系统进行扩建，并成为庇护申请者的援助支柱。最初，SPRAR体系能够容纳6000人；2015年容纳量扩至22000人。2016年，意大利内政部（公民自由与移民司，Department for Civil Liberty and Migration）与意大利市镇联合会（ANCI）协调合作，启动扩散式接待计划，SPRAR系统规模已扩大至能容纳35000人（见图2）。②庇护申请期为6个月，到期可再延长6个月。如果庇护申请者未获得国际保护，可提起上诉。如此，则其将继续保持庇护申请者的身份，直到相关机构做出最终裁决。该申请者须留在指定的援助中心。离开援助中心则意味着援助的结束。

第三援助阶段为庇护者的社会融入，也主要通过庇护申请者援助中心进

---

① CDA：Centro di Accoglienza，收容中心；CPSA：Centro di Primo Soccorso ed Accoglienza，急救与收容中心；CAS：Centro di AssistenzaTemporanea，临时援助中心。
② 少数情况下，SPRAR体系也可以接待已经具有国际保护的外国国民，因其也属于受保护类别。

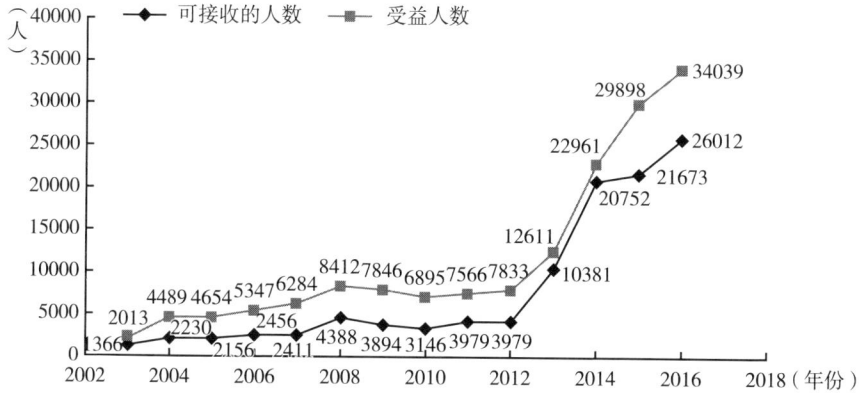

图 2　2002～2018 年 SPRAR 体系可接收的人数和受益人数量

资料来源：SPRAR（2017）Atlante SPRAR 2016 Completo，see ANCIStrom S.，Piazzalunga D.，VenturiniA.，Villosio C.，2017，Wage assimilation of immigrants and internal migrants：the role of linguistic distance，Regional Studies。

行。CARA 由地方政府管理，并由省督协调。中心有权使用大型建筑物中的公共或私人区域。意大利只有 13 个庇护申请者援助中心。在 2015 年，这类中心可容纳的人数达 7290 人。中心由移民与庇护服务处（Direction for civil services for immigration and asylum）协调，由政府代表（省督）管理，政府代表与私营者机构、协会或合作组织签订"协议"，为庇护申请者提供必要的服务。此外，还有申请庇护保护体系，该体系由意大利政策和庇护服务基金会（FNPSA）资助，由意大利市镇联合会和非政府组织运作。地方政府也资助该体系，但金额由过去的 23% 降至现在的 5%。2016 年，SPRAR 共有 652 个项目，约 35000 个受益人，分布于 1000 个城市，99 个省份和 19 个大区。

另外，第三阶段的社会融入也可以通过 SPRAR 体系进行。意大利内政部报告（2015）的评估以及 SPRAR 年度报告（2017）显示 SPRAR 体系为难民融入做出了许多积极的贡献。SPRAR 体系的成功有赖于三个方面：小群体（一般由 10～20 人组成，也有可能是由几个家庭组成）参与工作，实施专门为无人陪伴的未成年人以及精神病患者服务的计划；借助于意大利市镇联合会的力量，SPRAR 体系辐射全国，深入地方（依靠分散接纳系统，

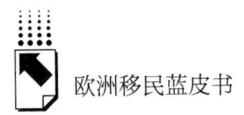

dispersal system);① 在 SPRAR 体系中，有由地方政府和地方志愿者协会共同管理的专门项目（2016 年有 652 个），从事外籍成年人（30528 人）的日常管理，为其提供食宿、健康援助、心理辅导、语言课程，并以专业支持的方式，帮助其准备庇护听证会，开展技能摸底和课程培训，教授其社会融合方面的知识和技能。为未成年人（启动了 99 个项目，帮助了 2039 人）或有精神问题和身体残疾，需要特别照顾的个体（启动了 45 个项目，帮助了 574 人）开展了专门的项目。另外，SPRAR 体系也适用于离开第一庇护国，被安置在意大利的庇护申请者（467 人）以及得到国际安全援助部队（ISAF）援助的阿富汗人（188 人）。

为提高申请者从地方政府获得资助的机会，根据 2016 年 8 月 10 日的法令，相关机构对申请庇护的程序进行了修改，以降低申请的难度，增加覆盖面，中心成本的近 95% 被用于援助。这些项目不是强加给地方的，所以首要问题便是说服市（镇）长在其辖区内实施该项目：这吸引了一批外国人（男性比女性多）参与其中。许多市长因接受了项目而在随后的选举中落败。在与市（镇）长的协商中，由志愿者协会和移民自行组织的社区志愿服务发挥了积极作用。根据社区的需要，庇护申请者可以负责一些简单的工作，例如清洁花园、修缮街道、清理河流等。如此一来，使其增加与当地社区的接触，收获因对社区做出贡献而收获的自豪感，并使其参加到当地社区的组织活动中来。这种做法有赖于在地方层面个人积累的经验，个人经验往往比国家政策更有效。

SPRAR 项目参与者获得国际保护状况（status of international protection）的比例比全国平均水平高出了 70%，这证明了该项目的成功。很遗憾的是，目前尚无对 SPRAR 项目参与者就业率的准确评估。能够充分考虑接收地和庇护申请者的需求，为其打造量身定做的项目，是 SPRAR 体系成功的重要原因。内政部报告（2015 年）、SPRAR 报告（2017 年）、省政府和企业网

---

① EMN, 2014, The Organization of Reception Facilities for Asylum Seekers in different Member States, European Migration Network Study, p. 4.

络管理系统（EMN）国家案例报告均对其成绩进行了介绍，这些成绩说明，事实上，其成功在于能够认识并将当地所能提供的工作机会与移民的技能本领结合起来。这些报告列举了不同城市在不同时期的优秀做法，虽未做出实质性的评估，但体现出了从不同经验中学习的兴趣，有望为未来的工作提供指导。

这里有几个成功案例：罗马启动了一个小型缝纫项目：利用通过捐赠获得的缝纫机，为有基础的申请者开办了缝纫课程。在农村，人们为有农业生产经验的申请者建立了一个小型农场。一位懂英语的申请者和另一位懂法语的人士凭借其语言技能，成为本地学校的老师。此外，SPRAR 项目还开办了"库斯库斯"（couscous）① 烹饪课程。项目还几次组织和指导了主题为"如何使用金钱"和有关金融贷款的课程，传授避免债务风险的知识。很明显，在项目的运作中"法无定法"，必须因地制宜。必须将非正式的沟通与正式的会议结合起来，令政府机关与私立机构通力合作，共同努力。

一般来说，庇护申请者可以像本地居民一样，前往就业办公室（Centri per l'Impiego）咨询就业信息，该办公室提供就业市场的信息，并根据咨询者的技能状况，为其提供咨询和指导，以便其参加当地政府提供的最为适宜的培训课程。外国人也可申请在某个公司进行实习或接受培训，使其更好地了解和增强自身的能力，以满足雇主的要求。在大城市，地方政府还会为其就业提供其他服务。这类服务被称作"工作之窗"（Sportelli di orientamento al lavoro），形式与就业办公室的服务类似。此外，也存在其他网上服务。其中最著名的是 Cliclavoro 网站（www.cliclavoro.gov.it），庇护申请者可以在文化协调员或专业人士的协助下使用。在接收了大量庇护申请者的大城市中，相关机构正在尝试提供语言服务。志愿者协会仍然会大力支持庇护申请者的初期援助以及以社会融合为目标的第二阶段和第三阶段。

在国家就业计划（PON）的框架中，在就业特别计划（POS）和一个由欧洲社会基金资助的项目中，在地方层面上，相关机构开办了"特别培

---

① 蒸粗麦粉（北非的一种食物）。

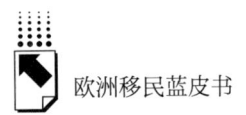

课程"（Special training courses）。许多地区也已启动类似项目，开办的课程不仅针对难民，还向庇护申请者开放，但是目前尚无切实的评估。① 若在接受同类培训的劳工移民中失业率过高，则须重新思考培训的类型及其对劳动力市场的适合程度。

尽管偶尔出现例外，对庇护申请者和难民学历以及工作经历的认证，至今尚无法实施。对学历的认证程序十分复杂，因为教育部要求申请者提供相关证书的原件，而其通常难以提供。当无法获得学历认证时，最好的方法就是通过意大利国家考试，获得有关证书。教育部为此类考试组织免费夜校课程。这些并非专门为移民设立的课程，但参与者主要是外国公民。当然，如果懂意大利语会获得很大的便利。如移民有意接受教育，意大利公共教育系统对任何外国公民开放，包括庇护申请者和难民。职业教育由高等技术教育学院（Istituti di Istruzionetecnica superior，IFTS）提供，有二十种不同类型的专业。越来越多在线课程的开设，为在职人员提供了更多学习的机会。

语言课程在地方开办，由庇护、移民与融合基金会（FAMI）资助，旨在减少外国人在获得国家服务方面可能受到的歧视。这些课程由大区教育局组织，学生一般在地方级公立学校的成人教育中心（CPIA省成人教育中心）上课。课程是免费的，学生有机会通过A1和A2两个级别的语言水平测试：参与政府机构提供的工作，须达到A1水平；若要获得长期居留许可，则须通过A2级别测试。参加课程的困难在于上课时间多与工作时间重合。负责第二阶段援助的非政府组织也提供语言课程。尽管这类课程弥足珍贵，却未得到社会的承认，若想获得相关证书，庇护申请者须在公立机构通过考试。

庇护申请者的接收对意大利而言是近些年才出现的问题，因此，意大利

---

① 在都灵有一个项目描述了2007~2013年350名个体的情况：一批熟练掌握语言并具有专业经验的人士，共150人，参加了为期六个月的"实习计划"，每月工资为350欧元。实习期间，立即聘用了9人，而在实习结束后，又雇用了31人。至于剩下的200人，在实习结束后，参加培训课程，以提高"就业竞争力"，以及其他专业技能。培训课程包括语言教学。这些方案非常重要，但是受限于参加人数，且基于国家FES资金重新分配，因此2016年没有实施。

对其在工作领域的融合缺乏整体观：我们完全可以凭借目前掌握的指标对既有的成功进行评估，尽管该过程非常复杂。目前，我们无法比较难民和劳工移民在劳动力市场上的融入情况，因为就业调查可提取的样本太少。但可以猜测，劳工移民劳动力资源的整合类型和水平可对难民的相关研究提供参考。只有在少数情况下，对来自为数不多的几个教育水平较高的国家移民，我们可以期待其有更好的表现。这总是受制于地方所能提供的就业机会。目前全国的失业率为12%，因此即使是对本国人而言，也的确缺少工作机会。

三 2017年意大利积极主动的新战略

非法入境欧洲的通道主要有三个：穿过黎巴嫩和约旦的东地中海线、利用利比亚作为跳板的中地中海线以及穿过摩洛哥的西地中海线。在2015年，东地中海线为热点；2016年3月，欧盟和土耳其签署协议。根据这一协议，土耳其修建营地、安置难民，帮助其在其他国家合法定居，并由土耳其对非法入境者进行调查，并予遣返。这一协议减少了前往欧洲的难民，并促使了利比亚通道重启，意大利再一次站在了非法移民的前沿（见图3）。在难民管控共同行动、共同实施第一阶段救助和欧盟内部难民再分配等工作中，欧盟协调不力。意大利政府和内政部部长明尼蒂试图采取积极主动的政策提前干预。政策很简单：意大利试图争取利比亚政府的协助，让移民输出国也参与到非法移民路线的控制中来。具体体现在：意大利政府与利比亚政府于2017年2月2日签署了《谅解备忘录》；① 会见移民路线上的13个利比亚城市的市长；访问突尼斯，加强既有的双边协议。最近，萨拉杰政府的大对头——利比亚国民军领袖哈夫塔尔将军访意并签订了协议。此外，意总理真蒂洛尼获得了法国总统马克龙、德国总理默克尔和欧盟委员会的支持。该委

---

① 《谅解备忘录》2017年2月2日在罗马签署，涉及在发展、打击非法移民、人口贩运和燃料走私等领域合作的内容，以加强利比亚和意大利共和国之间边界的安全。

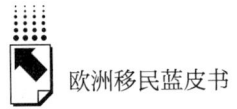

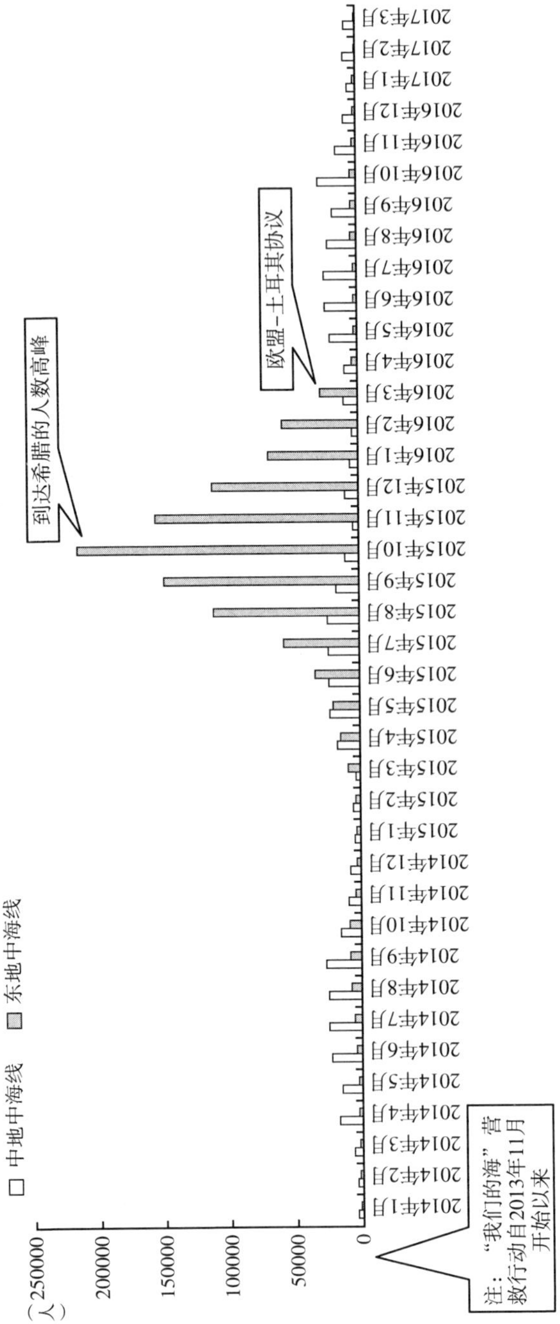

图3 2014~2017年经由意大利和希腊非法入境欧洲难民人数变化

资料来源：意大利内政部。

员会于2017年7月批准了一项新的多年期资助项目，以加强利比亚的边界监管。它由欧盟非洲信托基金资助，总额为4630万欧元（EC，2017），用于利比亚地区的发展。①此外，欧盟委员会优先与"伙伴关系框架"内的国家进行谈判，以加强边界监管。其中特别值得关注的是尼日尔，该国是移民进入利比亚的主要过境之地。欧盟委员会支持尼日尔政府起草了《国家移民战略行动计划》，资助其5000万欧元，帮助其打击走私和偷渡，维护边境安全。欧盟和国际移民致力于将滞留利比亚和尼日尔的移民遣返回原籍国，以减轻利比亚这道"后门"的压力。利比亚海岸警卫队也在意大利的帮助下开展训练。

2017年8月欧盟《海上行动准则》出台，以规范非政府组织在地中海区域的营救。视频资料显示，非政府组织与偷渡组织有密切联系，实际上成为海上非法移民的推手，这使得各国政府需要制定一部符合道德标准的行为准则，借以避免误解和误传。只有在《海上行动准则》上签字的非政府组织才获准进入意大利沿岸海域。

从图4可以看出，一揽子计划似乎遏制了海上的非法移民，缓解了意大利国内的政治纷争，也使得移民成为选举中最热门的话题。然而，关闭"后门"可能会减少对受迫害的移民保护，也使得开放"前门"，特别是通过联合国难民署高级代表处向寻求庇护者提供帮助，变得更为必要了。前几年，通过此渠道得到帮助者非常有限：2015年为10万人，其中8万人前往了美国、加拿大、澳大利亚和新西兰，只有2万人进入了欧洲。如果与经海路涌入意大利和希腊的人数相比，这只是一个非常小的数字。因此，意大利也着手安置来自难民输出国，特别是叙利亚、黎巴嫩和约旦的人士。2017年，意大利预定安置的人数为2000人，但由于庇护申请者最后一刻取消申请，所以目前实际安置人数还未达到预定水平。

另外，由于许多人明显不具备获得庇护的正当理由，其申请遭到拒绝。

---

① EC（2017），Fifth Progress Report on the Partnership Framework with third countries under the European Agenda on Migration，Brussels，Sept. 2017.

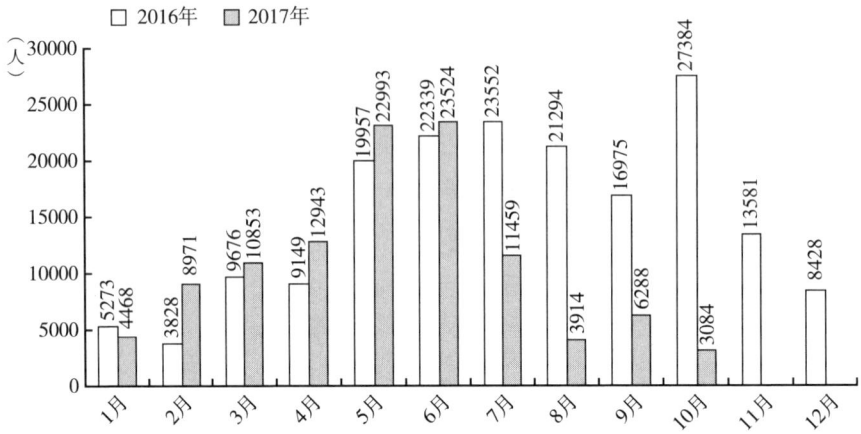

图4　2016年和2017年意大利每月抵港人数

资料来源：欧盟边防局。

因此，政府应开放正当的劳工移民的渠道，以避免庇护申请者进行既危险又昂贵的找工作之旅。而这意味着源头国家应创建公平有效的劳工移民渠道。欧洲正处于老龄化阶段，意大利是"最年迈"的国家之一。另外，如果这些开放合法渠道的政策无法建立在有效控制"后门"的基础上，海上移民的减少只会是昙花一现。因此，"蛇头"如发现此路不通，便会立刻另觅他途。西地中海线偷渡人数的日益增加表明，大批非法移民可能转投西班牙。

四　未来展望

难民政策的新调整，以及四年来应对海上偷渡的经验总结，似乎使得意大利当局找到了一条合适的道路，以应对难民危局。意大利不能指望欧洲其他成员国，特别是东欧国家的帮助，因为在那里，即便有对外来劳工的公开需求，无论是舆论和当选的政治家都持续地对国际难民安置工作持抗拒态度。欧盟委员会也以各种方式，在打击非法入境以及开展第一阶段和第二阶段援助等方面提供支持。

意大利国内的争论也使得人们对庇护申请者和劳工移民的区分日益清晰。提供国际保护不仅是欧洲各国的责任，实际上联合国难民署已将叙利亚和阿富汗难民安置到了美国、加拿大、澳大利亚和新西兰，其他一些国家都应参与其中。意大利目前正在直接参与来自难民源头国，如黎巴嫩和约旦的难民接收工作。但其他国家也应该参与其中，以帮助那些寻求国际保护的人士。如果对难民重新安置的工作能更有效率，意大利便可将更多精力用于劳工移民的合法入境及其与劳动力市场和本地社会的融合问题上，因为劳工移民涉及的人数更多，范围更广。

B.11 多元文化背景下的瑞士难民问题

刘巍*

摘　要： 瑞士虽然没有加入欧盟，但是加入《申根协定》，通过一系列双边协议的方式与欧盟实现了人员的自由流动。2015年欧洲难民危机爆发以后，虽然难民数量总体趋势在下降，但是瑞士接收了与其自身相比非常多的难民数量。尽管如此，瑞士的难民接收受到多重因素的制约：国内移民的总体构成、右翼党派的掌权、不同语言和经济区域之间的差异等。难民接收问题暴露出瑞士国内的政治经济和文化等各方面的角力，体现了瑞士多元文化的复杂性。

关键词： 瑞士难民　多元文化　公投地区　差异

瑞士是欧洲的一个小国，位于德国、法国、意大利等欧洲大国的包围中，面积约为4.1万平方公里，2016年总人口为837万。虽然瑞士不大，但是全境分为26个州（20个全州及6个半州），拥有四种官方语言，可以说，瑞士联邦充分表现出文化的多样性。同时，瑞士一直秉持中立原则，至今未加入欧盟，与欧洲大陆上的其他欧盟国家不同，具有其独特性。虽然瑞士不大，但是其特殊性值得我们研究。在近年来欧洲难民潮汹涌来袭的时候，瑞士的情况如何？瑞士是否在移民问题上继续保持中立？在保持多元文化的理想和移民不断涌入的现实之间，瑞士又如何选择呢？

---

* 刘巍，男，广西柳州人，博士，副教授，广东外语外贸大学西方语言文化学院。主要研究方向为区域国别、法国文化、法语国家研究。

一 瑞士难民接收特点

自从2011年叙利亚内战爆发后，难民数量不断攀升，到2015年欧洲迎来了最大的难民潮。根据欧盟统计局的数据，欧盟28个成员国在2015年总共给予333350份难民保护①，2016年则总共给予710400份难民保护②。对比而言，瑞士的接收难民申请和给出的难民保护呈现以下特点。

1. 相对自身体量，接收移民数量多

根据欧洲统计局的数据（见图1），瑞士的难民申请和接收数量总体呈现增长的趋势，在2015年出现峰值，接近4万人，到了2016年有所下降，约为2.7万人。这一变化符合欧洲难民减少的趋势。

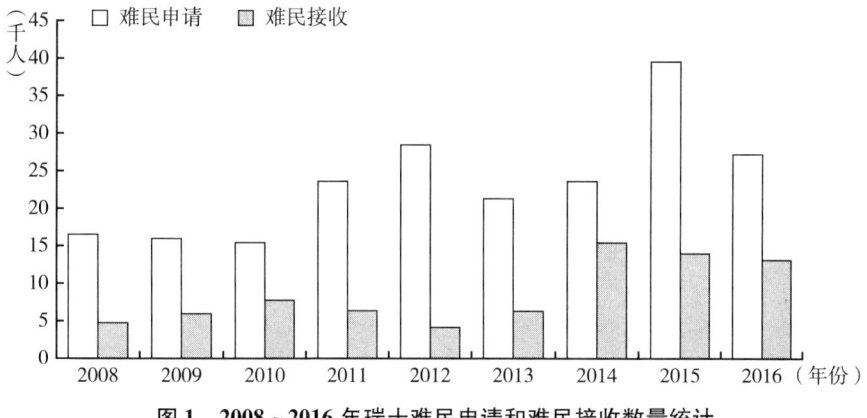

图1 2008~2016年瑞士难民申请和难民接收数量统计

资料来源：欧洲统计局：http：//appsso.eurostat.ec.europa.eu/nui/show.do？dataset＝migr_asyappctza&lang＝fr。

从图2可以看到，瑞士虽然属于欧洲的小国，但每年难民申请的数量不少，高于西班牙，在某些年份甚至与英国不相上下。2016年，与欧洲整体申请庇护

---

① 欧盟统计局：http：//ec.europa.eu/eurostat/documents/2995521/7233417/3－20042016－AP－EN.pdf/34c4f5af－eb93－4ecd－984c－577a5271c8c5。
② 欧盟统计局：http：//ec.europa.eu/eurostat/documents/2995521/8001715/3－26042017－AP－EN.pdf/05e315db－1fe3－49d1－94ff－06f7e995580e。

的申请数量相比,瑞士的避难申请总数占到约2%。与瑞士人口相比,比例约为每1000居民接收3.4份庇护申请(2015年为4.9份庇护申请),比欧洲平均水平要高出许多,因为欧洲在2015年的比例为平均1000人接收2.6份庇护申请。

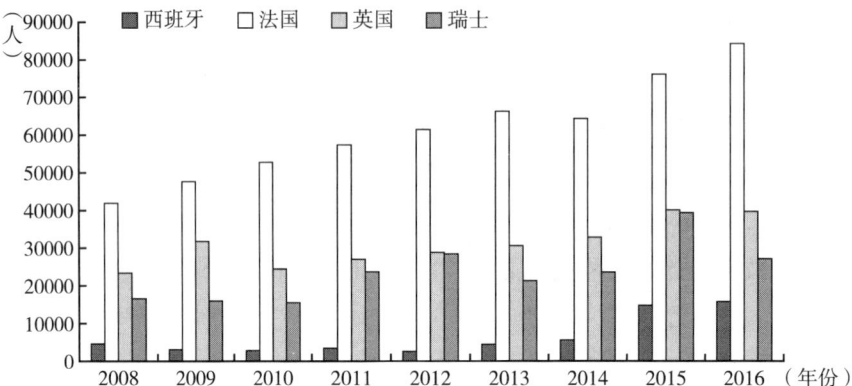

图2 瑞士与西班牙、法国和英国接收难民申请的数量对比(2008~2016年)

资料来源:欧洲统计局:http://appsso.eurostat.ec.europa.eu/nui/show.do? dataset = migr_ asyappctza&lang = fr。

图3数据显示,瑞士自2014年以后,每年批准难民申请的数量均高于英国,甚至在2014年还高于法国,成为欧洲接收难民庇护的主要国家之一,也就是说,在移民和难民的问题上,瑞士并不是一个小国。

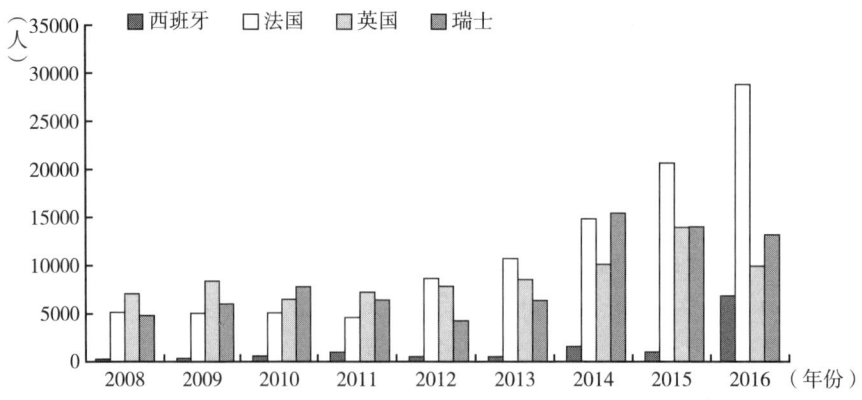

图3 瑞士与西班牙、法国和英国批准难民申请的数量对比(2008~2016年)

资料来源:欧洲统计局:http://appsso.eurostat.ec.europa.eu/nui/show.do? dataset = migr_ asyappctza&lang = fr。

2. 内部的差异

尽管瑞士接收和安置了不少难民，但在这些数字背后，瑞士联邦内部存在着很多不同情况，需要甄别观察。

（1）地区之间不平衡

难民进入瑞士的路径不同，由于意大利是很多难民经过海路进入欧洲的门户，其中不少难民以瑞士为目的地。从意大利过境到瑞士的难民，走的是从意大利北部山区进入瑞士。

在2015年欧洲难民潮爆发之时，提契诺州一直是瑞士非法移民入境的重灾区。由于疲于应对非法移民，"基亚索所属的提契诺州内政部部长戈比说：'我认为，关闭边境仍是必要的措施，因为我们的（非法移民）人数非常多。但这不意味着完全关闭，没有人能从（意大利）科莫进入基亚索，而是拒绝所有非法移民，甚至包括那些潜在的庇护申请者，同时把他们遣返意大利，因为很显然他们来自意大利。'提契诺州边境警察发言人巴斯说，基亚索每天有100多列火车靠站，当中约20列来自意大利米兰，非法移民多数藏身于这些火车"[1]。提契诺州由于与意大利接壤，比较适合非法移民偷渡入境，这些地区是难民进入瑞士的途经地。因此，难民的进入给这些地方带来了较大的管理压力。

从区域分布来看，处理难民庇护申请最多的地方是苏黎世，根据瑞士移民国务秘书处的统计数据，2017年8月31日，苏黎世正在处理的庇护申请总数有11549人，排名第二的是伯尔尼，总共10123人，第三的是沃州，共6405人[2]，瑞士的大城市接收了大部分的难民。从数据上看，瑞士的乡村比城市接收到更多的难民申请。例如，巴塞尔城市处理难民庇护申请数量为1198人，而巴塞尔乡村区域为2026人[3]。地区之间的差异体现出瑞士国内对难民的不

---

[1] http://news.sina.com.cn/w/2015-08-18/134832218118.shtml.

[2] "Effectif des personnes dans le processus asile en Suisse par canton au 31.8.2017", https://www.sem.admin.ch/sem/fr/home/publiservice/statistik/asylstatistik/archiv/2017/09.html.

[3] "Effectif des personnes dans le processus asile en Suisse par canton au 31.8.2017", https://www.sem.admin.ch/sem/fr/home/publiservice/statistik/asylstatistik/archiv/2017/09.html.

同态度和吸引力。

（2）进入瑞士的难民来源国不同

从表1可以看出，2016年，在瑞士，厄立特里亚人是难民申请最多的来源国，有5178人申请。第二位是阿富汗人，总共3229人，占12%。其后为叙利亚人（8%）、索马里人（6%）等。实际上，厄立特里亚难民最喜欢以德国为目的国，德国在2016年收到17700份来自厄立特里亚难民的庇护申请①。

表1　2016年向瑞士提出庇护申请者主要来源国

	国家	申请数量（份）	比例（%）
1	厄立特里亚	5178	19
2	阿富汗	3229	12
3	叙利亚	2144	8
4	索马里	1581	6
5	斯里兰卡	1373	5
6	伊拉克	1312	5
7	尼日利亚	1106	4
8	冈比亚	1054	4
9	埃塞俄比亚	1036	4
10	几内亚	900	3
11	摩洛哥	823	3
12	伊朗	561	2
13	阿尔及利亚	557	2
14	土耳其	526	2
15	格鲁吉亚	465	2
16	其他国家(116个)	5362	20

资料来源：Rapport sur la Migration 2016, Secrétariat d'Etat aux migrations (SEM), Quellenweg 6, CH‐3003 Berne Wabern, p23。

3. 近两年总体呈下降态势

根据欧盟边防局（Frontex）的总结，难民进入欧盟主要有8条线路：西巴尔干路线、东地中海路线、中地中海路线、西地中海路线、阿尔巴尼亚

---

① Rapport sur la Migration 2016, Secrétariat d'Etat aux migrations (SEM), Quellenweg 6, CH‐3003 Berne Wabern, p23.

至希腊路线、东部边境路线、南部意大利路线，以及西非路线。① 2016 年以来，多条通道都已得到有效管控，特别是陆地难民线路，使得进入欧洲的难民人数在欧洲多国都已呈现下降趋势。这一变化体现在瑞士的难民申请上。

根据瑞士移民国务秘书处数据②，厄立特里亚人是难民申请最多的来源国，2016 年有 5178 人申请，这一数字比上一年减少了 48%，这主要是因为到达意大利海岸的厄立特里亚难民数量在减少，比去年同期减少 49%，但是由于欧洲实行"热点"政策和转移安置计划，在意大利提出庇护申请的难民数量转而增多。由于陆地线路，特别是西巴尔干路线获得了较为有效的控制，在瑞士，来自阿富汗的难民申请减少了 58%，叙利亚的难民申请减少了 55%，伊拉克的难民申请减少了 45%。

到 2017 年，数据出现了一些变化。2017 年的第三季度，21500 名移民到达意大利南部，比 2016 年同期减少 38000 人③，比 2017 年第一季度也减少约 2500 人。这些登岸的人中大部分都来自西非地区。因此，可以说到达欧洲的难民总数在下降，中地中海线路的有效控制能够极大减轻欧洲各国难民接收的压力。在这样的变化下，2017 年第三季度，有 841 名厄立特里亚提出避难申请，比上一季度多 39 人，增长 5%。厄立特里亚难民数量虽然略有增长，但是如果仔细考察，会发现新增的申请数量中有 2/5 是儿童申请，他们的父母已经向瑞士申请庇护。另外，难民庇护申请里的 1/4 都是申请家庭团聚。因此，来自厄立特里亚实际新增的难民申请数量并没有增长，反而是下降。

二 难民问题的历史变化

瑞士联邦对于移民现象非常关注，这样的关注甚至比欧洲其他国家更

---

① http：//frontex.europa.eu/trends - and - routes/migratory - routes - map/.
② Rapport sur la Migration 2016, Secrétariat d'Etat aux migrations (SEM), Quellenweg 6, CH - 3003 Berne Wabern, p. 23.
③ https：//www.sem.admin.ch/dam/data/sem/publiservice/statistik/asylstatistik/2017/stat - q3 - 2017 - kommentar - f. pdf.

甚，因为瑞士国内的外国人占比很大。直至2016年12月底，在瑞士居住的外籍人口有约200万，比2015年增长了35611人，占瑞士总人口约24%，外国人中约69%为欧盟国家或欧洲自由贸易联盟（AELE）国家公民。在所有外国人中，意大利人占的比例最大，总共有318653人，占所有瑞士外国人的15.7%，紧接着是德国人（304706人，占15%）[①]。外国人在瑞士人口中占比重大，这是历史逐渐形成的现象，也显示出瑞士多元文化社会的包容性。

然而，这一组数据掩盖了历史上的变化。事实上，瑞士从20世纪90年代开始，出现了移民来源的深刻转变。

在1900年前后，由于瑞士工业发展的需要，例如在纺织和钢铁业，以及修建公路和铁路等方面，特别是瑞士修建阿尔卑斯山的公路和隧道，瑞士需要大量的劳动力。大量的移民这时候进入瑞士，他们作为劳动力来为瑞士的经济发展做出巨大贡献。可以说，以欧洲人为主体的外国移民大量到瑞士工作，已经有悠久的历史。瑞士1970年建立的针对移民的工作许可建立配额的制度，非常有效，该体系一直沿用至2002年。可以说瑞士是第一个引入"移民配额"制度的国家，瑞士的"移民配额"制度成功帮助瑞士度过了70年代的经济危机。移民通过配额的方式获得在瑞士的工作许可，但是这些外来移民相当于季节工，不能长期待在瑞士。当经济危机来临的时候，工作岗位减少，这些外国劳工回到他们各自的国家，而瑞士人自己则保持原有的工作和生活，对于整个瑞士社会没有影响。因此，外国劳动力相当于缓冲器，使得瑞士将经济危机转嫁到外国劳动力的母国，形象地说，就是通过工作移民，瑞士成功地将经济危机"出口"到外国，从而保护瑞士社会自身。

到了90年代，情况发生了变化。随着欧洲一体化进程的加速，瑞士的移民模式不再适应局势变化。在这样的情况下，瑞士的移民形势面临第二次

---

① Rapport sur la Migration 2016, Secrétariat d'Etat aux migrations（SEM）, Quellenweg 6, CH - 3003 Berne Wabern, p. 15.

世界大战以来几大挑战：对入境失去控制，申请庇护人数激增并上升为政治问题，外国人口的大量失业。[①] 由于外国劳动力到瑞士工作，越来越多的人会与家庭共同来到瑞士，他们已经与原来的季节工不同，这意味着，即使经济变差的时候，这些人也不会离开瑞士，他们会继续待下来。同时，越来越多以家庭团聚为目的的家庭来到瑞士，增加了瑞士的外来移民。另外，难民庇护申请越来越多，而难民问题更容易成为政治工具，例如瑞士人民党的上升，就利用了人们的反感心理。这些移民的新情况使得瑞士不能按照老方法来对待移民问题，也就是说，更多的移民成为瑞士的长期居民，瑞士无法利用移民作为经济衰退时的缓冲器，经济危机发生时对于瑞士的经济、社会、政治等方面都会产生直接的影响和冲击。

三 难民问题的政治特点

与其他欧洲国家一样，瑞士的难民政策受到本国各种政治力量平衡的影响较大。瑞士虽然是多党制的国家，但由于其体制具有一定的特殊性，因此其政党制度也相对有其特色。

瑞士有三十多个政党，政治局势显出巨大的分歧。瑞士联邦现有四个大党，这四大党派属于全国性的大党，它们分别是：社会民主党（Partisocialiste）、自由民主党（Parti libéral – radical）、基督教民主人民党（Parti démocrate-chrétien）、瑞士人民党（Union démocratique du centre）。这四大党派获得了全国4/5的选民支持。最大的未进入政府的党派是瑞士的绿党。

联邦委员会即瑞士联邦政府，是瑞士的行政机关，共由七名成员组成。这七名成员由联邦议会单独选出，任期四年。联邦委员会成员轮流担任联邦主席的职务，任期一年，联邦主席负责主持联邦委员会的会议并对外代表瑞

---

① Alexandre Afonso, Immigration and Its Impacts in Switzerland, Mediterranean Quarterly, Volume 15, Number 4, Fall 2004, pp. 147 – 166 (Article), 156.

士联邦。

自1959年以来,联邦委员会的成员均根据协调原则从四大党派中选举产生。因此,瑞士联邦的多党制实际上由四个主要党派构成。"根据瑞士宪法规定,联邦委员会成员作为个人当选,任期4年,任期内议会不得对其进行不信任投票,这实际上为政府7名成员提供了任职相对稳定的法律保障,不会出现其他一些国家由多党派组成联合内阁因意见相左导致解散的现象。"① 联邦委员会的稳定,也为瑞士的政治稳定提供了制度上的保证,同时也在某种程度上保障了四大政党的第一梯队地位。

瑞士人民党是一个右翼的保守党,自从1999年大选,在国民院中获得与社会民主党同样比例的席位(22.5%)之后,直至今日一直占据议会中的最多席位(2003年为26.7%,2007年为28.9%,2011年为26.6%,2015年为29.4%)。② 可以说,瑞士人民党是近年来瑞士政坛最有影响力的大党。实际上,瑞士人民党是在1971年正式建立的政党,其前身为两个有传统影响的党派:农民、艺术家和独立职业者党(PAI)及民主党。人民党代表瑞士农民、中小资产者的利益。瑞士人民党在政治上的地位,说明瑞士国内政治上具有右倾的动力。在难民庇护问题上,瑞士人民党在其官网上明确关于难民庇护政策的观点:"瑞士在难民庇护领域的混乱及瑞士对虚假难民的吸引力,造成的后果是,使得近年来庇护申请大量增加。瑞士是人均接收难民庇护最多的国家之一。人民党反对这一坏的庇护政策及其结果:物价放开,犯罪率增长,以及难民申请人寻求住房过程中的问题。"③ 很明显,瑞士人民党将难民接收看成制造混乱的源头,抵制难民进入瑞士才能真正保护本国社会。

在瑞士人民党占据议会多数席位的背景下,瑞士的政策趋于保守。2014

---

① 薛留增:《瑞士多党制度对于我国政党制度的借鉴意义》,《人民论坛》2013年第17期,第250~251页。
② Office fédéral de la statistique. https://www.bfs.admin.ch/bfs/fr/home/statistiques/politique/elections/conseil-national.assetdetail.217195.html.
③ https://www.udc.ch/wp-content/uploads/sites/2/Asylpolitik-f.pdf.

年和 2009 年瑞士分别举行的两次反对移民的全民公投，都是由瑞士人民党发起，并且都成功获得通过。2009 年 11 月 29 日，瑞士就是否禁止清真寺修建宣礼塔问题举行了全民公投。投票结果显示，有超过 57% 的选民支持全面禁止兴建清真寺尖塔。"但是在人民党看来，这不是宗教象征，而是政治势力的蔓延。该党辩称，他们不反对伊斯兰教，也不反对建设清真寺，但宣礼塔是政治性的宗教设施，因此要求禁止建设。"[1]

如果说 2009 年公投的通过，针对的是某个外来群体，那么 2014 年的全民公投则更显示出对于外来移民的排斥，因为这次公投的对象是主要针对来自欧盟各国的移民。2014 年 2 月 9 日，瑞士选民以 50.3% 的半数通过了"反对大规模移民"提案，决定将对在瑞士工作生活的欧盟公民人数设定上限，这意味着每年流向瑞士的外来人口将受到限制。实际上，这一公投结果与此前瑞士的公投结果相矛盾。此前，瑞士分别于 2000 年和 2005 年就涉及欧盟的提案进行了公投，并获得通过：2000 年与欧盟签订的双边协定，其中一项重要内容就是关于人员的自由流动；另外，2005 年就是否加入《申根协定》进行了公民投票，并单独就是否与欧盟实现人员自由流动举行公民投票，获得了通过。而 2014 年"反对大规模移民"的通过，一定意义上否定了之前的成果，因而导致欧盟的不满，而且也有可能会影响到瑞士企业自身。其实，限制大规模移民进入瑞士也是瑞士人民的民意表达，很多瑞士人更倾向于保护瑞士自身利益，向保守倾斜。其实，这一主张的变化也与 2014 年的经济形势不无关系，艰难的经济形势带动了民意集体右倾。

当然，除了以瑞士人民党为代表的右翼团体外，瑞士政坛上也还活跃着左翼政党，如瑞士的第二大党，社会民主党。作为左翼代表，瑞士社会民主党在移民方面的观点认为，"瑞士一直从移民中受益，在未来也将要依靠移民。我们的融入政策的目标是要提高机会均等和公共生活的参与度，以及为本地居民和外国人的共存。每个生活在瑞士的人都应该自由表达。因此，社

---

[1] http://news.sina.com.cn/w/2009-11-30/194016693002s.shtml.

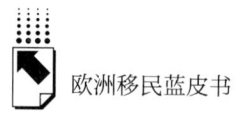

会民主党支持外国人的投票权利以及入籍,也支持与欧盟之间的人员自由流动的协议"。① 左翼政党实际上是右翼人民党的最主要反对者。

四 地区差异与语言文化的解释

上文提过,近年来瑞士的右翼党派在议会中占据更多席位,体现出整个联邦总体右倾的态势,然而,如果脱离了国家层面,具体到各个州,则又体现出各自特点。

最近一次与移民相关的公投,是瑞士在2017年2月11~12日举行的投票,提案"简化第三代移民入籍程序"获得了60.4%的投票得以通过。"根据该议案,在瑞士出生,从其祖父母或外公外婆那一代就定居瑞士,三代人都是瑞士永久居民,满足以上三个条件的移民将自动成为该国公民。目前符合条件的人大约有2.5万。……瑞士关于简化入籍问题的讨论由来已久。此前曾三次提出放宽入籍条件议案,但均未获得通过。"② 该提案得以通过,表明了瑞士社会并不完全排斥外来移民,也表现出民意并不完全偏向保守路线。当然,在此次公投之后,民众表达了未来移民可能对瑞士造成的影响。

比较表2中的数据之后,可以看出:首先,瑞士不同语种区域的投票结果有较大差别。瑞士法语区以71.4%的支持率领先其他两个语言区,瑞士意大利语区支持率最低,仅50.1%。其次,瑞士城市与乡村之间差异也较大。在各个不同语言区域都观察到同样的现象,城市区域投赞成票的比例高,也就是在移民问题上,城市地区比乡村地区更开放。

前两次公投"禁建宣礼塔"和"限制大规模移民"虽然是关于阻止外来移民的议案,但是其性质与此次公投刚好相反。将这次投票与前两次关于移民的公投进行比较,我们可以看到刚好相反的投票比例分配:在前两次投

---

① 瑞士社会民主党官网:https://www.sp-ps.ch/fr/dossiers/migration-et-integration。
② 吴刚:《瑞士放宽移民入籍政策》,《人民日报》2017年2月15日第021版。

表2 2017年"简化第三代移民入籍程序"投票结果

单位：%

	瑞士德语区	瑞士法语区	瑞士意大利语区	瑞士
城市	—	—	—	—
中心	68.3	74.8	51.9	69
城市圈	56.3	72	50.4	59.3
偏远城市	56.8	69.1	—	59.5
农村地区市镇	48.4	66.5	45.7	52.8
瑞士	57.5	71.4	50.1	60.4

资料来源：https://www.bfs.admin.ch/bfs/fr/home/statistiques/politique/votations/annee-2017/2017-02-12/naturalisation-facilitee.html#1651871233。

票中，德语区比法语区投票的支持率高；农村比城市的支持率高。[1] 在这样的现象背后，反映的是瑞士社会内部的分裂。"相对开放的法语区及发达中心城市的公民在移民问题上的政治态度更为开放与包容，而德语州及传统农村州则倾向于保守。"[2]

事实上，瑞士三大语种的区域都分别与相应的语言来源相毗邻，无论是在经济、政治还是文化上都与这些国家有着非常多的联系。法语区表现出更为开放与包容，与其语言传统有着密不可分的关系。法国与瑞士相邻，法国人的某些特质仍然在瑞士法语区中有着一定的保留。作为法国大革命的最重要遗产，"自由、平等、博爱"的思想深入法国人心中，也在瑞士法语区扎根，他们更注重自由、平等、互助等理念，拥有心怀世界的胸襟。因此瑞士法语区比德语区和意大利语区更为包容，更为注重平等。

城乡差异同样导致瑞士内部的分歧。城市通常比乡村地区更加开放，更加注重平等和互助等理念。瑞士农村地区更为保守。因此会出现在关于移民的公投中，瑞士农村地区选择更偏右的路线，而城市地区偏左的更多。几次

---

[1] 张若石、常晶：《从"禁建宣礼塔"到"限制大规模移民"：瑞士多元文化社会的危机与反思》，《世界宗教文化》2014年第5期，第53页。
[2] 张若石、常晶：《从"禁建宣礼塔"到"限制大规模移民"：瑞士多元文化社会的危机与反思》，《世界宗教文化》2014年第5期，第53页。

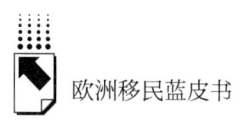

公投折射出多语言的瑞士内部的差异,瑞士的德语区和意大利语区倾向于更为保守,而法语区体现出更为开放和包容。虽然瑞士的多语现状没有阻碍瑞士联邦的国民成为共同体的意愿,但是毕竟不同的语言会营造不同的环境,因此不同语言区域的人也会产生一定的差别。

五 结语

瑞士是欧洲的小国,无论是从国土面积还是人口数量来看,都是如此。多元文化是瑞士社会的重要特征,他内部有四种官方语言,在联邦制度下,各个州拥有较大的自治权力,而且外国人的数量占本国人口的20%,这些都会对难民政策带来影响。

瑞士近几年的难民申请数量以及接收难民的数量总的趋势在下降,然而在数据之后,需要注意到难民申请的地区有差异,以及难民的来源国差异也很大,近期厄立特里亚人较多。瑞士近几年接收的难民数量虽然绝对数量在欧洲国家里并不算很多,但是如果相对其自身的人口而言,它的人均接收难民比例很大,应该说瑞士对待难民表现出宽容的态度。

从历史的角度来看,瑞士移民的构成发生了较大变化。移民从原来的季节工转化为长期居住在瑞士的劳动力;新的移民中有很多是通过家庭团聚来到瑞士,更加剧了移民长住瑞士的倾向;难民的比例越来越高;原来的移民通常集中于低技能的工种,现如今,很多高素质的外国人进入瑞士工作,他们通常比瑞士人的工作更好,收入也更高。移民构成上的这些变化,对于瑞士的移民政策也会产生影响。

从2009年、2014年以及2017年针对移民的三次全民公投来看,可以看到以下两个方面:一是瑞士的移民难民问题与经济关系较为紧密。如果将三次公投的时间与世界经济,特别是与欧洲经济相比较,可以看到,2009年刚好处于世界金融危机的高峰,以及欧债危机爆发,而2014年虽然世界经济在相当多的地区已经回升,但在欧洲仍然恢复缓慢,它不仅饱受经济低迷的困扰,失业率也长期高位运行。在这样的经济背景下,瑞士的右翼力量占据上风，分别通过了两个限制移民的法案。而在 2017 年，欧洲经济总体运行平稳，继续复苏，左翼民意主导下顺利通过了简化第三代移民入籍的法案，移民问题被淡化处理。

二是瑞士社会内部存在着不同的声音。瑞士社会的城市与乡村地区在对待移民问题上存在差异，而不同语言区也同样有着不小的差异，总体上说，城市比乡村更开放，较多人支持移民；法语区比其他语区更欢迎移民。法语区的居民与法国的联系更多，也容易受到法国人思维的影响，因此在文化上更接近法国人，法国人关于自由、平等、博爱的观念自然传到了瑞士法语区。

瑞士的国家虽小，但具有其独特之处，难民问题折射出瑞士社会多元文化的复杂性，也让我们了解到瑞士政治机制的特点。瑞士多元文化和政治机制特点，将对今后瑞士的移民和难民接收产生决定性的影响。根据 2017 年瑞士接收难民的情况，2017 年前三季度总共收到 13916 份新的难民庇护申请，而 2016 年同期为 21382 份，2015 年为 24212 份[1]，欧盟的管控政策正在发生效用，难民申请数量显著下降。随着新增难民数量减少，2018 年民意的右倾压力相应减轻，所以瑞士右翼政党在移民问题上难以做出较大动作。例如 2017 年 11 月 22 日，联邦司法和警察部发出公报，确定 2018 年来自第三国以及欧盟和欧洲自由贸易联盟的劳工数量上限总数为 8000 人，比 2017 年多 500 人[2]，瑞士社会对于移民的总体态度应该说有所缓和。由此可见，2018 年若在非洲及中东没有新的灾难出现，而欧洲的移民管控体系继续加强的话，那么瑞士与欧盟的关系在变得更紧密的同时，瑞士的难民接收数量也将下降，瑞士移民和难民问题对社会造成的压力也将大大减轻。

---

[1] https：//asile.ch/statistiques/suisse/.
[2] https：//www.sem.admin.ch/sem/fr/home/aktuell/news/2017/ref_ 2017 – 11 – 222. html.

B.12 移民危机冲击下的英国社会分裂和治理困境

刘春燕[*]

摘　要： 近年来，英国移民问题与地缘政治危机、经济环境恶化等多因素叠加引发了复杂的社会经济问题，使得国内民众对移民问题的关注和焦虑持续升温，对移民的认知和态度存在民意分歧，伴随民粹主义上升加剧了英国社会分裂。随着社会经济困境的加剧以及政党之间的政治博弈，移民危机正对英国国内和国际事务产生重要影响，推动了英国国家权力关系和治理结构的变化。从长远来看，移民危机所引发的社会分裂和治理困境，在社会、经济和政治三方面都有可能出现加剧破坏英国稳定性和同一性的局面。

关键词： 英国　移民危机　社会分裂　治理困境

在2015年，有一百多万难民进入欧洲，引发了欧洲难民危机，也对正处于移民和种族关系问题日益政治化的英国产生了深远影响，甚至因为对移民的态度和如何更好地处理移民问题的分歧导致英国出现了分裂，民众对欧盟一体化持怀疑态度，也越来越感到与主流政党和精英们失去联系。这些民意最终促发了英国离开欧盟的浪潮，脱欧结局震撼了欧洲与整个世界。移民

---

[*] 刘春燕，女，四川安岳人，博士，教授，广东外语外贸大学政治与公共管理学院、国际移民研究中心。主要研究方向为社会政策、社会工作、移民问题研究。

危机加剧社会分裂的情形不仅推动了英国国家权力关系和政治结构的变化,而且未来有可能导致英国稳定性和同一性恶化的局面。

一 移民危机的产生

英国国家统计局的最新人口统计数据表明①,英国人口不断增长的主要驱动因素,特别是20世纪90年代以来,可归因于净移民。净移民是指移民人数(移居英国的人数超过12个月)减去移民人数(离开英国超过12个月的人数)。2015年,移入移民人数(63.1万人)是移出移民人数的两倍(29.8万人)。到目前为止,移民水平最高的是2014年,有632000人来到英国(见图1)。截至2016年底,英国移民局的统计数据表明移入移民人数为58.8万人。其中,净移民人数24.8万人,虽然受移民政策紧缩的影响,比2015年的33.4万人减少近26%,但数量依然高于政府预计。

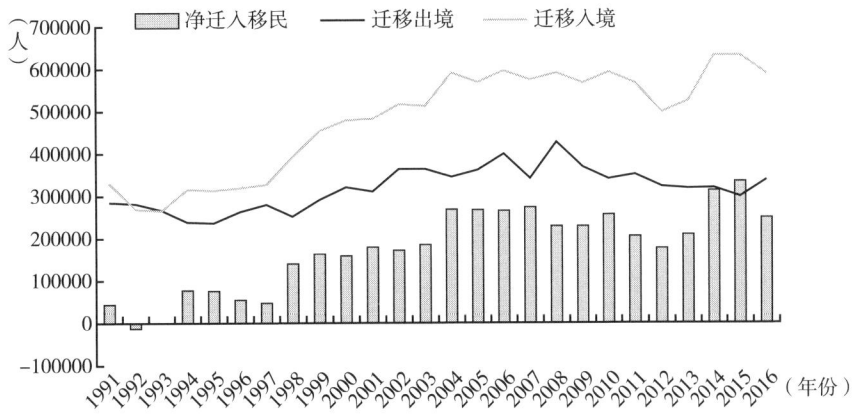

图1 1991~2016年英国移民趋势

资料来源:英国国家统计局(Office for National Statistics)。

---

① Office for National Statistics:*Overview of the UK population*:*July* 2017,https://www.ons.gov.uk/peoplepopulationandcommunity/populationandmigration/populationestimates/articles/overviewoftheukpopulation/july,2017.

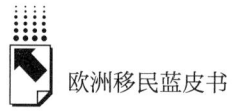

英国的移民历史其实由来已久,早在19世纪,作为前殖民地的宗主国,英国就已经是移民迁入国,它一直授予殖民地居民广泛居住权和移民权。第二次世界大战后,面对遍及全欧洲的劳动力短缺,英国也出现了不少"英联邦国家的劳工"(Migration from Commonwealth Nations),他们的家庭定居安置在英国成为新移民。1973年,英国加入欧盟后,由于欧盟公民在成员国境内可以自由流动和居住,这让英国逐渐成为欧盟内部的移民接收国。欧盟成员国扩充后,特别是2004年新加入欧盟的十个东欧国家,经济发展水平与原欧盟成员国差距巨大,在欧盟一体化制度框架下,使得众多的人口从经济水平落后的中东欧国家迁移至西欧。在欧盟发达国家中,英国对待移民一直持比较积极的态度。欧洲统计局的数据表明,从2009年到2012年,英国一度是欧盟国家中给予新移民公民身份最多的国家(见图2)。①

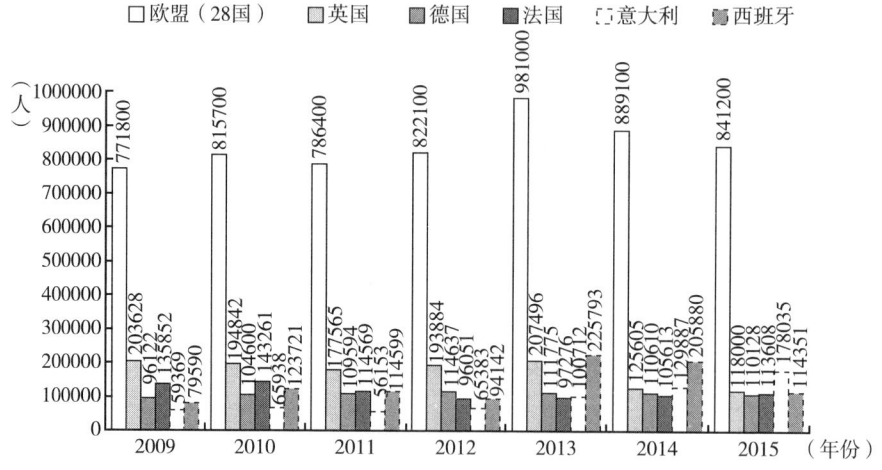

图2 2009~2015年欧盟及主要国家授予新移民身份人数情况

资料来源:欧洲统计局(Eurostat)。

---

① 欧洲统计局,Eurostat,http://ec.europa.eu/eurostat/tgm/table.do? tab = table&init = 1&plugin = 1&pcode = tps00024&language = en,2017年11月21日。

移民危机冲击下的英国社会分裂和治理困境

近年来，欧盟成员国公民占英国外来移民的数量与日俱增，给英国造成冲击。据英国国家统计局2017年发布的数据显示，2016年英国约有6500万居民人口（residents），其中约有1/7的人口出生在国外（920万），非英国出生的人口中差不多四成（350万）出生在欧盟其他国家，其中波兰是最常见的非英国出生国，估计有91万居民出生在波兰。和2015年相比，2016年英国人口中欧盟出生的人口增加了30万人。2016年，英国每11个人口中约有1人拥有非英籍国籍（600万）；其中大部分（60%）拥有欧盟国籍（360万）。① 2016年英国的净移民中来自欧盟的净移民差不多达到13.3万，虽然比2015年减少了51000人，但欧盟公民在新移民中所占比例自2004年以来一直稳步上升（当时为22%），远远高于2000~2003年的平均水平（13%左右）。相比之下，欧盟以外的移民比例则从2004年的63%下降到2016年的45%。② 这些来自其他欧盟国家的移民，冲击了英国的社会福利体系和就业市场。随着英国经济衰退，移民问题经过媒体炒作后愈演愈烈，让英国普通民众心理的被剥夺感和不安全感增加。出于自身利益、民族认同、文化相融和国家安全等考虑，英国很多民众对于欧盟一体化政策下劳动力自由进入英国心存不满和不悦。

而移民危机的另一种表现则是非欧盟成员国的难民迁移。然而，直到2015年，这种外来的难民流动才开始成为一个令英国人关注的移民问题。"阿拉伯之春"后，中东和非洲的政治动荡使得越来越多的难民涌入欧洲。虽然，目前英国是欧洲成员国中接收难民庇护申请较少的国家，2016年接收难民数仅为9935人。③ 但近年来愈演愈烈的难民危机，令英国民众对于

---

① Office for National Statistics: Population of the UK by country of birth and nationality: 2016. https://www.ons.gov.uk/peoplepopulationandcommunity/populationandmigration/internationalmigration/bulletins/ukpopulationbycountryofbirthandnationality/2016.
② Markaki, Yvonni and Carlos Vargas-Silva. "Long-Term International Migration Flows to and from the UK". Migration Observatory Briefing, COMPAS, University of Oxford, UK, June 2017.
③ 欧洲统计局：http://appsso.eurostat.ec.europa.eu/nui/show.do?dataset=migr_asydcfsta&lang=fr.

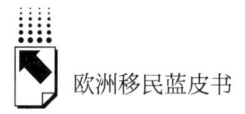

被其他欧盟成员国接收的难民，甚至非法移民，未来进入英国的可能忧心忡忡，对移民问题的关注和焦虑持续升温。2014年，跨越欧洲13个国家的"跨大西洋趋势"进行的一项调查询问人们是否担心欧盟内外移民的水平。调查表明包括希腊、意大利和法国在内的一些国家的人们最关心的是来自非欧洲国家的移民问题。而英国、德国、西班牙等其他国家，对无论是来自欧盟还是来自非欧盟的移民的关注程度大致相同，都非常担忧。①

一项针对英国成年人的代表性样本的全国性民意调查结果表明，移民已经是公众认可的英国最重要的社会问题之一。英国市场调查公司益普索公司（Ipsos MORI）多年来持续跟踪调查了公众对英国重要公共事务的态度。Ipsos MORI要求被调查的英国民众说出"国家面临的最重要的问题"（most important issue facing the nation）的答案。多年来跟踪调查的结果显示，自20世纪90年代以来公众对移民的关注急剧上升。1999年12月，虽然民众的答案提及与移民有关的答复不超过5%。但自那时以来，"移民问题"已成为英国公众主要被提及的答案之一。随后，英国民众对移民问题的关注持续高涨，在2015年9月达到历史最高水平，有56%的受访民众自发地提到移民问题，认为它是英国民众最关注的社会问题（见图3）。截至2016年8月，受访者最常提及的问题分别是移民（34%）、欧盟/欧洲/共同市场（31%）、国家卫生服务（31%）、经济（30%）、住房（22%）、国防/国际恐怖主义（19%）②。表明移民问题成为当前英国一个突出的民意热点，民众对其已经出现集体焦虑和担忧。

---

① Blinder, Scott and William L. Allen, "UK Public Opinion toward Immigration: Overall Attitudes and Level of Concern." Migration Observatory Briefing, COMPAS, University of Oxford, November 2016. http://www.migrationobservatory.ox.ac.uk/wp-content/uploads/2016/04/Briefing-Public_Opinion_Immigration_Attitudes_Concern.pdf.

② 益普索年报（Ipsos MORI Almanac 2016），https://www.ipsos.com/ipsos-mori/en-uk/ipsos-mori-almanac-2016。

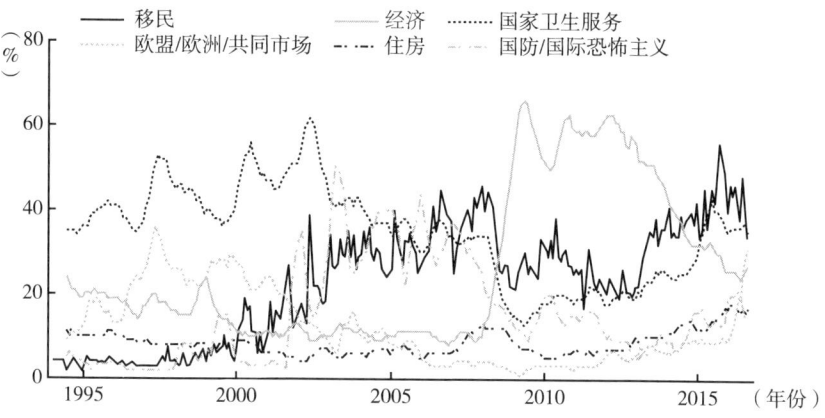

图3 1995～2015年英国民众最关注的社会问题趋势

资料来源：益普索年报（Ipsos MORI Issue Index）。①

二 关于移民的民意鸿沟及分歧

近年来，移民问题与地缘政治危机、经济环境恶化等多因素叠加引发了复杂的社会经济问题，使得本已脆弱和紧张的英国内政雪上加霜，也影响了英国的稳定，导致英国国内针对移民问题出现日益激烈的争论和民意分歧。例如，2017年6月发布的最新英国社会态度（BSA34，2016）调查②发现，英国民众在移民对本国经济影响方面的看法和观点分歧非常严重。该调查对象不仅包括英国民众，还包括瑞典、法国等其他17个国家。调查显示，在认为移民影响是否积极的问题上，英国的45岁及以下年龄的毕业生和65岁以上的离校生群体二者之间的态度百分比的差异达到了46%（见图4），是

---

① Blinder, Scott and William L. Allen. "UK Public Opinion toward Immigration: Overall Attitudes and Level of Concern." Migration Observatory Briefing, COMPAS, University of Oxford, November 2016.

② 英国最大的独立社会研究机构 Natcen 每年均进行英国社会态度（BSA）调查，调查对象不少于3000人，都是根据邮政编码进行随机概率抽样获得的。这项调查是英国民意和舆论的重要指标，经常被政府、新闻界和学术界所使用。自1983年以来，BSA一直在衡量和跟踪人们的社会、政治和道德观念的变化。详见 www.bsa.natcen.ac.uk。

18个受调查的欧洲国家中最大的。换句话说,欧洲各国民众对待移民的认知态度的鸿沟在英国是最明显的。

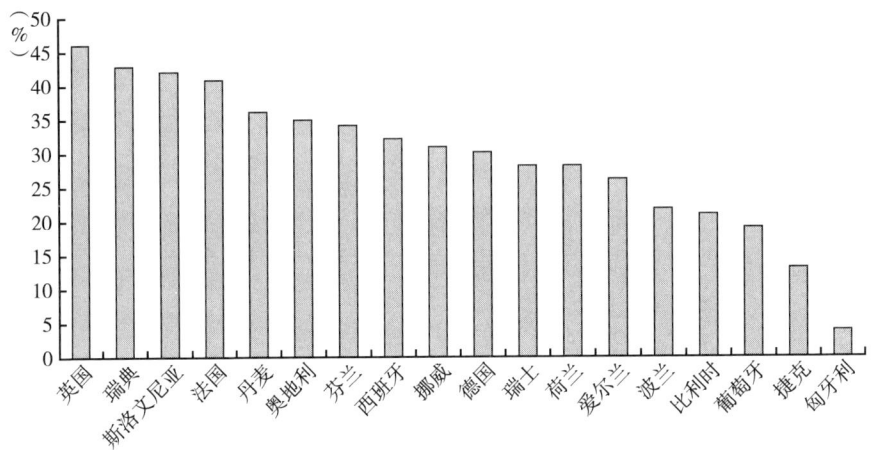

图4 欧洲各国45岁及以下年龄的毕业生和65岁以上的离校生群体之间在对待移民问题上持积极认知态度的百分比差值

资料来源:BSA,报告使用"the 2014 ESS data"[①]。

除此之外,越来越多的民意调查反映出英国社会中的不同阶层以及不同地区之间,在移民问题上存在着不同看法,显示国内民意和阶层分化。比如,英国社会态度调查(2014)指出,伦敦地区的居民对移民的看法和全国其他地方的情况脱节。在伦敦地区,54%的民众认为移民对英国经济来说是一件好事,而英国其他地区只有25%持此看法(British Social Attitudes Survey,2014)。

最近的英国社会态度调查(BSA)(Ford et al.,2012;Ford and Heath,2014)和ESS数据(Heath and Richards,2016)表明,不同年龄、教育水平、社会阶层、出生地的民众,以及持有不同社会信任理念,对经济满意度感受不同的群体对移民的态度显示出强烈的社会分歧(见表1)。

---

① 欧洲社会调查(ESS)是一个欧盟各国参与的基础研究项目(ESRC)。

表1 英国社会不同阶层对移民的看法

单位：%

项目分组	认为移民对丰富文化有好处	认为移民对经济发展有好处	认为移民创造了就业岗位	认为移民导致犯罪增长
18~29岁	48	48	31	45
70岁以上	31	29	29	60
年龄组分歧	17	18	2	15
技术阶层（专业和管理）	61	57	45	43
非技术阶层	32	27	24	52
阶层组分歧	29	30	20	10
大学以上教育水平	68	62	52	37
其他教育水平	30	29	25	57
教育水平组分歧	39	34	26	19
出生于英国以外	62	61	55	37
自身及父母在英国出生	36	34	27	54
出生地不同组的分歧	26	26	29	17
秉持大多数人是值得信任的理念	52	50	40	45
秉持越小心越好的理念	30	27	23	60
持有不同社会信任理念组分歧	22	23	17	15
对经济满意	54	53	44	47
对经济不满意	34	30	24	56
经济满意度感受不同组分歧	20	22	19	10

资料来源：UK respondents to the European Social Survey wave 7（2014）[1]。

调查发现，受访者认为移民对丰富文化有好处的最积极社会群体和最消极群体之间的意见差距在17~39个百分点，其中，认知态度偏差最大的是教育水平不同的阶层，大学以上教育水平的民众68%认为移民对丰富文化来说是一件好事，而其他教育水平的只有30%，差距差不多达到了38个百分点。

认为移民对英国经济发展有好处的最积极社会群体和最消极群体之间的意见差距在18~34个百分点，其中，认知态度偏差最大的也是教育水平不

---

[1] 参见 UK respondents to the European Social Survey wave 7（2014）调查报告章节"The class vanables are drawn from the 5-Class OESCH class schema"的附录。

同的阶层，大学以上教育水平的民众62%认为移民对英国经济发展来说是一件好事，而其他教育水平的只有29%，差距差不多达到了33个百分点。

认为移民创造了就业岗位方面的最积极社会群体和最消极群体之间的意见差距在2~29个百分点，其中，认知态度偏差最大的是出生地不同的阶层，出生于英国以外的民众55%认为移民能够创造就业岗位，而自身及父母在英国出生的民众只有27%这样认为，差距差不多达到了28个百分点。

认为移民导致犯罪增长方面的最积极社会群体和最消极群体之间的意见差距在10~19个百分点，其中，认知态度偏差最大的也是教育水平不同的阶层，大学以上教育水平的民众37%认为移民导致犯罪增长，而其他教育水平的则差不多有57%，差距为20个百分点。

在如何对待移民群体方面，英国民众也持有不同的态度和情感。据益普索（Ipsos MORI）进行的公众情绪（Public Mood）的调查表明，无论是2015年，还是2016年，民众对是否控制现在英国移民水平的看法各异，但超过一半的民众支持降低移民人数（见图5）①。

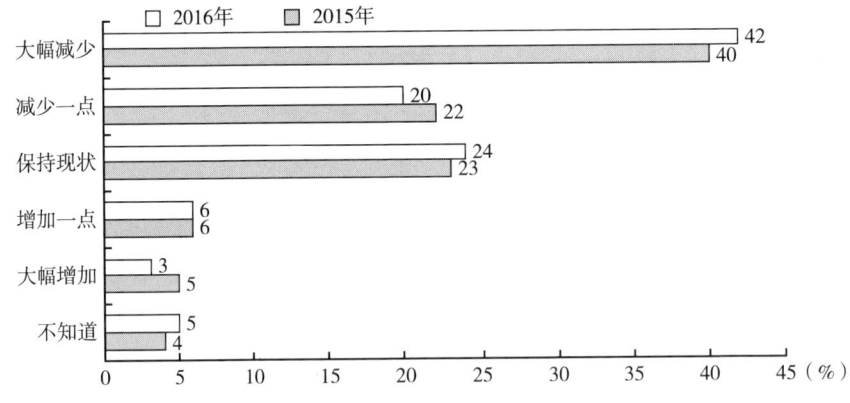

图5 2015年和2016年英国民众对控制移民的态度

① Ipsos MORI：The Public Mood（2017），https：//www.ipsos.com/sites/default/files/2017 - 04/ipsos - mori - the - public - mood. pdf.

而在回答调查问题"为什么你认为现在应该减少英国移民数量"时,民众回答的原因排前五位的是,"移民造成了工作短缺"、"导致国家人口太多"、"耗尽福利资源"、"我们需要优先照顾英国人"、"移民正从英国人手中拿走住房"(见图6)。①

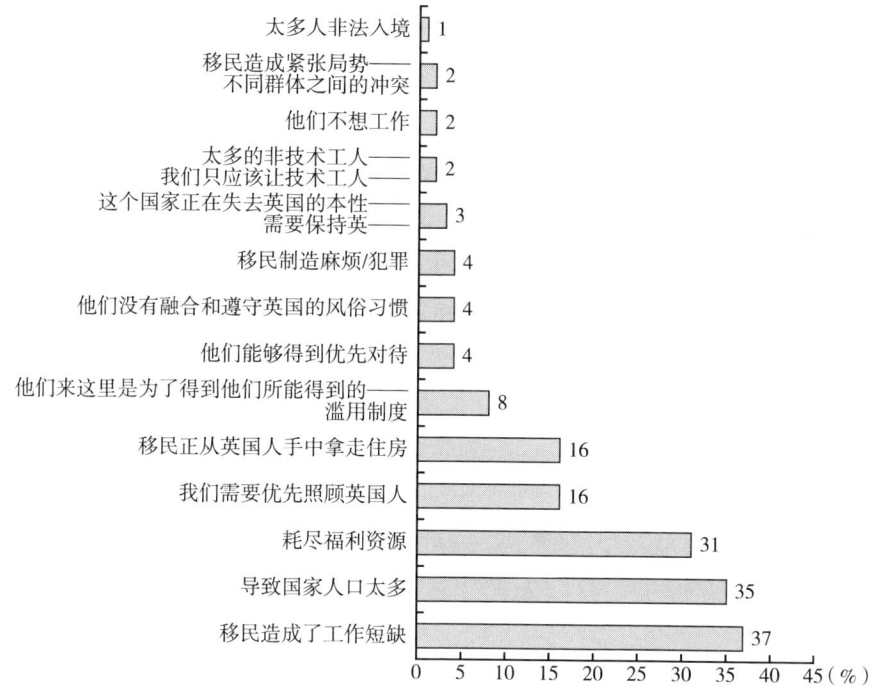

图6 应该减少移民原因(英国民众)

在欧盟一体化框架下,如人员的自由流动、劳动力市场的开放等,英国以外的欧盟国家移民得以合法大量涌入,他们一方面可以获得英国普遍性的福利保障,稀释了英国的社会福利;另一方面愿意从事低报酬的下层工作,挤占了英国中底阶层民众的工作机会。此外,移民的复杂背景,以及其中可能混入的恐怖分子、极端人员,更是带来了安全问题,这些都令关切移民问

---

① Ipsos MORI: The Public Mood (2017), https://www.ipsos.com/sites/default/files/2017-04/ipsos-mori-the-public-mood.pdf.

题的大多数英国民众，特别是经济落后地区的民众和城市中下层阶级成为反对移民的主要社会群体。YouGov 民意调查①也发现了类似的趋势，在对待移民问题上，不同群体之间存在一些关键差异。据 YouGov 的调查表明，妇女、工薪阶层和 40 岁以上的人对移民的敌意远远超过男性、中产阶级和 40 岁以下的人。当 YouGov 向英国民众询问关于英国社会的大方向时，民众的回答显示，不喜欢移民的往往是对英国未来几年感到最不安全和最悲观的群体②。

总之，不同层面的民意调查结果都表明，英国公众对移民问题方面有着严重分歧，难以形成共识，存在民意鸿沟。

三　民粹主义上升加剧社会分裂和治理困境

在移民问题上持续不断的争论和民意的分歧，激发了民粹主义力量的上升。公众对于移民的态度由欢迎变为不欢迎，甚至逐渐演变为排斥，引发被压制的排外传统的释放，转而投向反移民更为激烈的民粹主义。

生存状况的持续恶化令其不满情绪激增，致使他们选择从体制外、传统手段外来寻求改变和解决的途径。近两年来涉嫌种族歧视和排外情绪的案件时有发生，很多城市和街区出现了种族歧视的涂鸦和反对移民的标语，还有人对外来移民和少数族裔进行言语攻击，做出侮辱行为，甚至是骚扰伤害。据英国内政部发布的报告，2015～2016 年度，警方记录的仇恨犯罪（Hate Crime）有 62518 宗，比 2014～2015 年度增长了 19%，而 2016～2017 年度则有 80393 宗，与 2015～2016 年度相比，增长了 29%，是近年来增长最快的，其中，种族仇恨犯罪 62685 宗，增长了 27%；宗教信仰仇恨犯罪 5949 宗，增长了 35%。特别是在英国针对是否退出欧盟进行全民公投之后

---

① YouGov（舆观）是一家享誉全球的独立网上市场研究公司，于 2000 年在英国伦敦成立，至今已被公认为是网上市场研究领域的先行者。
② YouGov：Why we like migrants but not immigration，https：//yougov.co.uk/news/2015/03/02/why-we-like-migrants-not-immigration/．

（2016年7月），仇恨犯罪出现了较大幅度的增加，是投票前的两倍，比2015年同期相比罪行增长了44%。① 据英国《卫报》报道，伦敦警方认为脱欧公投后仇恨犯罪的"可怕飙升"与脱欧公投有关，绝大多数事件涉及东欧国家的公民，对波兰人的袭击比其他所有族群更多。②

总之，从目前来看，移民问题在英国已经成为一个极其敏感的带有民粹色彩的政治话题，它的政治重要性急剧上升，英国政府已开始重新评估其作用，并将移民危机置于其议程的首位，并采取了一些政策措施来回应这个问题。

2016年5月12日，在保守党的推动下，《2016年移民法案》(*Immigration Act 2016*)获得了英国女王的正式批准而成为法律，并成为英国保守党获取公众选票的有力工具之一。与《2014年移民法》相比，新移民法推行了一系列改革以进一步打击在英非法移民问题，让非法居者更难在英国生活。该移民法主要着重于加强劳动力市场监控，加大力度打击非法移民在英国非法工作等现象。同时，制订收紧房租出租规定，使非法移民更难在英国建立稳定生活，从而减少非法移民选择英国作为目的地的可能性。《2016年移民法案》企图多管齐下以釜底抽薪的方式，从根本上消除和挤压非法移民在英国存在的经济基础和生存空间，缩短他们遣送的程序，以此到达迅速消减在英国的外来移民人口净数量的目的。这个新政既是针对近来越来越严重的欧洲难民危机而制定的一种控制措施，同时也是执政党声言"要把每年的净移民人数控制在10万人"承诺③的回应。

---

① Home Office, Hate Crime, England and Wales, 2015 – 2016 & Hate Crime, England and Wales, 2016 – 2017. https://www.gov.uk/government/statistics/hate-crime-england-and-wales-2015-to-2016. https://www.gov.uk/government/uploads/system/uploads/attachment_data/file/652136/hate-crime-1617-hosb1717.pdf.
② Matthew Weaver, Hate crimes soared after EU referendum, Home Office figures confirm; 13 October 2016 – 10, 51BST, https://www.theguardian.com/politics/2016/oct/13/hate-crimes-eu-referendum-home-office-figures-confirm.
③ 卡梅伦在2015年大选时曾做出承诺，要把每年的净移民人数控制在10万人的水平。接替卡梅伦的新首相特蕾莎·梅上台后代表执政党承诺，一旦英国脱欧后离开欧盟单一市场，这个数字将会低于10万。

2016年6月23日，英国举行全民公投，决定是否继续留在自1973年就加入的欧盟。最终结果表明，本次公投的投票率超过72%。支持英国留在欧盟的比例为48.1%，而有51.9%的投票人支持英国退出欧盟。换句话说，英国历史上第三次全国性公投的结果决定了英国离开欧盟。虽然导致英国脱欧的原因有很多，但毋庸置疑的是移民危机是其中的重要影响因素之一。自2010年6月以来的五年间，英国选民已经将移民问题视为排名第二的国家面临的最重要的问题[①]。很多英国民众将移民问题的解决寄望于脱欧，接替卡梅伦的新首相特蕾莎·梅代表执政党承诺，一旦英国脱欧后离开欧盟，英国净移民人数将会低于10万。换句话说，外来移民在脱欧事件中成为保守党社会政策失当与治理失能的代罪羔羊。

此次公投揭露了英国社会当前遇到的一个重要问题（或者说导致此种结果的一个重要原因）是，英国社会中的不同阶层以及不同地区之间针对移民等系列社会经济问题存在着严重分歧。同时，这些分歧助长了不同年龄、教育水平、阶级等群体之间的政治冲突，而且也导致民粹主义力量的上升，强化了底层民众与精英阶层、本国民众与外来移民的矛盾和分裂，并引发了社会的分裂。

公投前夕，英国的精英阶层代表，包括欧洲企业家圆桌会议论坛、英国工业联合会、大型企业首席执行官、英格兰银行行长、英国主要经济学家，以及欧盟理事会、欧盟委员会及欧盟成员国领导人、美国总统奥巴马等七国集团领导人等国际经济、金融和政治精英通过演说、公开信、游说、访谈、讲话等多种方式，向脱欧阵营的民众发出脱欧将会引发英国经济、金融乃至社会震荡的预警[②]，表明了精英阶层对待脱欧的态度。同时，国际货币基金组织（IMF）、经济合作与发展组织（OECD）、英国央行（BoE）、英国的财政研究所（IFS），甚至英国财政部等主流金融机构相继发布研究报告，从

---

① YouGov (2015), "Health Overtakes Immigration as an Issue for Voters", YouGov, 15 April, https://yougov.co.uk/news/2015/04/15/health-tops-immigration-second-most-important-issu。

② 李宏：《民粹主义与英国工党》，《当代世界社会主义问题》2017年第1期，第80~83页。

不同角度证明"脱欧"会给英国带来负面经济影响，不符合英国的利益，阐述了其支持英国"留欧"的鲜明立场。

可是，对于城市中下层阶级和经济落后地区的民众来说，近年来的经济发展停滞，甚至下滑，使他们不得不承担着欧盟单一市场所带来的代价。就业机会被移民带来的低工资高技能的人工抢走，教育和医疗资源被稀释，自身的福利待遇受损，获得感的降低令普通民众对现状强烈不满，让他们对精英阶层、官僚机构以及金融机构等充满本能的敌意和强烈的抵抗性。他们认为继续待在欧盟并不能改善移民危机，因为留在欧盟的好处主要是精英阶层享受，比如，欧盟的签证优惠、低工资的技术工人等，而移民危机带来的负担却被转移给中产阶级、工薪阶层承担，这些使得普通选民发泄不满的焦点转向了传统精英以及其所倡导和支持的现有体制，成为积极的"脱欧派"。

面对民意的分裂和对峙，英国政党迎合了一部分选民的利益，却损害了另一部分选民的利益，这反过来使得英国社会的分裂和失衡进一步加大。英国的右翼势力声称，"脱离欧盟之后，英国可以完全控制本国的边界，根据本国的经济利益和承受能力独立自主地决定是否接纳移民，接纳多少移民，接纳哪种类型的移民，从而可以有效缓解英国教育、医疗和其他公共设施的压力，提高工资水平"。[①] 因此，脱欧公投的启动，一方面在于英国普通民众对现实失望，对既有制度失去信心，另一方面在于受到英国政党角力影响，被政客放大脱欧后"移民及加强边境"优势的鼓动下，中下层民众认为脱欧可以限制移民涌入，是解决现实困境的良方。公投结果表明，在英国的民粹浪潮下，移民侵蚀福利和工作的现象成为选民发泄不满的方向。

总之，正如英国《旁观者》杂志评论所说的，"没有哪次选举像脱欧公投这样造成贫富阶层间这么大裂痕。受过教育的精英和蓝领之间完全对立，这展示了全球化和大规模移民对英国每个阶层的不同影响"。[②]

[①] 刘益梅：《英国"脱欧"公投中的民粹主义现象分析》，《江苏行政学院学报》2017年第4期，第83~89页。

[②] 徐惠芬：《"脱欧"让英国深深陷入分裂》，《新闻晨报》2016年6月28日，http://newspaper.jfdaily.com/xwcb/html/2016-06/28/content_201474.htm。

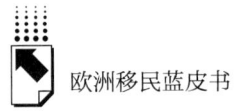

四 移民危机的长远影响

移民危机所带来的主流政治精英层与民众的离心倾向导致了英国的分裂,伴随着社会经济困境以及政党之间的博弈,最终对英国国内和国际事务的政策走向产生重要影响,推动了英国国家治理结构的变化。从长远来看,移民危机所引发的社会分裂,在社会、经济和政治三方面都有可能出现加剧破坏英国稳定性和同一性的局面。

首先,移民危机所引发的民众之间的分歧和矛盾仍将继续加深。可以肯定,如果英国政府在经济和社会问题的治理方面没有强有力的措施,至少在最近一至两年内,英国社会仍然会对移民抱有一种不友好的态度,由移民危机造成的焦虑和不安,甚至敌对情绪依然会存在。特别是,为解决移民问题,被很多英国民众寄予厚望的脱欧谈判,如果时间持久,那么这种不稳定状态也将持续发酵。一旦退欧后的英国政府仍然没有解决移民危机问题,不能提供更多能带来安全感和信任感的公共产品,那么未来依然存在引发英国社会更严重的分裂和动荡的可能。

其次,虽然目前执政党已经将英国的移民政策缩紧,由宽容转为严控,但紧缩的移民政策又会加大英国公司从海外聘请技术人员的成本,从长期来看,将不可避免会抑制英国公司的全球竞争力,进而对整个经济层面造成负面影响。英国政府如何将这些机会(移民危机)转变成可持续的经济效益仍然是一个问题,也是对执政党的挑战。人口和劳动力市场需要积极的移民政策才能重新焕发活力,而可持续的经济发展才能维护社会凝聚力。可以预期,英国的移民危机带来的挑战可能会通过两套具有互补作用的政策组合予以解决,即提高劳动力市场的参与率,以及实现一个平衡、公平和积极的移民政策,而这样的政策出台并推行是对政府执政能力的考验。

最后,受英国移民危机的影响,近年来英国民粹主义在英国得到迅猛发展,退欧事件加强导致其呈进一步上升趋势。英国民众普遍的政治诉求是反精英、反全球化、反移民、反欧洲一体化。从政党政治的角度来看,英国的精英政权影响力至少在短期内会下降。英国因移民危机引发的社会分歧，以及退欧后果令英国政府认识到，精英政治与基层民众之间的巨大分裂已经对英国的未来发展造成了深刻影响，并提出了政治改革的挑战。如何弥合分歧，有效动员民众，对民粹主义的政治土壤进行改良，使英国更加和谐，这种变化需要有强有力的领导通过制定新政策促使英国经济和社会向更好的方向转变，抵御移民危机带来的社会和经济方面的影响，确保政权得到公民的支持，并且这些措施必须符合并促进英国中长期改革的需要，否则就存在引发国家权力与政治结构重组危机局面的可能。

B.13
北欧国家难民应对和管理：以瑞典为例

柳玉臻*

摘　要： 北欧国家，特别是瑞典，在当前欧洲难民危机应对上发挥了重要的作用。在2011～2017年，北欧五国接收了14%的进入欧盟的难民。五个国家虽然在难民管理实践上存在差异，在难民政策和管理理念上比较一致。本文详细介绍了瑞典的难民政策和难民管理经验，分析了瑞典的难民应对策略和难民对瑞典的社会影响。虽然瑞典政府和社会总体上认为接收难民"利大于弊"，但难民接收带来了巨大的财政负担，并正在改变瑞典的社会结构和文化特征。接收难民的成本和管理难民的困难使得北欧五国加强了边境管控，在未来难民政策会处于持续收紧状态。

关键词： 北欧　瑞典　难民管理

自2011年起，来自中东、北非、西巴尔干及阿富汗等地区的难民大规模经由地中海或土耳其进入欧洲，形成了第二次世界大战以来欧洲最为严重的难民危机。面对规模庞大和构成复杂的难民群体，欧盟和各成员国在难民接收、难民甄别、难民安置和难民融合等方面立场和做法有很大的差异。在这其中，瑞典，相对于欧洲大陆国家和其他北欧国家，采取了较为开放和包

---

* 柳玉臻，女，山东潍坊人，博士，副教授，广东外语外贸大学政治与公共管理学院，国际移民研究中心。主要研究方向为社会政策、社会流动、社会工作。

容的难民政策。本文从统计资料和新闻报道分析介绍了瑞典的难民政策和难民管理经验，考察了瑞典积极接纳难民的原因和难民给瑞典带来的社会影响；作为对比，本文还简要介绍了其他北欧四国在此次难民危机中的应对策略。在此基础上，本文分析了瑞典和其他北欧国家在难民问题上的管理难点和发展走向。

一 北欧国家接收难民情况

按照北欧理事会的构成，北欧国家指位于欧洲北部日德兰半岛、斯堪的纳维亚半岛的五个主权国家，包括冰岛、丹麦、挪威、瑞典和芬兰。从地理位置来讲，这五个国家离难民来源国较远，也并非难民涌入的前线国家；然而，由于北欧国家普遍经济发达、社会福利完善，不少难民选择穿越欧洲大陆进入北欧。从欧洲统计局公布的数字，自2011年起，北欧五国，特别是瑞典，扮演了重要的难民接收角色（见表1）。

表1 北欧五国2011～2017年接收庇护申请数量

单位：人

年份	2011	2012	2013	2014	2015	2016	2017
瑞典	29650	43855	54270	81180	162450	28790	26325
挪威	8990	9675	11930	11415	31110	3485	3520
丹麦	3945	6045	7170	14680	20935	6180	3220
芬兰	2915	3095	3210	3620	32345	5605	4990
冰岛	75	115	125	170	345	1125	1085
总计	45575	62785	76705	111065	247185	45185	39140

资料来源：Eurostat, Asylum Statistics, http://ec.europa.eu/eurostat/statistics - explained/index.php/Asylum_ statistics。

由表1可知，在2011～2017年，瑞典接收了超过40万难民，挪威接收了近8万难民，丹麦接收了近6万难民，芬兰接收了约5万难民，冰岛接收了约2000名难民，北欧五国在总体上接收了近60万难民，占欧盟国家接收难民总

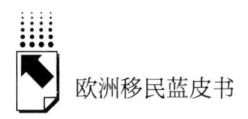

数的14%，特别是瑞典一个国家接收了9.3%的难民。从北欧的人口规模来看，至2016年12月31日，北欧五国的居民总数为26843885人；如果累计在2011~2016年北欧五国接收的难民总数，难民占北欧五国居民总数的比例超过2.19%，这个数值远远超过在欧盟28国难民占居民的平均比例（0.25%）。

从难民的组成来看，北欧五国接收的首次避难申请的难民主要来自叙利亚、阿富汗和伊拉克，其他的难民来源国包括索马里、厄立特里亚、摩洛哥、马其顿、阿尔巴尼亚、埃塞俄比亚等（见表2）。在人口特征上，北欧五国接收的难民总体与欧盟成员国情况相似，男性申请者超过女性，难民主体年龄在18~34岁。以瑞典为例，在2015年（接收难民最多的年份）难民群体中，男性占比为70.44%，女性占比为29.56%。在年龄分布上，18~34岁难民群体的比例为39.81%，64岁以上老年人的比例仅为0.92%，但一个特殊之处为在瑞典申请避难的未成年人比例很高，达到43.21%，其中没有成年人陪伴的未成年人比例为21.72%，成为瑞典难民甄别中最迫切需要做出决定的群体。①

表2　首次避难申请者国籍（2016年）

单位：人

地区	申请总数	第一来源国	数量	第二来源国	数量	第三来源国	数量
瑞典	22330	叙利亚	4710	阿富汗	2145	伊拉克	2045
挪威	3240	厄立特里亚	545	叙利亚	540	阿富汗	365
丹麦	6055	叙利亚	1255	阿富汗	1110	无国籍*	490
芬兰	5275	伊拉克	1080	阿富汗	685	叙利亚	600
冰岛	1105	马其顿	460	阿尔巴尼亚	230	伊拉克	75
北欧五国	38005	叙利亚	7105	阿富汗	4305	伊拉克	3200
欧盟28国	1204280	叙利亚	334820	阿富汗	182985	伊拉克	126955

注：*无国籍指申请者无法被确认其国籍身份。
资料来源：Eurostat Data in Newsrelease 46/2017 – 16 March 2017，http：//ec. europa. eu/eurostat/documents/2995521/7921609/3 – 16032017 – BP – EN. pdf/e5fa98b – 5d9d – 4297 – 9168 – d07c67d1c9e1。

---

① 瑞典移民局：Swedish Migration Agency，Statistics for 2015，https：//www. migrationsverket. se/English/About – the – Migration – Agency/Facts – and – statistics – /Statistics/2015. html。

二 瑞典的难民政策和难民管理经验

瑞典接收的难民包括在瑞典边境和瑞典境内自主申请避难的难民，另外还包括由联合国难民署安排的配额难民。瑞典为欧盟国家，按照欧盟《都柏林协议》(*Dublin Regulation*)，自主申请者需要在所进入的第一个欧盟国家进行难民登记、申请和甄别。对于自主申请者，瑞典移民局要求申请者在递交申请时录入指纹，以此判断该申请者是否在欧盟其他国家递交过避难申请，是否有在其他国家被允许或禁止申请的记录。如果申请者持有在都柏林范围内另一国家的签证，或者未持合法签证曾经进入另一国家，或者在另一国家递交过避难申请，或者在另一国家有家庭成员已经递交申请或持有合法居住证件，瑞典移民局会安排申请者返回这一国家递交避难申请和等待申请决定。如果对瑞典移民局做出的"需要到另一国家递交申请"的判定不同意，申请者可以在收到决定书的21天内向瑞典移民法庭上诉。申诉者在上诉处理期间可以留在瑞典，并且可以申请法律援助来雇请律师帮其申诉。如果法庭裁定结果为离境，申请者需要在规定时间内自愿离开瑞典，否则会面临强制遣返或者拘押的处罚。

在确定该申请者可以在瑞典递交申请之后，瑞典移民局会对申请者的材料和背景进行调查，并安排一次或多次调查访谈。在访谈中，移民局调查官会针对申请者的陈述和证据，特别是为什么寻求避难和如果返回自己的国家会遭遇什么情况，来做出决定。按照联合国难民公约（*UN Convention Relating to the Status of Refugees*）和欧盟的指导（*EU Asylum Qualification Directive*），瑞典移民局做出是否给予难民居住许可的主要依据是申请者是否因为他的种族、国籍、宗教或政治信仰、性别、性倾向或者属于某一特殊社会群体等原因在本国可能受到迫害。如果认为申请者害怕迫害的理由成立，移民局会认定申请者的难民身份，并给予难民身份宣告（Refugee Declaration）。另外，如果移民局认定申请者返回自己的国家会遭遇死刑或者其他非人道的惩罚，或者是来自武装冲突地带的平民，移民局会给予申

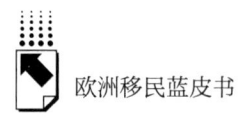

者辅助保护身份（Subsidiary Protection）。在2016年7月20日瑞典新移民法实施之前，凡是在2015年11月24日前递交材料的避难申请者，如果获得难民身份或者辅助保护身份，申请者均可获得在瑞典的永久居住许可；在新移民法实施之后，难民身份可以获得有效期为3年的居住许可，辅助保护身份可以获得13个月的居住许可。①

对于自主申请者，瑞典移民局在国家财政的支持下，为申请者在等待处理决定期间提供经济支持（提供银行卡、生活津贴和特殊补助），另外，移民局还会协助申请者申请住房，包括协助联系住房，或者安置在移民局提供的住房。申请者还享受在瑞典的医疗服务、紧急医疗救助服务以及与瑞典儿童相同的免费儿童教育和儿童医疗服务。另外，申请者如果有充分理由能获得合法身份，在获得难民身份证件（LMA-kort）时申请者还可以获得难民就业许可（AT-UND），可以在瑞典境内寻找工作和就业。如果难民避难申请被拒，获得工作的难民可以向移民局申请工作许可继续留在瑞典。

在避难申请通过后，获得居住许可，包括永久居住许可、临时居住许可（3年）和保护居住许可（13个月）的难民都可以享受瑞典移民的社会福利，特别是瑞典的公共就业服务，包括语言课程、职业培训和匹配就业等。另外，永居和临时移民可以提供担保来资助其家庭成员申请移民身份以实现家庭团聚（保护居住许可者仅在特殊情况下能申请家庭成员团聚）。获得临时居住和保护居住许可的难民如果能找到工作或者自主就业，在经济上能够支持自己，居住许可可以延期，也可以申请转为永久居住许可。

如果避难申请被拒，申请者可以选择接受决定离开瑞典或者不接受决定而向移民法庭上诉。申请者如果在三周内没有上诉，拒绝进入的判决生效。选择自愿离开的难民需要在四周（收到驱逐决定）或者两周（收到拒绝进入决定）离开瑞典，如果收到拒绝进入立即执行的决定，申请者需要在收到决定后马上离开瑞典。如果申请者没有在规定时限内离开瑞典，申请者会

---

① Swedish Migration Agency, Asylum Regulation. https://www.migrationsverket.se/English/Private-individuals/Protection-and-asylum-in-Sweden/Applying-for-asylum/Asylum-regulations.html.

收到禁止进入所有申根签证国家的命令。自愿离开瑞典的申请者可以回到自己的国家,或者回到欧盟内曾经递交过避难申请的国家。如果离开者缺乏交通费用,瑞典移民局代为支付。如果申请者选择上诉,上诉者需要在三周时间内写信或委托律师给移民法庭。移民法庭会重新做出通过或者拒绝避难申请的决定,如果对移民法庭(The Migration Court)的决定不满意,申请者还可以向最高法庭(the Migration Court of Appeal)上诉,该法庭给出最终判决。在移民局做出申请拒绝判决后,移民局停止给被拒的难民提供住房和生活津贴,并要求被拒者交还难民身份证件(LMA-kort)和银行卡。如果上诉法庭做出了拒绝入境的决定,对于不配合者,瑞典移民局会采取关押等措施强制申请者出境。

以上介绍了瑞典的难民接收、甄别和管理政策。虽然瑞典按照欧盟的《都柏林协议》对难民进行了申请筛选,但在总体上,瑞典对难民的态度比较开放和包容。从总体数量来看,在2011~2016年,400195名难民到达瑞典,283485名申请者获得了合法的难民身份,申请通过率为70.84%,高于欧盟国家在同期的总体水平(68.42%)。[1] 另外,难民从递交申请开始在瑞典就享有就业、住房、教育、医疗等权利和社会福利,从难民临时居住许可转化为永久居住许可和瑞典公民的通过率也很高。从难民政策的角度,瑞典被各国传媒认为是对难民"最友善"的国家。

三 瑞典接收难民的成本—收益分析和社会影响

在2014年9月瑞典大选中,如何处理难民问题是瑞典各政党争论的焦点,反对接收难民的瑞典民主党快速成为瑞典的第三大政党。在2016年6月,瑞典国会修改了移民法,特别是将难民签证由永久居住许可调整为3年期限的临时居住许可。尽管有这些争论和政策调整,在移民和难民政策上,瑞典执政党(社

---

[1] 申请通过率根据欧洲统计局数字计算得出。http://ec.europa.eu/eurostat/statistics-explained/index.php/Asylum_statistics。

会民主党与左翼党及环境党联盟）与在野党（温和党、中央党、人民党与基督教民主党联盟）统一的立场是接收难民"利大于弊"，民意调查也显示瑞典民众对接收难民多持肯定态度。① 接收难民一方面是瑞典承担国际人道主义责任，提升了瑞典的软实力；另一方面难民的进入，特别是受过一定教育的年轻难民的进入补充了瑞典劳动力的来源，一定程度上缓和了人口老龄化带来的压力。

从国家形象角度，积极接收难民提升了瑞典维护和平、追求平等的国家形象，提高了瑞典的国际影响力。从人口规模、地理面积和经济实力来说瑞典是小国，为提升瑞典的国际影响力，瑞典积极参与和支持了一些国际组织，包括联合国和欧盟的多边外交和国际协约。瑞典在1946年加入联合国，按照联合国《关于难民地位的公约》（1951）的规定，瑞典在接收难民时不区分种族、宗教或国籍，允许难民申请者合法就业，并享有与本国公民同等的社会福利、公共教育和公共救济。在2011～2016年五年间，瑞典每年接收了1900名由联合国难民署安置的配额难民，在2017年配额难民数字增长为3400名。② 除联合国层面的参与外，1995年瑞典加入了欧盟，在接纳难民方面也积极履行了欧盟的协约，包括按照《都柏林协议》接收难民，按照欧盟避难资格指导甄选难民（refugee）和辅助保护者（subsidiary protection），为难民提供住房、收入补贴、医疗和教育等。在2015年9月瑞典无条件接受欧盟提出的难民分摊方案，并愿意超额接收难民。③ 瑞典的这些慷慨做法极大地提升了其国家软实力。在2013年，瑞典作为北欧地区唯一的国家进入英国《单片眼镜》（Monocle）杂志给出的全球软实力排名的前十名，到2017年，瑞典一直在前十名之列，其中一个重要的原因是瑞典在接收难民方面的积极表现。④

---

① The Local, "More Swedes 'want increase in refugees'". https：//www.thelocal.se/20150927/more-swedes-want-increase-in-refugees.
② Swedish Migration Agency, Asylum Regulation. https：//www.migrationsverket.se/English/About-the-Migration-Agency/Our-mission/The-Swedish-resettlement-programme.html.
③ 腾讯网：《欧盟的艰难决定：通过12万难民分摊方案》，http：//finance.qq.com/cross/20150910/8O8Q37Et.html。
④ The Local, "Asylum-friendly Sweden a soft-power superpower". https：//www.thelocal.se/20131121/asylum-friendly-sweden-is-soft-power-super-power.

从劳动力的角度，积极接纳难民并鼓励难民就业可以补充劳动力，进而缓解瑞典人口老龄化带来的社会福利支出压力。尽管瑞典为本国居民提供了全面的生育福利，但瑞典女性的总和生育率长期在 2.1 的更替水平以下（2013 年为 1.89），① 以致瑞典在当代的劳动力短缺和人口老龄化问题上非常严重。从瑞典的人口统计数据，在 2017 年 65 岁以上老人的数量为 1947227，占其总人口的比例为 19.48%，是一个严重老龄化的社会。作为一个高福利国家，人口老龄化带来了沉重的社会福利负担。在 2015 年，瑞典政府（Public）和个人（Private）在养老金上的支出占其国民生产总值的 9%，略低于 OECD 国家的平均水平（9.5%），但高于挪威（6.4%）和冰岛（7.3%）。② 据瑞典公共就业服务中心的预测，在 2017 年，瑞典的劳动力缺口会持续增加，需要 64000 名移民工人的进入来弥补缺口。③

积极的难民政策在给瑞典带来利益的同时，也给瑞典带来了成本，特别是财政成本。为安置难民，瑞典移民局为难民提供暂时性的住宿，并按照住宿情况提供生活津贴。如果居住在移民局提供的房屋内，一个成年难民的每日津贴为 71 瑞典克朗。④ 如果按此标准为 40 万难民提供生活津贴，仅此一项瑞典政府的年度财政支出就超过 100 亿瑞典克朗。如果再加上为甄选和安置难民政府要提供的人力成本及其他投入，2011 年政府在接收难民上的年度支出超过 125 亿瑞典克朗，之后逐年增加，在 2016 年移民部门向财政部要求追加到 409 亿瑞典克朗，预计在 2017 年总计支出会超过 700 亿瑞典克

---

① OECDilibary, Population, Fertility, http：//www.oecd‐ilibrary.org/docserver/download/3015041ec002.pdf? expires = 1509596050&id = id&accname = guest&checksum = 4B2B6579A80831B529F44532C055BF8A.

② OECDilibary, Government, Public Expenditure, Pension Expenditure, http：//www.oecd‐ilibrary.org/economics/oecd‐factbook_ 18147364.

③ The Local,"Sweden needs immigrants to solve labour shortage：employment agency", https：//www.thelocal.se/jobs/article/sweden‐needs‐immigrants‐to‐solve‐labour‐shortage‐employment‐agency.

④ Swedish Migration Agency, Financial Support for Asylum Seekers. https：//www.migrationsverket.se/English/Private‐individuals/Protection‐and‐asylum‐in‐Sweden/While‐you‐are‐waiting‐for‐a‐decision/Financial‐support.html.

朗，占瑞典国民生产总值（GDP）的比例接近1.5%。① 除在短期安置难民的直接支出外，从长期来看，难民和移民在瑞典还产生了社会福利负担及公共支出负担。瑞典政府需要为获得居住许可和移民身份的难民提供包括住房、子女养育、教育、失业、养老等社会福利，并且需要在医疗、教育、社会治安等公共服务方面增加支出。

虽然瑞典主要政党均认可移民和难民的进入"利大于弊"，但大规模非北欧和欧盟国家移民和难民的进入正在改变瑞典的人口结构、社会结构和文化特征。从移民历史和移民构成来看，虽然瑞典不是传统的移民国家，但在过去四十年中，瑞典从世界各地吸引人才，也广泛接收国际难民，到今天，瑞典已不再是单一民族和基督教同质文化，而是成为一个由多民族组成的多元文化国家。② 从瑞典的人口统计数据来看，在2017年1月瑞典的总人口数为9995153人，其中在瑞典本国以外出生人口为1784497人，占总人口的比例为17.85%。在国外出生人口中，除芬兰、挪威、丹麦等北欧国家和波兰、德国、土耳其等传统欧洲移民来源国之外，出生地为叙利亚、伊拉克、伊朗、南斯拉夫、索马里、波斯尼亚和波黑、厄立特里亚和阿富汗等难民来源国的移民所占的比例很高（见表3）。

表3 瑞典人口中的外国出生人口主要组成（2017年）

出生国	总量(人)	占总人口的比例(%)
芬兰	153620	1.54
叙利亚	149418	1.49
伊拉克	135129	1.35
波兰	88704	0.89
伊朗	70637	0.71
南斯拉夫	66539	0.67

① The Local，"Sweden's migration agency wants 28 billion extra kronor"，https：//www. thelocal. se/20160302/migration – agency – asks – for – 28bn – kronor – as – refugee – crisis – continues.
② 杨洪贵：《瑞典多元文化政策初探》，《欧洲研究》2006年第5期，第105~123页。

续表

出生国	总量(人)	占总人口的比例(%)
索马里	63853	0.64
波斯尼亚和波黑	58181	0.58
德国	50189	0.50
土耳其	47060	0.47
挪威	42066	0.42
丹麦	41212	0.41
泰国	39877	0.40
厄立特里亚	35142	0.35
阿富汗	34754	0.35

资料来源：Statistics Sweden, Population by country of birth. Year 2000 – 2016. http://www.statistikdatabasen.scb.se/pxweb/en/ssd/START__BE__BE0101__BE0101E/FodelselandArK/? rxid = 5c1a4055 – a4ec – 45be – 9a3c – 227934ccb9b3。

尽管瑞典对难民和移民采取了平等和包容的社会政策，但难民和移民在瑞典的社会表现和社会融入并不乐观。从就业来看，尽管瑞典公共就业服务中心为难民和移民提供免费的语言和工作技能培训，难民和移民在瑞典的就业率仍低于本国出生公民，失业率居高不下。从 2014 年 OECD 统计数据，外国出生人口在瑞典的就业率为 68.9%，远远低于本国出生人口的就业率（86.5%），其差距位于 OECD 国家之首；即使是受过高中以上职业教育或大学教育的外国出生人口，在瑞典的就业率仅 78.3%，远远低于受过同等教育的本国出生人口的就业率（91.9%）。[1] 从失业率来看，外国出生人口在瑞典的失业率为 16.4%，远高于本国出生人口（6.2%）。[2] 另外，在职业、住房、教育等领域，由于语言和宗教信仰等方面的差异，难民和移民经历的社会隔离非常明显。

---

[1] OECD ilibrary, Population and Migration, International Migration. Migration and Employment. http://www.oecd – ilibrary.org/docserver/download/3015041ec007.pdf? expires = 1509592541&id = id&accname = guest&checksum = 76794159289EA244984EEDC422A27852.

[2] OECD ilibrary, Population and Migration, International Migration. Migration and Unemployment. http://www.oecd – ilibrary.org/docserver/download/3015041ec008.pdf? expires = 1509590342&id = id&accname = guest&checksum = 5D6DE8E7D10DA39A02D1B863E62C2D19.

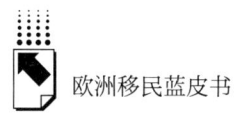

四 北欧其他国家的难民应对和管理

在北欧国家中,瑞典在地理面积、人口规模、经济总量和国际影响力方面都处于强势,再加上在政治和文化方面和与其他北欧四国的相近性,瑞典的国内和国际政策对其他北欧国家,包括挪威、芬兰、丹麦和冰岛的影响很大。在难民应对和管理上,虽然挪威和冰岛未加入欧盟,这两个国家和瑞典、丹麦、芬兰一样都是联合国成员国和申根签证区国家,因此基本都是按照联合国公约和欧盟指导,包括《都柏林协议》,来接收和甄选难民。在共同的政策框架内,由于北欧五国在人口构成、经济规模以及政党理念等方面的差异,在难民应对和管理实践上也存在一些差异。

从难民接收的数量来看,在北欧国家中,挪威是仅次于瑞典的国家,在2011~2017年接收了近8万难民。在难民接收政策上,执政的保守党中右联盟希望谨慎地接收难民,但反对党中左阵营,特别是挪威议会第一大党工党倾向于对难民采取友好政策,两个联盟的对立使得挪威对难民的态度不似瑞典积极,但也相对比较开放。[1] 另外,由于挪威和瑞典紧邻,两国边境线很长,挪威政府几乎不可能阻挡从瑞典前往挪威的难民。为此,挪威曾一度采取措施遣返从瑞典入境的无合法申根签证的难民。[2] 在挪威境内和边境的难民申请由挪威移民局(Norwegian Directorate of Immigration,UDI)受理,难民政策和工作程序与瑞典类似,但更加严格。通过难民资格甄选的申请者可以获得在瑞典3年的居住许可,并且可以在没有收入担保的情况下申请家庭成员的团聚签证。

除瑞典和挪威外,丹麦、芬兰和冰岛也接纳了不同数量的来自中东地区和非洲途径欧洲大陆进入北欧的难民。受制于本国的经济形势和民众意见,相对而言这些国家的执政党对难民接收的态度比较谨慎和保守。由于丹麦靠

---

[1] 央广网:"Norway to accept 8000 refugees from Syria by end of 2017". http://health.cnr.cn/jkgdxw/20150611/t20150611_518819235.shtml。

[2] 腾讯网:《挪威公布新移民法草案,将遣返无申根签证难民》. https://news.qq.com/a/20151230/038995.htm。

近德国,丹麦很自然成为从德国进入北欧的"中转国";芬兰由于国内政党意见分歧大,芬兰在2015年欧盟内政部部长会议上对欧盟的强制难民分摊计划投了弃权票;①冰岛民众虽然愿意接纳更多难民,但冰岛政府考虑到本国的经济产业结构和社会福利开支,加上在地理空间上与欧洲大陆的隔离,并没有大规模地接纳难民。

北欧国家对难民的态度,一方面受经济规模和政党政治的影响,另一方面也跟本国的民族构成和民族政策相关。相对而言,瑞典和挪威及冰岛外国出生人口在人口中所占比例较高,特别是来自南亚、西亚和北非的穆斯林移民比较聚集(见表4)。瑞典和挪威政府对外来移民采取了平等对待的多元文化主义政策,对少数族裔持开放和包容态度,穆斯林群体对社会民意和政党政治的影响比较显著,这在一定程度上也提高了瑞典和挪威政府及民众对本次难民危机中穆斯林难民的友好程度。② 在移民组成上,丹麦和芬兰的移民比例较低,并且移民以北欧国家和欧洲大陆移民为主,穆斯林移民较少。另外,丹麦和芬兰的民族政策比较强调融合和同化,对穆斯林的态度相对没有瑞典和挪威友好,这些因素影响到政府在这次难民危机中对中东难民的态度。

表4 北欧五国外国出生人口占总人口的比例(2013年)

国家	外国出生人口总数(人)	总人口数(人)	比例(%)
瑞典	1528943	9555893	16.0
挪威	702127	5051275	13.9
丹麦	476223	5602628	8.5
芬兰	303894	5426674	5.6
冰岛	37014	321857	11.5

资料来源:OECD Data, Foreign-born population. https://data.oecd.org/migration/foreign-born-population.htm。

---

① 人民网:《面对难民问题:北欧四国互相指责》,http://world.people.com.cn/n/2015/0923/c1002-27626011.html。
② 黄陵渝:《北欧伊斯兰教概述》,《中国穆斯林》1990年第5期,第44~47页;方长明:《多元文化背景下的瑞典穆斯林教育》,《中国穆斯林》2017年第1期,第69~71页。

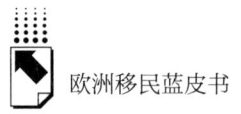

五 北欧国家的难民管理难点和发展走向

虽然北欧五国在地理位置上并非难民的首选国，但由于这些国家富裕的生活水平和完善的社会福利，再加上相对开放和包容的难民和移民政策，北欧五国，特别是瑞典，在过去几年吸引了大量的难民入境。在难民接收、难民资格的甄选以及难民移民居住许可等方面北欧五国的做法比较类似，基本都是按照联合国难民署和欧盟的指导和协调来进行。从对瑞典难民政策和难民带来的社会影响的分析，难民的进入从长远来看会起到提升国家形象和补充劳动力来源的正面影响，但在短期难民带给瑞典的社会成本非常巨大。另外，考虑到难民在瑞典就业的困难，难民移民在中长期内都很难会为国家财政带来正面贡献。类似情况同样发生在其他北欧国家，并且难民和移民对这些国家的民族构成和文化特征都带来了深刻的影响，更是加大了移民管理的困难。

在2016年和2017年，北欧五国接收的难民数量有明显减少，减少的原因一方面在于随着欧盟和土耳其的协约及其他管控措施的实施，进入欧洲寻求避难的人数减少；另一方面原因在于随着难民管理难度的加大和社会成本的加重，北欧各国，包括瑞典都加强了边界管控，更加严格地按照《都柏林协议》和欧盟指导来甄选难民。① 虽然难民申请增长数开始下降，但北欧各国累计的难民申请都很多，特别是难民家庭团聚申请累计严重。在未来一到两年，北欧国家接纳难民的数量预计不会出现大幅增长，比较优先处理的是缺少陪伴的未成年人申请，同时移民部门和就业部门会加大在难民移民就业和社会融入上的政策偏向和财政投入。

---

① 凤凰网：《为防难民涌入，北欧重启边境管控》，http://news.ifeng.com/a/20160106/46956088_0.shtml。

B.14
当今欧盟内部的中东欧移民图景分析：以波兰为例

张和轩*

摘　要： 2004年的欧盟东扩刺激了波兰移民在欧盟内部的流动，他们涌入以英国和德国为代表的西欧国家，使各自地区的移民图景较之以往有了很大的变化。获取生活经验，对本国失望以及赚钱谋生是波兰移民出国的三大动因。而移民中的年轻人多、男性多和高学历人才多，加上他们在对象国从事劳动密集型岗位的人数多，又造成了波兰显著的智力外流现象。本文介绍并分析波兰加入欧盟以来在移民图景上的变化，介绍了波兰移民的整体情况、移民动因和类型、移民的人口特点，以及移民现象引发的最新变化和趋势。

关键词： 波兰移民　移民动因　智力外流　图景分析

在全球化浪潮冲击下，国际移民潮越来越引起世界广泛关注。2013年，全球移民数量已达2.32亿。从2013年至今，以年均2%的速度增长。由于国际移民伴随着知识、文化、科技的传播和人才、资金、技术的转移，[1] 因此其在不同地区，又因为历史、传统、政策、市场、文化背景等展现出各自

---

* 张和轩，广东外语外贸大学西方语言文化学院助教，国际移民中心研究员。主要研究方向为波兰语、波兰文化、国际移民。本文受广东高校优秀青年创新人才培养计划项目"英国媒体中的波兰移民形象研究"资助，项目编号为2017WQNCX033。

[1] 王辉耀主编《中国国际移民报告（2015）》，社会科学文献出版社，2015。

不同的移民范式。

2004年欧盟第五次扩大，波兰、捷克、匈牙利、斯洛伐克、斯洛文尼亚、爱沙尼亚、立陶宛、拉脱维亚等8个中东欧国家（下文简称A8国家）以及马耳他、塞浦路斯正式加入欧盟。此次东扩的10个国家与欧盟原有主要成员国，在人均国民收入水平上相差悬殊，国家间的贫富差距程度远远大于以前陆续加入欧盟的国家。①受欧盟内部发达国家经济社会发展条件的吸引，来自中东欧地区新入盟国家的移民潮开始席卷老欧盟国家，使得欧盟内部的移民模式发生了巨大变化。②

人口异常外流问题是处在转型时期的中东欧国家普遍面临的社会问题，也是同国内社会政治稳定紧密相关的问题。以波兰为例，波兰不仅在中东欧国家中扮演领头羊角色，而且其年均GDP增幅超过欧盟国家平均增幅的两倍。截至2016年，波兰人均GDP达15049美元，是1990年1547美元的10倍。但是波兰作为中东欧地区最大的国家，却同时拥有长期向外移民传统，加入欧盟后，更是贡献了A8国家中最多的移民人数。波兰因移民外迁过多，造成人才短缺，同时又由于大批俄罗斯人和中亚国家移民的涌入，使该国面临严重的国家认同和有效融合问题，文化的多样性和移民素质的参差不齐，加上语言障碍，使波兰面临日益严重的移民治理问题。③因此，以波兰为例分析中东欧地区的移民图景和现状，具有现实性和代表性。

一 波兰移民的整体状况

欧盟东扩对新的中东欧国家和老牌欧盟国家影响巨大，具体到移民图景上，双方在人口结构和分布上产生了巨大变化，出现了很多新情况。欧洲统

---

① 李宁：《欧盟东扩对区域内初级劳动力市场的影响分析》，《中国软科学》2004年第12期，第107~112页。
② 张黎：《欧盟东扩后劳动力西移与就业市场一体化——冲突的制度性原因浅析》，《世界经济情况》2008第8期，第45~48页。
③ 陈志强：《从孤立走向多元——中东欧转型中的波兰移民管理》，《上海商学院学报》2009年第10卷第1期，第12页。

计局数据显示，2004年加入欧盟的波兰居民的短期出境人数比2002年增加了50%，比2003年也增加了20%。与此同时，波兰在欧盟内部流动的移民人数也远远超过跨洲移民。从2004年到2007年，波兰的跨洲移民从23万增加到了36.5万，而同期的欧洲内部移民则从77万上涨到了192.5万，增加了2.5倍。出现这种状况的主要原因在于：距离较近导致较低的旅行开销、更方便的支付方式以及出境时更简易的操作程序。

从图1的时间横轴来看，从2004年至2007年是波兰对外移民的高速增长阶段，一直到2007年达到峰值227万人。此后开始逐年下滑，直到2011年开始重新上涨。造成该现象的原因是2007～2009年的全球金融危机。受危机影响，全球所有国家都改变了对内政策，包括移民政策。此前，波兰移民们在对象国能相对容易地找到工作和发展资本，整体发展环境也较为宽松。在这一切情况发生改变后，不仅整体移民数量开始下降，传统意义上的季节性或短期性移民也大大减少，取而代之的是长期乃至永久移民数量的上升。①

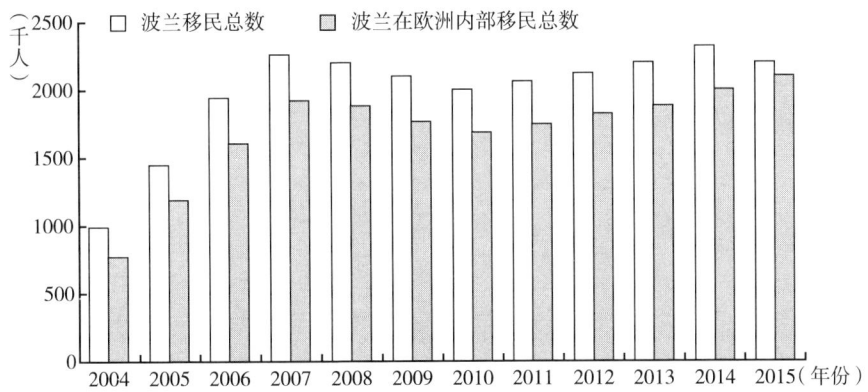

图1　2004～2015年波兰移民总人数与欧洲内部移民总数对比

资料来源：*Informacja o rozmiarachi kierunkach czasowej emigracji z Polski w latach 2004 - 2015*，GUS（2016）。

---

① Edyta Czop, *Migranci polscy w krajach unijnej piętnastki*（1992 - 2011）：*wybrane zagadnienia*.（Rzeszów：Wydawnictwo Uniwersytetu Rzeszowskiego. 2013），pp. 50 - 51.

从移民人数及其分布来看,2004年后波兰移民数量整体呈增长态势。根据波兰国家统计局的调查,欧盟内部的波兰移民从2004年的77万,增长到2007年的192.5万,2015年增长为210万。在大部分移民对象国中,波兰人都成为当地最大的A8移民团体。在英国,波兰人成为人数第三多的移民族群。[①]

从表1可以看出,英国和德国是波兰移民的主要流入国,两国的移民人数总量达到波兰在欧洲所有移民总量的63%。这里注意到两国吸引波兰移民的原因有所差异,移民流入的整体趋势也各不相同。德国作为波兰的邻

表1 2004~2015年波兰对外移民人数

单位:千人

年份	2004	2005	2006	2007	2008	2009	2010	2011	2012	2013	2014	2015
全球总计	1000	1450	1950	2270	2210	2100	2000	2060	2130	2196	2320	2397
英 国	150	340	580	690	650	595	580	625	637	642	685	720
德 国	385	430	450	490	490	465	440	470	500	560	614	655
荷 兰	23	43	55	98	108	98	92	95	97	103	109	112
爱尔兰	15	76	120	200	180	140	133	120	118	115	113	111
意大利	59	70	85	87	88	88	92	94	97	96	96	94
法 国	30	44	49	55	56	60	60	62	63	63	63	64
比利时	13	21	28	31	33	34	45	47	48	49	49	52
瑞 典	11	17	25	27	29	31	33	36	38	40	43	46
奥地利	15	25	34	39	40	36	29	25	28	31	34	36
西班牙	26	37	44	80	83	84	48	40	37	34	32	30
丹 麦	—	—	—	17	19	20	19	21	23	25	28	30
捷 克	—	—	—	8	10	9	7	7	8	8	9	9
希 腊	13	17	20	20	20	16	16	15	14	12	9	8
芬 兰	0.4	0.7	3	4	4	3	3	2	2	3	3	3
葡萄牙	0.5	0.6	1	1	1	1	1	1	1	1	1	1

资料来源:Informacja o rozmiarachi kierunkach czasowej emigracji z Polski w latach 2004 – 2015,GUS (2016)。

---

① Edyta Czop, Migranci polscy w krajach unijnej piętnastki (1992 – 2011):wybrane zagadnienia. (Rzeszów:Wydawnictwo Uniwersytetu Rzeszowskiego. 2013),p. 45.

国，在波兰转轨之前就是其非法移民的最主要流入地。东欧剧变后，1990年12月两国签署的双边协议，德国方面开启了非法移民的合法化进程，并提供相应的工作机会。根据协议，波兰人在德国的指定行业可以获得不超过3个月的短期合法工作机会。这种季节性的移民吸引了大量的波兰人，其中90%以上集中在农业领域，即在德国农场打短工。入盟后的波兰移民仍大量集中在该领域。

英国在第二次世界大战时与波兰有深刻的渊源，很多波兰人在英国有亲戚来往，但2004年后赴英的波兰移民数量大幅增加，却另有原因：英国的就业市场结构与提供给波兰人的条件比别处更有吸引力。与其他国家相对保守或者逐步开放不同，英国完全开放了劳动力市场。另外，90年代起波兰的学校教育中逐步开始普及英语，从而使得语言障碍进一步缩小。最后，相同行业中在英国支付的薪水不仅远超波兰，在所有欧盟国家中也位列第一，具体薪酬情况及其跨国比较见表2。

表2 2006年英国、德国与波兰相同行业平均月薪对比

单位：欧元

职业	英国	德国	波兰
大公司总裁	11742	6750	1868
大学教师	3875～4875	4166～8333	1088
程序员	3125	2066～3333	1025
医生	2500～10000	3200～4500	413
秘书	2532	3009	397
超市收银员	1560～1800	1967	320～360
工人	1680～2400	1232～2464	350
农民	1440～1920	1155	338
清洁工	1626	1212	313
家政	1812	1208	300

资料来源：2006年11月1日的波兰《直击》杂志。

表2显示，无论是第一、第二产业还是第三产业，波兰国内的相关行业收入都远低于西欧发达国家，差距有时甚至达到10倍以上。英国在大部分

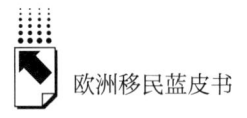

行业的收入中都处于领先地位,德国与之相差不多,因此这两个国家成为最受中东欧移民青睐的目的地。需要注意的是,以上三个国家使用的货币各不相同,英国使用英镑,德国使用欧元,而波兰则是自己的货币兹罗提。不同货币之间的汇率转换,也是收入相差悬殊的重要原因。在高汇率国家工作赚钱,在本国花钱或储蓄,成为波兰移民之间的一种常见形式。

二 移民动因与类型

结合上文分析,2004年以来,波兰移民呈现的移民方式和类别与加入欧盟前相比,出现比较明显的变化。而短时间内如此大规模的移民浪潮出现,必然受到一系列国内外主客观因素的影响,包括国际移民浪潮、发展环境、相关法规政策调整等诸多方面的影响。学界对此已经有很高的关注度,并从宏观和微观角度展开系统深入分析。在众多研究成果当中,两位波兰学者基于在英国和爱尔兰的1593名波兰移民进行的问卷调查结果,具有很强的代表性。他们对问卷调查结果进行汇总,将总体的移民动因分为以下三个大的模块。

(一)获得新的生活和工作经验

这类人群占被调查人数的27%,主要是年纪不满24周岁的年轻人、学生以及受过高等教育的人。当被问及离开波兰的原因时,该组的回答主要包括对世界的好奇心,提升语言能力,在英国等高校接受更好的教育以及获得新的人生体验。

(二)对本国状况失望而出国寻找更好的未来

这组占整个被调查人群的比例最高,达到49%,也最接近整个调查样本的整体状况。不论年龄大小、教育背景和工作状况如何,他们都是为了追寻更好的未来而选择出国。简而言之,该组具有代表性的移民动因可以归结为"波兰糟糕的经济政策和职业上升空间、国外更高的收入和对未来生活更好的预期"。

（三）因国内工作或家庭状况不佳必须出国寻找活路

最后一组虽然只占总体调查人群的24%，但却表现出一些非常鲜明的特点：这个群体离开波兰时通常只是小学毕业（往往和父母一起移民），年纪最大（超过35周岁），出国前在国内无业等。在被问及移民的动因时，他们一方面认为这主要是父母或者配偶做出的决定，另一方面又承认是自己或者整个家庭糟糕的物质条件所致。这类人的移民动因可由一个受访者的话概括："如果不是因为这里能赚钱，我肯定不会在这里。我推测我大部分的同胞也是这样想的。"①

较之过往的"家庭在波兰，工作在国外"的短期揽工赚钱的移民模式，越来越多的波兰人开始在国外一次性逗留一年以上甚至更长的时间。值得注意的是，有国外学者在经过大量调查分析了英国伦敦地区的移民模式后，将该地区所有移民类型进行聚类分析和模式划分，我们发现这种模式适合于波兰在整个欧盟发达成员国的移民类型，具体而言主要包括以下四种类型：一是"鹳型"（约占20%），如候鸟一般每年往返于移民对象国和祖国波兰之间，在对象国从事低收入行业的工作，一般一次性待若干个月；二是"仓鼠型"（约占16%），如仓鼠收集种子带回洞中储藏一般，这类移民将出国视作一次性的短期内赚钱的方式和手段，赚足了钱后更倾向于回国发展，他们在国外待的时间更长，并且没有间断；三是"探路者型"（占42%），这一类型的人数最多，他们并没有最终决定自己会回国还是留在对象国，调查者称这种策略叫"故意未知性"；四是"移居者型"（占22%），这类人群已经在对象国逗留了很长的时间，并且在认真考虑是否永久移民。②

---

① Maciej Milewski, Joanna Ruszczak‑Żbikowska, "Motywacje do wyjazdu, praca, więzi społeczne i plany na przyszłść polskich migrantów przebywają cych w Wielkiej Brytanii i Irlandii", *CMR Working Papers*, No.35/93, 2008.

② John Eade, et al. "Class and ethnicity – Polish migrants in London." *CRONEM* (Guildford: University of Surrey, 2006).

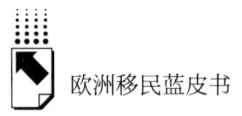

三 移民人员的整体特点

相对于其他国家的移动人口,波兰移民显现出自身显著的特点。因为全球化时期的迁移产生最明显的影响是人口学上的,它改变着迁移来源国和接收国人口的构成与规模。过去学者一直认为移民的到来对福利国家是一个沉重的负担,影响完全是消极的,并且对劳动力市场也有严重的冲击。[①] 而这些观点在当今波兰移民的案例中并不完全符合。在经历了20世纪90年代的转轨和2004年的加入欧盟后,波兰的对外移民图景已经与冷战时期大不相同,其新的整体特点主要体现在以下几个方面。

(一)年轻人多、男性多、高学历人多

根据年龄和性别对移民进行归类,是研究整体人口流动的重要特征。常见的情形是男性占据移民人口中的主导,而且年轻人比起年长者更具有代表性,而年纪超过45周岁的人甚至被认为是"不可移动人群"。波兰的情况与此非常相符:根据2002年的波兰人口普查结果,登记在册的80万移民中大概40%年龄不足30岁,超过一半的人不超过35岁。波兰中央统计局2011年发布的经济人口活跃度调查(Badanie Aktywności Ekonomicznej Ludności)数据显示出明显的移民人口年轻化的趋势。1997年的移民人口中年龄在18~34周岁的人占48%,而2002年已达63%,到2006年已经超过70%。整体而言,移民变得更加年轻,平均年龄减少了1.5岁之多。这些数据都表明,年轻人在波兰移民中已经占据了绝对多数。

在移民人口中的性别比例也比较稳定,女性一般占35%~45%,区别取决于移民对象国和移民方式的不同。另据调查,2004年之前男性占整体波兰移民人口比例的57%,而2004年后,这一比例上升到了65%。由于波兰成年人口中男性占比为47%,可见其移民的性别比例为男性占主导。将

[①] 宋爽:《全球化背景下的国际移民特点》,《求索》2006年第11期,第63页。

波兰移民的性别和年龄综合来看,绝大部分的男性年龄集中在 20~35 岁,最多的是 24~25 岁。而女性则集中在两个不同的年龄段:一组是 18~32 岁,这一组人数较多,最多的为 24 岁上下;另一组是 38~53 岁,最多的是大约 46 岁。

另外一个显著的变化是移民的受教育程度。20 世纪 80 年代与 90 年代进行的多项关于波兰人出国务工的调查显示,波兰移民整体的受教育程度并不高。而因政治原因在 1990 年之前离开波兰的人则往往代表着高质量的人力资本。出国人员的受教育水平不高还有很大一部分原因是移民很难进入对象国的正规就业市场。从 90 年代末期开始,波兰移民的教育水平已经开始不断上升,这种状况在去英国的例子中尤为明显。目前的估计显示,去英国和爱尔兰的波兰移民中约有 30% 已经获得高等教育学历。另有数据显示,加入欧盟后波兰整体移民中,拥有高等教育学历的人数上升了 5 个百分点。整体来看,波兰的当代移民主要是由年轻人组成,而且教育水平相对较高。

(二)从事劳动密集型工作岗位人口多

在有关波兰移民的研究中,一个相当重要且不容忽视的就是波兰的智力外流现象。所谓"智力外流"(brain drain),主要指从发展中国家向发达国家的人力资本移动,尤指高技能人才的移民。移民从事的工作低于自身教育水平的现象在波兰及 A8 成员国的对外移民中广泛存在。数据显示,居住在英国的 A8 新成员国移民所从事的工作集中于餐饮业、制造业等低级职业,占到 70%,但与之形成鲜明对比的是,这些新成员国在英国的移民的平均教育水平都是超过 13 年以上教育年限的高教育人口(见表 3)。波兰的对外移民在其他目标国所从事的行业大都集中为劳动密集型行业或企业,这一现象在 A8 其他成员国对外移民中也同样存在。这种现象在业内被称为"教育浪费"(brain waste)。[①] 值得注意的是,长期的智力外流和教育浪费很可能

---

① 杨希燕:《智力外流对欧盟新成员国人力资本的影响——基于波兰的经验研究》,《世界经济研究》2008 年第 8 期,第 85 页。

逐渐导致移民们的心理沮丧感，不论在波兰还是对象国的就业市场，这都会很大程度上影响其职业生涯的提升。

表3 波兰在英国的移民社会经济特征

单位：%

人口统计特征	2000年以前	2000~2003年	2004年以后
16~25岁	5.1	33.1	42.9
26~35岁	30.3	51.5	42.5
36~59/64岁	64.5	15.4	14.7
就业率	69.5	76	82.1
生产行业	16.9	6.3	24.8
建筑行业	13	25.2	7.4
零售/医疗行业	24	23.4	29.2
其他服务行业	46.1	45.1	38.6
平均教育时长	13.4	13.4	13.6
平均工作时长	37.3	40	41.9
平均收入	11.45	6.32	6.03

资料来源：John Eade, et al. "Class and ethnicity - Polish migrants in London." *CRONEM* (Guildford: University of Surrey, 2006).

四 波兰移民引发的新变化

由于大环境的改变，对外移民数量的急剧增加，导致了原有的移民图景和范式产生了新的变化，① 具体表现在如下几个方面。

（一）移民现象的显著成为公众话题的焦点

波兰是一个拥有悠久移民历史和传统的国家。大规模的波兰移民现象既不是出现在1989年东欧剧变以后，也不是出现在2004年波兰加入欧盟以后，而是与整个波兰社会的进程紧密相连。但是目前这种大规模的人口移动，因为其对社会图景产生的显著变化，以及现代传媒手段的发展，使其成为公众热议

---

① Paweł Kaczmarczyk, Joanna Tyrowicz, *Współczesne migracje Polaków* (Warsaw: Fundacja Inicjatyw Społeczno-Ekonomicznych, 2007), pp. 10 – 11.

的话题。移民更是成为当前波兰政治家们无法回避的重要议题,其影响力可见一斑。波兰总统杜达在2015年与巴尔干地区首脑参加经济论坛时便强调,欧盟应该是民族国家的主权共同体,针对国际移民的问题应该慎重对待。

(二)合法移民途径大大拓宽

2004年波兰加入欧盟的决定改变了波兰移民的合法性问题。在入盟以前,基于90年代波兰与他国签署的双边协议产生的工作岗位,是为数不多的获取国外合法工作的渠道。在这种情况下唯一的大规模合法移民现象就是赴德国的季节性劳工移民。在欧盟的劳动力市场彻底向波兰人开放以后,这种情况就发生了根本性的变化。最积极参与市场开放并享受其好处的反而是那些以前没有移民经历的人。

(三)移民机制由体制向个人转变

在入盟以前,想在国外找到工作的唯一合法方式是通过单位和政府的体制政策进行登记和排队。2004年后因为开始享受共同劳动市场,过往的障碍与限制已经不复存在。随着通信技术的提高和互联网的普及,以及波兰社会对外语的重视程度日益提高,个人寻找工作机会的情况变得越发普遍和容易起来。不可否认的是,移民的私人网络作为移民的重要助力因素,仍然发挥着不可或缺的作用,但是获取工作的方式已经发生了重大突破和进展。

(四)移民来源地由波兰大城市转向小城市

在20世纪80年代之前,在波兰有移民倾向和可能的基本都是大城市的居民。而在1989年后的转轨期间,乡村地区的移民变得多了起来。在2004年以后,数据显示来自小城市的移民要多于大城市和乡村,且不局限于具有移民传统的地区。① 与此同时,这也形成了移民来源地的"孤岛效应",移

---

① Agnieszka Fihel, Paweł Kaczmarczyk, "Migration: a Threat or a Chance? Recent Migration of Poles and its Impact on the Polish Labour Market," in Kathy Burrell, eds., *Polish Migration to the UK in the "New" European Union* (Surrey: Ashgate Publishing Limited, 2009). pp. 30 – 31.

民现象的负面效果在某些特定地区极其明显。小城市的就业机会不足是这些地区移民浪潮产生的重要原因。

五 结语

2004年的欧盟东扩对于欧洲内部的移民图景产生了深远的影响，A8国家的移民大量涌入西欧国家，使双方在人口和地理特征上都产生了巨大的变化，也使移民本身成为公共讨论中热议的焦点。移民对象国的公民讨论这些新移民会停留多久，以及他们对国家的经济增长和公共服务产生的影响。而移民输出国则讨论智力流失、外汇收入和对本国的社会变迁影响等问题。在这样的环境下，波兰的移民图景分析，势必要放在双方的语境下共同讨论，才能得出较为客观的事实情况。

经济原因是波兰人选择出国的最重要原因。加入欧盟后，由于欧洲就业市场的逐步开放，波兰开始涌出大量的移民到欧洲的各个角落。经济人口活跃度调查显示，波兰80%左右的非永久移民是为了在国外工作赚钱。而其中的大部分移民又涌入了英伦三岛和德国，尽管原因各不相同：德国是因为90年代至今沿革下来的移民传统和工作需求，而英国则是因为对波兰人而言更好的就业市场结构与工作条件。波兰居高不下的失业率和糟糕的就业市场前景，也直接推动了波兰人尤其是当中的年轻人向外移民的步伐。由此引发的大量高学历人才出国从事低于教育水平的工作而产生的智力外流现象，又成为公众关注的一个焦点议题。在A8国家移民图景较为相似的情况下，其对整个欧洲的社会影响，各方政府如何应对，以及英国脱欧会导致什么样的变化和政策调整，更是值得长期关注的研究话题。

附 录
Appendix

B.15 统计数据

表1 首次避难申请年度统计

单位：人

地域/年份	2008	2009	2010	2011	2012	2013	2014	2015	2016	2017
欧盟(28国)	225150	263835	259400	309040	335290	431090	626960	1322825	1260910	649850
比利时	15165	21615	26080	31910	28075	21030	22710	44660	18280	14035
保加利亚	745	855	1025	890	1385	7145	11080	20365	19420	3470
捷克共和国	1645	1235	775	750	740	695	1145	1515	1475	1130
丹麦	2350	3720	5065	3945	6045	7170	14680	20935	6180	3125
德国	26845	32910	48475	53235	77485	126705	202645	476510	745155	198255
爱沙尼亚	15	40	35	65	75	95	155	230	175	190
爱尔兰	3855	2680	1935	1290	955	945	1450	3275	2245	2915
希腊	19885	15925	10275	9310	9575	8225	9430	13205	51110	57020
西班牙	4515	3005	2740	3420	2565	4485	5615	14780	15755	30440
法国	41840	47620	52725	57330	61440	66265	64310	76165	84270	91070
克罗地亚	:	:	:	:	:	1075	450	210	2225	880

续表

地域/年份	2008	2009	2010	2011	2012	2013	2014	2015	2016	2017
意大利	30140	17640	10000	40315	17335	26620	64625	83540	122960	126550
塞浦路斯	3920	3200	2875	1770	1635	1255	1745	2265	2940	4480
拉脱维亚	55	60	65	340	205	195	375	330	350	350
立陶宛	520	450	495	525	645	400	440	315	430	520
卢森堡	455	480	780	2150	2050	1070	1150	2505	2160	2325
匈牙利	3175	4665	2095	1690	2155	18895	42775	177135	29430	3100
马耳他	2605	2385	175	1890	2080	2245	1350	1845	1930	1620
荷兰	15250	16135	15100	14590	13095	13060	24495	44970	20945	16090
奥地利	12715	15780	11045	14420	17415	17500	28035	88160	42255	22160
波兰	8515	10590	6540	6885	10750	15240	8020	12190	12305	3000
葡萄牙	160	140	155	275	295	500	440	895	1460	1010
罗马尼亚	1175	960	885	1720	2510	1495	1545	1260	1880	4695
斯洛文尼亚	255	190	240	355	295	270	385	275	1310	1440
斯洛伐克	895	805	540	490	730	440	330	330	145	155
芬兰	3670	4910	3085	2915	3095	3210	3620	32345	5605	4325
瑞典	24785	24175	31850	29650	43855	54270	81180	162450	28790	22185
英国	:	31665	24335	26915	28800	30585	32785	40160	39735	33315
冰岛	70	35	40	75	115	125	170	345	1125	1065
列支敦士登	20	280	105	75	70	55	65	150	80	120
挪威	14395	17125	10015	8990	9675	11930	11415	31110	3485	3345
瑞士	16520	15900	15425	23615	28400	21305	23555	39445	27140	16610

资料来源：欧洲统计局http：//ec.europa.eu/eurostat/statistics-explained/index.php/Asylum_statistics。

表2 欧洲难民主要来源国（2015～2017年）

单位：人，%

地域	2015年		2016年		2017年	
	数量	比例	数量	比例	数量	比例
叙利亚	368350	27.85	339245	26.90	105235	15.67
阿富汗	181415	13.71	186605	14.80	44960	6.70
伊拉克	124965	9.45	130100	10.32	48325	7.20
巴基斯坦	48015	3.63	49915	3.96	29760	4.43
尼日利亚	31245	2.36	47775	3.79	39800	5.93
伊朗	26575	2.01	41395	3.28	17640	2.63
厄立特里亚	34130	2.58	34470	2.73	28365	4.22

续表

地域	2015 年		2016 年		2017 年	
	数量	比例	数量	比例	数量	比例
阿尔巴尼亚	67950	5.14	32465	2.57	22535	3.36
俄罗斯	22235	1.68	27605	2.19	12740	1.90
索马里	21050	1.59	20060	1.59	13595	2.02
孟加拉	18865	1.43	17245	1.37	19300	2.87
冈比亚	12395	0.94	16030	1.27	12880	1.92
几内亚	6110	0.46	14045	1.11	18495	2.75
摩洛哥	5860	0.44	11805	0.94	8275	1.23
科特迪瓦	5750	0.43	11380	0.90	14345	2.14
阿尔及利亚	8280	0.63	11925	0.95	9780	1.46
乌克兰	22040	1.67	12490	0.99	9055	1.35
苏丹	11175	0.84	11370	0.90	9305	1.39
土耳其	4980	0.38	11055	0.88	15560	2.32
其他国家（包括无国家）	301440	22.79	233930	18.55	191425	28.51
共计	1322825	100.00	1260910	100.00	671375	100.00

资料来源：根据欧洲统计局公布数据整理 http：//ec.europa.eu/eurostat/statistics-explained/index.php/Asylum_statistics。

表3 难民申请者的性别和年龄变化（2015~2017 年）

单位：人

年龄	男性			女性		
	2015 年	2016 年	2017 年	2015 年	2016 年	2017 年
<14 岁	140510	154830	83905	115895	136520	77235
14~17 岁	104890	80865	38655	22885	24395	11970
18~34 岁	547915	480925	211790	148825	269605	92170
35~64 岁	155990	131370	59545	75125	77755	47370
>65 岁	3635	3410	1490	4125	1945	2550
总数	953940	851400	395385	366855	510220	231295

资料来源：根据欧洲统计局公布数据整理，http：//ec.europa.eu/eurostat/statistics-explained/index.php/Asylum_statistics。

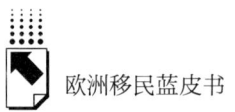

表4 初审决议中难民申请批准占决议的比例分布（2015～2017年）

单位：人，%

地域	2015年			2016年					2017年
	批准	决议	比例	批准	决议	比例	批准	决议	比例
欧盟(28国)	615020	900185	68.32	1345805	1779310	75.64	883990	1412455	62.59
比利时	20950	29895	70.08	30095	40010	75.22	25170	36630	68.71
保加利亚	11190	11770	95.07	2700	4400	61.36	3395	6435	52.76
捷克共和国	920	1795	51.25	870	1730	50.29	250	1050	23.81
丹麦	19840	22145	89.59	14255	17540	81.27	4735	9245	51.22
德国	281820	390190	72.23	867815	1064995	81.49	523345	786645	66.53
爱沙尼亚	155	255	60.78	260	320	81.25	185	245	75.51
爱尔兰	660	1325	49.81	970	2615	37.09	1345	1435	93.73
希腊	8060	13670	58.96	5430	14170	38.32	20910	34965	59.80
西班牙	2040	4260	47.89	13710	17105	80.15	6450	12825	50.29
法国	41265	98545	41.87	57510	116240	49.48	66475	144680	45.95
克罗地亚	80	225	35.56	200	385	51.95	295	630	46.83
意大利	59230	100960	58.67	70810	125280	56.52	63600	110040	57.80
塞浦路斯	3170	3650	86.85	2600	3275	79.39	2480	3685	67.30
拉脱维亚	40	185	21.62	270	395	68.35	540	630	85.71
立陶宛	165	260	63.46	390	475	82.11	580	660	87.88
卢森堡	370	960	38.54	1530	2015	75.93	2245	2830	79.33
匈牙利	1010	3925	25.73	860	5535	15.54	2580	5460	47.25
马耳他	2505	2745	91.26	2380	2625	90.67	1525	1875	81.33
荷兰	32900	36915	89.12	41620	49685	83.77	15425	23560	65.47
奥地利	30090	36140	83.26	60740	72785	83.45	60005	86290	69.54
波兰	1275	4145	30.76	615	2800	21.96	960	2510	38.25
葡萄牙	390	570	68.42	640	910	70.33	995	1450	68.62
罗马尼亚	955	1795	53.20	1605	2095	76.61	2495	3320	75.15
斯洛文尼亚	90	175	51.43	340	435	78.16	305	395	77.22
斯洛伐克	160	210	76.19	420	465	90.32	130	160	81.25
芬兰	3360	4640	72.41	14140	27825	50.82	6865	10610	64.70
瑞典	64430	76805	83.89	133170	162355	82.02	53555	87845	60.97
英国	27900	52015	53.64	19870	40850	48.64	17115	36315	47.13
冰岛	100	230	43.48	190	635	29.92	105	310	33.87
列支敦士登	5	30	16.67	90	125	72.00	40	40	100.00
挪威	12500	15725	79.49	25550	32085	79.63	9530	11460	83.16
瑞士	27995	35835	78.12	26375	35770	73.73	29220	30835	94.76

资料来源：欧洲统计局 http://appsso.eurostat.ec.europa.eu/nui/show.do?dataset = migr_asydcfstq&lang = en。

B.16
2017年欧洲移民大事记

赵 凯*

1月

1月9日 意大利内政部部长明尼蒂访问利比亚,在的黎波里同利比亚政府签署联合打击非法移民的合作备忘录。意大利国防部部长皮诺蒂8日表示,意大利将采取帮助利比亚海岸警卫队建设、联合利比亚警方打击偷渡"蛇头"等措施,进一步对利比亚海域频发的难民偷渡进行控制,"不能继续对由利比亚海岸驶出的成千上万只偷渡船视而不见"。这一表态被视为意大利政府加强对偷渡难民进行控制,防止2017年出现偷渡意大利难民潮的强力信号。

1月11日 在欧盟的资助下,粮食计划署已经启动"紧急社会安全网"(Emergency Social Safety Net)创新性救济项目,为土耳其境内的难民提供现金支持。该救援项目是欧洲委员会人道主义援助和民事保护部门(European Commission Humanitarian Aid and Civil Protection department)、世界粮食计划署、土耳其红新月会(the Turkish Red Crescent)以及土耳其政府的合作项目,旨在向难民家庭提供急需的现金支持。

1月19日 由联合国难民署、国际移民组织和72个合作伙伴发起欧洲"区域难民和移民应对计划"(Regional Refugee and Migrant Response Plan),旨在对各国政府的努力进行补充和加强,让移民和难民可以获得安全避难和

---

* 赵凯,男,陕西铜川人,博士生,广东外语外贸大学西方语言文化学院,国际移民研究中心。主要研究方向为话语分析、语料库语言学。

保护，并优先加强伙伴关系及协调。该计划强调，需要有条不紊、有尊严地进行移民管理工作，制定长期解决难民和移民问题的方法，包括强有力的搬迁计划、支持自愿返回，并补充更多合法迁移途径以规避危险的旅行，包括重新安置和与家人团聚。

1月24日 为了应对叙利亚战乱所引发的难民危机，联合国代表和一些非政府组织代表在芬兰首都赫尔辛基召开的相关会议上呼吁，在此前计划的34亿美元基础上，再增加46.3亿美元国际援助，强化对叙利亚及其周边国家应对难民问题的支持。会议主题是"援助叙利亚及周边地区"，会议决定启动相关计划强化对叙利亚及其周边国家的帮助。

1月25日 欧盟委员会宣布，计划出资2亿欧元帮助利比亚及其他北非国家加强边境管控，从而"遏制"利比亚难民途经地中海流入欧洲。欧盟各成员国首脑将于2月3日在马耳他召开会议商讨难民和非法移民的议题。欧盟委员会近日特地召开准备会议，磋商供首脑们讨论的解决方案。根据欧盟委员会准备会议出台的计划，欧盟准备加强对利比亚海岸巡逻队及海军的培训力度，并有意在北非建立海上救援协调中心；通过"地中海海马"网络在2017年春季进一步加强北非国家之间边境管控；加强与联合国难民署合作，保护难民、加强安置与自愿遣返协助工作；加强与北非国家的对话与合作；出资2亿欧元帮助利比亚及其他北非国家。

1月26日 奥地利官方宣布当天在格拉茨和维也纳的搜捕行动中逮捕了14名与伊斯兰极端组织IS有关的嫌犯。奥司法部门怀疑他们计划在该国建立所谓的"神权国家"。针对当前的反恐和难民危机形势，德国和奥地利均考虑延长其实施的边境管控措施。奥地利方面甚至提出应将管控延长至叙利亚内战彻底结束。

1月30日 针对美国总统特朗普日前公布的难民和移民新政"禁穆令"，欧盟官员做出回应，表示欧盟将继续坚持向难民提供庇护。德国总理默克尔当天批评称，美国的这一做法有违国际社会开展合作救助难民的基本思想。

2月

2月1日 德国开始实施"Starthilfe Plus"项目,该项目投资4000万欧元。"自愿返乡者"可以获得德国政府的返乡费、安家费,以及重新融入社会的费用,还可以拥有单独接受咨询的机会。返乡者可获得一次性的资助金,如果之后又重新回到德国,就必须偿还先前的资助。对于撤回庇护申请的人,将提供返乡资助金1200欧元,12岁以下的儿童每人获得600欧元,对于4人以上的移民家庭,将额外增加补贴500欧元。另外,德国政府还为某些特定国家移民者提供额外补贴,例如:埃塞俄比亚、阿富汗、厄立特里亚、冈比亚、加纳、伊拉克、伊朗、尼日利亚,以及巴基斯坦的成年人,每人额外补贴500欧元,儿童250欧元,但一个家庭的额外补贴总额不得超过1500欧元。来自马格里布地区和其他非洲国家,以及俄罗斯、印度、斯里兰卡等亚洲国家的成年难民,每人可获得300欧元补助,儿童为150欧元,一个家庭最多可获得900欧元。巴尔干移民则没有补助,只为他们提供返乡费,科索沃移民有单独的资助项目。

2月2日 德国总理默克尔对土耳其进行为期一天的正式访问。在当天与耶尔德勒姆共同举行的新闻发布会上,默克尔称赞了土耳其在难民接收方面所做出的努力。她表示,欧盟与土耳其难民协议必须要继续执行。她还做出一项重要承诺,德国将"每月接收500名难民",帮助土耳其分担安置难民的压力。对于欧盟承诺给予土耳其在应对难民危机上的财政支持,默克尔也表示将尽快到位,不过她同时强调,这笔钱"应该被用到具体的项目上"。

2月3日 欧盟峰会在马耳他举行,会议出台十点计划来应对地中海难民危机,其中的重点是加强与利比亚的合作。十点计划的主要内容包括:为了关闭所谓的中央地中海航线,尤其要给利比亚海岸警备队进行培训,并尽快为其配备所需,让他们能够阻止有组织的"蛇头"团伙将难民送往欧洲。已经在利比亚的难民会暂时留在那里,今后他们将得到适当安置。不过有人

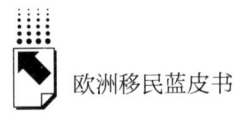

权人士对这一点的可能性提出质疑，因为利比亚局势依旧混乱。3月和6月将会对计划的实施进行检验。

2月7日 为了防范以虚假身份冒领社会福利的行为，以及打击极端势力，德国联邦移民及难民署将采取措施，强化管理难民的指纹信息。德国联邦移民及难民署新任负责人尤塔·库尔特（Jutta Cordt）表示："各地外国人管理局必须收录所有登记者的指纹，并同中央档案库进行比对。"

2月9日 德国联邦以及各州就准备加快难民遣返工作举行了特别会议，对充满争议的"16点计划"进行讨论。其中关键点有：对于获得难民身份希望不大的人，将来应送到中央遣返中心；拒批的难民申请者在被遣返之前的最后几天或者是几周里，将被集中安置在"联邦遣返中心"；降低对那些"肢体和精神上有巨大危险"的外国人的遣返工作的难度。除此之外，还将允许联邦移民和难民局对难民的手机数据和Sim卡进行评估，以确认其身份；对自愿遣返者予以奖励：自愿接受遣返者将会得到资助，越早接受遣返得到的奖励就越多；对那些没有获得难民身份前景的寻求避难者提供咨询，建议其尽快离开德国。

2月22日 欧盟、联合国、荷兰等国际组织和国家代表在埃塞俄比亚首都亚的斯亚贝巴发起"地区发展和保护方案"，为埃塞俄比亚所接收的80万难民提供3000万欧元援助。该方案由欧盟、荷兰与埃塞俄比亚政府及联合国联合发起，由欧盟驻埃塞俄比亚代表团、荷兰及埃塞俄比亚政府共同实施。资金主要用于为埃塞俄比亚所接收的难民提供生活物资、教育、就业、法律以及能源等方面的援助。

2月24日 德国一架原定搭载50名被遣返难民飞往阿富汗的包机，实际仅乘坐了18名难民，其余的难民大都躲藏了起来。这架航班22日从慕尼黑机场起飞，23日早间抵达阿富汗首都喀布尔。原定共有50名庇护请求被拒绝的阿富汗人乘坐这班飞机回国。德国内政部发言人托比亚斯·普拉特24日说，事实上，只有18人上了飞机。

2月28日 联合国难民难民署发布消息，仅今年初以来，已有3.2万名南苏丹难民进入苏丹，难民增长速度超过预期。此前预计在2017年将会有6万南苏丹难民到达苏丹,但仅仅两个月就突破3万人。新抵达难民80%以上是妇女和儿童,其中绝大多数儿童存在严重营养不良问题。联合国有关机构正在制订资源调配计划,以便及时向这些难民提供必要的人道主义援助。令人遗憾的是,由于南苏丹国内冲突持续,国际救援物资无法送达情况最严重的地区。

3月

3月7日 匈牙利议会投票通过了一项新法律,要求在整个庇护过程中对包括儿童在内的所有寻求庇护者进行强行拘留。根据这项法律,每一名寻求庇护者将在边境地区长时间被拘留在铁丝网包围的集装箱中。该法律将于3月28日正式生效。

欧洲法院做出裁决,驳回叙利亚围城阿勒坡(Aleppo)一家人的庇护申请。欧盟国家有权自己按照各国法律,决定是否向受到酷刑和死亡威胁的难民发放所谓的人道主义签证。按照欧盟法律,欧盟国家没有向这些难民发放签证的义务。

3月15日 荷兰举行了立法选举,选举结果显示:原本引发普遍忧虑的主张反伊斯兰及反移民的荷兰极右翼民粹政党自由党未能胜出,现任首相吕特领导的自民党获胜,将占据150个议席中的30个席位。

3月16日 鉴于德国、荷兰等欧盟国家阻挠或者拒绝土耳其部长入境为修宪公投造势,土耳其与欧盟的关系越发紧张。土耳其外长恰武什奥卢宣称,土耳其可能要重新考虑是否继续履行之前与欧盟达成的难民协议。土耳其内政部部长苏莱曼·索伊卢随后更是直接警告说,如果欧盟国家有勇气和土耳其玩儿一场游戏,土耳其将开始每个月向欧洲输入一万五千名难民,来让欧洲政客们的头脑保持清醒。

3月28日 由波兰、捷克、匈牙利和斯洛伐克组成的维谢格拉德集团在华沙会晤,就接收难民等问题达成一致,拒绝欧盟强制性分摊难民。在会后的新闻发布会上,四国总理表示不支持欧盟目前强制分摊难民以及把接收

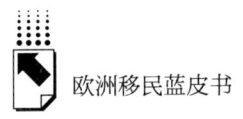

难民数量与获得欧盟基金挂钩的政策。

3月29日 意大利议会通过了新的《保护措施条例》（*Provision of Protection measures*），以促进支持和保护抵达该国的无人陪伴难民和移民儿童。该法案是意大利对无人陪伴的外来儿童提供保护的第一个全面行动。它要求采取一系列措施保护难民和移民儿童，其中包括：保证无人陪伴的外来儿童不被驱回；缩短难民儿童在一线接待中心的时间；招募经过培训的志愿者加强对儿童的监护，并促进寄养家庭对儿童的关爱；建立精简有序的国家接收系统，为所有接待设施设立最低标准，以及广泛使用文化调解员对弱势青少年的需求进行沟通和解读。

4月

4月1日 匈牙利政府发起一项全国性的问卷调查活动，向该国所有家庭发放名为"让我们阻止布鲁塞尔"的问卷调查，就如何应对欧盟难民政策等问题征集国民意见、寻求国民支持。在这份问卷上设有6个问题，其中大部分是关于面对欧盟的移民和经济等政策"匈牙利该怎么做"。匈牙利政府说，欧盟政策"已威胁到匈牙利的独立"。

4月11日 联合国难民署发表声明，呼吁欧洲国家暂停根据《都柏林协议》将寻求庇护者转移到匈牙利进行审理。声明表示，鉴于匈牙利境内寻求庇护者情况的恶化，难民署敦促欧洲各国暂停任何根据《都柏林协议》将寻求庇护者移交给该国的做法，直到匈牙利当局将其做法和政策变得与欧洲的法律和国际法相一致时为止。

4月26日 德国联邦刑事局（BKA）逮捕了一名国防军士兵，该士兵冒充是叙利亚难民，用假名在德国申请避难，并涉嫌策划极右背景的恐怖袭击。一位24岁的大学生同样被捕，因为涉嫌协助作案。德国检方指控这名上尉"准备进行出于仇外动机的严重犯罪行为"，此人涉嫌计划用藏在维也纳的武器制造"可能对国家造成重大伤害的袭击事件"。

4月27日 瑞典政府公布了一系列措施，以加大对非法滞留难民打击力度。列出的措施包括：加大对雇用非法移民公司的处罚力度；严查身份证件的制作和发放流程；赋予警方在采集指纹、核查身份证件以及强制执行驱逐命令等方面更大的权力。

5月

5月2日 在此前因假冒难民被捕的德国军官家中，搜到一份疑似策划谋杀名单，德国前总统高克和司法部部长马斯都在名单之列。舆论焦点从指责难民登记漏洞转到国防军内部管理问题上。德国国防部部长乌尔苏拉·冯德莱恩表示，对国防军发生的所有问题"承担全部责任"。

5月7日 法国中间派总统候选人马克龙在大选中胜出晋升为法国最年轻总统。

5月8日 欧盟移民及民政事务专员季米特里斯·阿夫拉莫普洛斯（Dimitris Avramopoulos）表示人口偷运者利用中国制造的充气橡皮艇把大量移民经地中海送到欧洲，呼吁中国政府采取行动，避免出口的橡皮艇落入人口偷运者手中。

5月19日 德国联邦议院通过法案，收紧申请避难及驱逐未获难民身份人员出境的规则，庇护申请遭到拒绝者未来将被更快、更坚决驱逐出德国。根据该法案，限制将主要涉及故意向政府提供虚假的身份或国籍信息，并在将来会被驱逐出境的人，他们在其申请审核结束之前必须待在首次接收难民的机构，且没有自由活动的权利。此外，犯有严重罪行或其他违法行为的人，对国家安全具有潜在威胁的人会被戴上电子脚链，而等待被驱逐出境的关押最长期限预计也将从4天延长到10天。

5月27日 七国集团领导人峰会27日在意大利陶尔米纳闭幕。会议除了七国和非盟等国际组织外，还邀请了埃塞俄比亚、肯尼亚、尼日利亚、尼日尔和突尼斯五个非洲国家领导人参加。峰会举办地西西里岛本身也是大量非洲难民穿越地中海到达欧洲的第一站。事实上，移民和难民问题是东道国意大利最关心的议题。会议在最终公报中强调，应对大规模的移民和难民

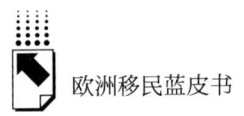

潮，需要各国和国际层面的协调努力，并随后写道，在保障移民和难民人权的同时，各国有权对各自边境进行管控，并根据自身经济和安全利益制定政策。

5月31日 一名自杀袭击者在阿富汗首都喀布尔的使馆区引爆一辆携带了大量爆炸物的汽车，该恐怖袭击就发生在德国大使馆附近，爆炸造成大量平民死伤，导致周边区域和建筑物受到严重破坏，一些使馆也遭受严重影响。

6月

6月5日 捷克内务部部长霍瓦内茨在记者招待会上宣布，由于欧盟难民配额制度失灵，且迄今没有完善的解决方案，再加上目前欧洲安全形势恶化，因此捷克政府决定不再参与任何与难民接收相关的行动，并已着手准备应对欧盟委员会可能对捷克采取的制裁措施。

6月13日 欧盟委员会主管移民、内部事务与公民事务的委员阿夫拉莫普洛斯在欧盟总部举行的新闻发布会上表示，针对波兰、匈牙利及捷克三国拒绝履行欧盟难民分配协议问题，欧委会将对这三个东欧国家启动违规程序。与此同时，波兰等中东欧国家拒绝接受欧盟难民分配方案的态度也日趋强硬，双方围绕这一问题的对立加剧。

6月13日 挪威政府在奥斯陆通过了一份有关面纱佩戴的法律草案，未来在幼儿园、学校以及高校里，将不允许将面目全部遮盖起来，除了布卡之外，佩戴把面部全部遮掩起来仅露出两只眼睛的面纱以及其他类似遮掩物也在禁止之列。

6月22日 欧盟在布鲁塞尔举行为期两天的峰会，主要讨论反恐、英国"脱欧"、难民危机及经济和贸易等议题。在应对难民问题上，欧盟峰会认为必须改革欧洲共同庇护制度，在责任和团结之间实现一种平衡，建立公平和可持续的庇护制度，减少难民的二次流动，确保能够应对未来的危机。

阿富汗首都喀布尔发生伤亡惨重的自杀式炸弹袭击，德国政府暂停向该国遣返难民的行动。德国政府宣布暂停向阿富汗遣返难民。现在有报道称，柏林计划恢复遣返。最早在下周，庇护申请被拒的阿富汗难民就可能开始被遣送出境。

6月23日 欧盟夏季峰会在布鲁塞尔举行，重申改革欧洲共同庇护制度的决心，以应对日益突出的难民问题。

由乌干达和联合国共同主办的国际难民问题首脑会议在乌干达开幕。会议旨在为乌干达未来4年筹集80亿美元善款，以应对该国不断增加的难民接收压力。联合国相关数据显示，乌干达目前有120多万来自南苏丹、刚果（金）、布隆迪和卢旺达等国的难民，其中南苏丹难民已近100万。大量的难民给乌干达带来极大压力，特别是在卫生和教育等社会服务领域。

6月29日 意大利驻欧盟大使马萨里（Maurizio Massari）在布鲁塞尔会面时，向欧盟移民事务委员阿夫拉莫普洛斯（Dimitris Avramopoulos）递交了一份信函，称如果欧盟在难民危机中不提供更多帮助，将禁止载有被救难民的非政府组织船只入港，这将是意大利的第一批限制措施，受到影响的将是不悬挂意大利国旗的救助船只。这一举措意在要求其他欧盟成员国参与更公平的共担责任。

7月

7月7日 G20峰会在德国汉堡举行，峰会主题为"塑造联动世界"，与会各方领导人将围绕包括难民移民和反恐在内的重大全球性议题展开讨论，共商应对之策。

7月20日 面对来访的意大利外长阿尔法诺，奥地利外交部部长巴斯蒂安-库尔茨（Sebastian Kurz）要求意大利当局能控制防止更多的非法移民通过该国进入欧洲大陆其他国家的境内。库尔茨进一步呼吁希望意大利政府采取措施，由此来减少目前在地中海兴盛的偷渡经济。

7月26日 欧盟委员会发布第14份难民转移安置报告，报告呼吁成员国加快转移安置步伐，接收所有符合资格的难民。另外，欧盟委员会还向拒

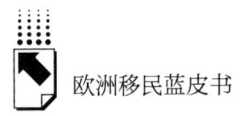

收难民的波兰、捷克、匈牙利三国发送"有理由的意见",要求三国在一个月内做出答复。这是继6月中旬发出"正式通知函"后,欧盟针对上述三国拒收难民启动的违规程序第二步。

7月27日 法国总统埃马纽埃尔·马克龙宣布,法方将在利比亚成立信息审核中心,对试图横渡地中海进入欧洲的寻求庇护者进行程序核查,以期阻止不合资格人员冒险入境。

7月28日 土耳其士兵在巡逻中抓获4名试图非法越境进入土耳其的叙利亚难民。几名叙利亚难民已被驱逐出境,4名土耳其士兵被控虐待难民。在该事件中,一名土耳其士兵用手机拍下视频,并通过即时通信软件将视频发往德国的联系人。在视频中,土耳其士兵围住4名叙利亚人拳打脚踢。视频随后在社交媒体上广泛传播并引发强烈批评。31日土耳其武装部队总参谋部发布声明,数名涉嫌虐待叙利亚难民的土耳其士兵已被拘捕并接受司法调查。

一名巴勒斯坦籍难民在汉堡一家超市内持刀行凶,导致1死7伤。这名犯罪嫌疑人2015年进入德国,曾向挪威申请避难被拒,后又被德国政府机构否决了难民申请。由于其证件不全,遣返过程一拖再拖。

8月

8月9日 国际移民组织发布声明说,约120名偷渡难民当天早些时候在也门附近海域被"蛇头"逼迫跳海,50人恐溺亡。这些非法移民来自"非洲之角"国家索马里和埃塞俄比亚。国际移民组织工作人员9日在也门南部舍卜沃省一处海滩例行巡逻时,发现27名幸存偷渡者和29具尸体,这些尸体被幸存者掩埋在浅滩中。

8月16日 西班牙海岸警卫队救起593名偷渡者,包括35名儿童和一名婴儿。这些人分乘15艘船只,从摩洛哥出发,试图穿越直布罗陀海峡进入西班牙。今年以来,已有大约9300名难民和非法移民从海上登陆西班牙,另外3500人进入西班牙位于摩洛哥北部的两块"飞地"休达和梅利利亚,那里是欧盟国家唯一与非洲交界的领土。联合国难民署17日发出警告：西班牙目前的能力难以安置如此数量庞大的偷渡者。

8月24日 意大利警方与寻求避难者在首都罗马一座广场发生冲突，警方一度使用高压水枪驱赶人群，导致13人受伤，至少2人被捕。24日早上，警方试图清理广场上的寻求避难者。这些寻求避难者手中有煤气罐，且部分已经打开。他们还使用石头、瓶子和辣椒喷雾等攻击防暴警察。鉴于现场有易燃物质，使用高压水枪是"必要"手段。

8月28日 法国、德国、意大利、西班牙4个欧盟国家和尼日尔、乍得、利比亚3个非洲国家的领导人以及欧盟外交和安全政策高级代表28日在法国巴黎会晤，商讨赴欧非法移民问题。德国总理默克尔说，解决难民危机需要长期的解决方案和可持续的安排。欧洲国家需要与非洲国家达成协议，提供更多的发展援助和人道主义援助。

9月

9月1日 匈牙利要求欧盟出资承担一半边境上修建铁丝网的费用，而布鲁塞尔拒绝了这个要求，称欧盟不会为边境的铁丝网出钱。两年前，正直欧洲难民危机的高峰期，匈牙利开始在部分边境上修建铁丝网，以阻止更多难民涌入欧盟。

9月6日 欧洲法院驳回匈牙利和斯洛伐克政府的诉讼状，裁定欧盟2015年9月通过的难民分摊方案合法。两国政府在诉状中称，难民分摊方案没有获得成员国一致通过，程序非法。此外，这一方案在应对难民危机上既不有效，也不必要。对此，欧洲法院裁定，难民分摊方案并非以立法程序通过，无须成员国议会批准，也无须欧盟理事会一致通过。欧洲法院指出，不能以对这一计划效果的追溯性评估来质疑其合法性。法院强调，这一计划之所以效果不佳，是由于欧盟理事会做出决定时无法预见到的一系列因素造成的，尤其是"部分成员国"的不合作。

9月22日 一艘难民船当天早些时候在土耳其黑海海域倾覆，造成至

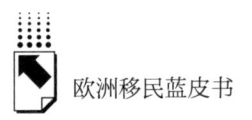

少19人丧生、11人失踪。土耳其海岸警卫队在其网站发布声明说,目前土方已救出38名难民。这艘难民船自土耳其西北部科贾埃利省凯夫肯驶出,尚不清楚其目的地。2016年3月,土耳其与欧盟就解决难民危机达成协议,难民更难通过土耳其穿越爱琴海偷渡到欧洲,黑海通道成为难民的新选择。土耳其海岸警卫队公布的数据显示,土方今年以来在爱琴海和黑海共拦截了1.46万名难民,其中8月拦截2669人,比2016年同期增加1066人。

9月25日 德国大选结果正式出炉,默克尔赢得大选。而默克尔也将有一月的时间与各政党谈判如何组阁。德国右翼民粹政党-德国另类选择党(AfD),赢得了13.5%的选票,成为德国第三大党。

9月28日 欧盟委员会提出一项新的难民新安置方案,目标是未来2年内将直接从非洲、中东和土耳其,接纳最少5万人,盼减少非法难民船只冒险横渡地中海,阻止移民和贩运者走危险和非法的路线,让真正需要国际保护的难民进入欧洲。欧盟委员会将为此拨款50万欧元,也就是说平均每个难民大约1万欧元。该难民安置计划的第一个版本今年7月通过,当时宣布的规模为4万人。

10月

10月9日 默克尔领导的执政党基督教民主联盟与其"姐妹党"基督教社会联盟经过12小时谈判最终就难民政策达成协议,德国政府将把每年接收难民总数控制在20万人以内,包括新增难民和申请家庭团聚的难民。德国企业招聘的技术类难民不受该政策限制。

法国总统马克龙会见联合国难民事务高级专员菲利波·格兰迪并发表公开声明说,法国在征得西非国家尼日尔、乍得同意后,将于近期首次向两国派出工作组,以便根据联合国难民署提供的避难申请名单,在当地直接开展难民身份审查工作。这一举措旨在从源头上避免过多难民涌入法国。另外,法国还将和联合国难民署密切合作,以推动法国和德国在立法层面就难民安置进行改革。他表示,法国此前未能完全履行配合联合国难民署工作的诺言，他希望法国能在合理范围内承担自己的责任。

10月14日 在意大利帕勒莫，包括241名儿童、11名孕妇在内的604名移民在地中海获救，获救者搭乘救援船抵达港口。据报道，移民来自叙利亚、埃及、马里、几内亚比绍、苏丹和摩洛哥等。

10月15日 奥地利国会大选结束，31岁科尔兹领导的中间偏右人民党确定赢得国会大选。移民议题主导了这次大选。在奥地利2015年向数十万逃离战乱与贫困的中东及各地难民开放边界后，许多选民觉得国家超出负荷。科尔兹对难民持强硬立场，誓言关闭移民由横渡地中海、穿越巴尔干进入欧洲的主要路线，防止欧洲移民危机重演。他计划对难民福利支出订出低于一般水平的上限，并禁止其他外国人取得相关福利金，直到他们居奥满5年。

10月19日 欧盟领导人峰会在布鲁塞尔举行，讨论自由贸易协议、难民管理和暂停土耳其加入欧盟谈判等问题。峰会公报称，对于难民问题欧盟将从"推"和"拉"两方面解决："推"就是遣返不符合欧盟庇护条件的非法移民，并帮助意大利加强与利比亚执法部门的合作，在出发地阻断非法移民；"拉"则是通过投资带动非洲地区经济发展，从而减少移民动机。最近成立的欧洲可持续发展基金，就将支持对非洲及邻近地区国家投资。

10月23日 德国外交部设立的辟谣网站。该网站致力于为难民提供正确信息，使他们不听信人贩子散播的谣言，对前往德国寻求避难形成合理期待。除辟谣外，这个网站还介绍了去德国避难的实际成本及风险，申请避难的法律问题以及哪些人比较有可能获准避难并在德国工作。网站上还为愿意回国的难民刊登了相关援助信息。

10月26日 突尼斯外交部部长赫米斯勒·朱海纳维在接受《世界报》采访时表示，突尼斯的特殊情况理应得到欧盟的支持，但突尼斯拒绝建立任何难民接收点及庇护中心。突尼斯政府已做好在移民问题上与欧盟展开合作的准备，但并不是此类"庇护中心"的形式。朱海纳维还批评了欧盟的难民政策。他认为应从根源上解决该问题，而不是阻止南撒哈拉非洲国家及其他地区人口进入欧洲。欧洲各国应帮助利比亚政府有能力控制其国家边界，

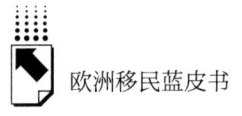

而不是把难民遣返回利比亚。

10月30日 根据德国《星期日世界报》报道，欧盟同意对相关国家采取惩罚措施，对于那些不愿意接收难民申请被拒者的国家，欧盟将收紧向相关国家公民发放签证的政策，令该国公民更难以获得欧盟国家的签证。欧盟委员会向《星期日世界报》确认，这一政策已经迫使欧盟和孟加拉国达成一项协议，使该国官员最终同意遵守标准的遣返程序。目前欧盟还在与其他国家进行谈判，尤其是和一些非洲国家。

11月

11月9日 在德国，难民营被袭大多仅受到地方媒体的关注和报道。现今官方统计显示，几乎每天都会发生对难民安置地的攻击，其中大部分的作案者都是右翼极端分子。据《新奥斯那布吕克报》（*Neue Osnabrücker Zeitung*）援引德国联邦刑事局（BKA）发布的一份统计显示，今年前九个月，德国各处的难民营遭到211次攻击。自1月以来数字几乎保持不变，每季度难民营被袭案件为70起左右。

11月14日 迹象显示，伊拉克国内局势走向正常化，很多伊拉克难民离开德国，返回家乡。根据德国联邦移民及难民事务局（BAMF）提供的数字，从2016年以来，已有8000多名伊拉克人经由得到资助的自愿出境计划，离开了德国，返回家园。《世界报》援引该机构报道说，2016年这一人数为5657人；今年至9月底，为2481人。联邦移民及难民事务局认为，这是伊拉克局势趋于正常化的首批信号。

11月21日 德国警方在黑森、下萨克森、北威州以及萨克森州展开突击行动，对涉嫌参与IS武装组织作战的叙利亚人实施搜捕。在此次多州联合搜捕行动中，6名涉嫌参与IS武装组织的成员落网。法兰克福检察院表示，他们被怀疑"准备用武器和炸药在德国公共场所实施袭击行动"。不过，具体的袭击计划还没有制订完成。相关调查正在进行当中，这6名叙利亚人的年龄在20岁到28岁之间，其中4人于2014年12月，另外2人于

2015年夏末以难民身份进入德国。他们涉嫌参加外国恐怖组织，并准备实施严重危害国家安全的暴力活动。

11月29日 德国机场加强了对乘坐来自希腊航班的乘客的安全检查，柏林方面解释说，这一举措的目的是打击非法入境者。按照《申根协定》，欧盟境内多数国家之间的边境检查已经取消。而《申根协定》也正因此被看作欧洲一体化进程中的一项巨大成就。不过，欧洲范围内持续的难民危机以及极端伊斯兰恐怖分子也让《申根协定》暴露了缺陷。像德国这种原本执行自由移民政策的国家也开始变得更加谨慎起来。从希腊进入德国的旅客受到"特殊"对待。德国联邦内政部表示，今年初以来，德国海关查出超过1000名从希腊抵达德国的非法入境者，11月初已经开始采取一些特殊措施核查从希腊启程的旅客的身份。

12月

12月4日 2017年上半年德国对首次庇护申请做出裁决的数量明显高于其他27个欧盟成员国的总和。但同时也有媒体报道，难民对所做出的庇护审批决定提出上诉的情况日益频繁。据《世界报》援引欧盟统计局公布的数据，今年上半年德国对357625份庇护申请做出裁决，而剩余的其他欧盟成员国仅对199405份申请进行了处理。但是据北德意志电台的报道，难民不服避难申请被拒提出上诉的案例也在不断增加。2017年上半年，德国联邦移民与难民局（BAMF）做出的审批裁决中，近50%的相关庇护申请者提出上诉。相比之下，2016年只有1/4的庇护裁决因当事者不服被上诉法庭。而且诉讼成功率在增加：2017年1月至7月，在德国法院胜诉的原告占1/4。而2016年全年胜诉案例仅超过10%。

12月7日 根据欧盟委员会2015年的一项决议，各成员国应当接纳12万难民。不过，中欧地区的波兰、捷克、匈牙利三国至今总共只接受了12名难民。欧盟方面日前对这三国政府正式提起诉讼。今年6月，欧盟委员会已经就波兰、捷克、匈牙利三国没有按照约定参与难民分配而提起违约审

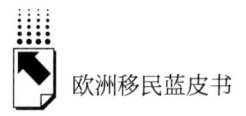

查。不过，几个月来，中欧三国依然没有改变立场，因此欧盟委员会现在诉诸位于卢森堡的欧洲法院。法庭的判决具有强制力，可能会导致中欧三国缴纳罚款。

12月16日 奥地利保守主义的人民党和右翼自由党达成联合执政协议。在和自由党主席施特拉赫共同举行的新闻发布会上，人民党主席库尔茨库尔茨表示，两党致力于巩固奥地利的地位，保障社会系统，尤其是致力于实现国内安全，手段之一是打击非法移民。在难民危机上，库尔茨一直表现出强硬姿态：他批评德国的"欢迎文化"、给奥地利规定接收难民数量上限、实施关闭巴尔干路线。

12月29日 一名自称15岁的阿富汗难民在德国莱茵兰——普法尔茨州的一家日用品连锁店刺死一名德国少女，凶手与死者之间曾是情侣关系。警方称，杀死15岁德国少女的阿富汗少年2016年4月来到德国，身份为没有监护人陪同的未成年难民申请者。目前尚不清楚这名少年是否已经获得难民身份。警方和检方还要调查这名阿富汗少年的年龄，他是否真的只有15岁。此前在弗莱堡发生的一起恶性奸杀案的凶犯也是自称未成年人的阿富汗人。那名行凶者自称16岁或者17岁。但经过医学检测，检方称凶犯至少已经22岁。发生这起命案的坎德尔市（Kandel）市长珀斯（Volker Poß）周五在接受西南德意志广播电台采访时说，这起案件不应该引发仇外情绪，冒失的言行都是不合适的。

Abstract

Annual Report on the Development of European Migration (2018), which comes as the first European Migration Blue Book that focuses on Europeanstudies, is designed and written by researchers from Center for International Migration Studies and Research Team of European Migration Crisis and Management Studies, Guangdong University of Foreign Studies. Experts from other research institutes in China, including Institute of European Studies of Chinese Academy of Social Sciences, and experts from Europe, including France and Italy, were other invited to participate into writing.

In 2015, over one million refugees from Middle East, North Africa, and Western Asia entered Europe, which became 'a worst refugee crisis' in Europe since World War II. In the year 2016 – 2017, though the overall scale of refugees is decreasing, the constitution of refugees is changing significantly. Whether to accept refugees or not, and how to promote refugee's integration, are important questions challenging the asylum-seeking and migration management systems of European Union (EU) and Europe countries. The impacts of refugee crisis are intensifying, no matter on the integration of EU, or on politics, economy, society, culture, and foreign relations of Europe countries. The believes and experiences of European countries in the process of refugee management show a contradiction between international humanitarianism and national interest. To form reliable and efficient cooperation among EU member countries and between EU and refugee source countries is the key to solve the current refugee crisis.

This book, around the theme of European refugee crisis and its management, has three parts——the keynote reports, the specialist reports, and the regional and country reports. The keynote reports focus on the latest development of asylum seeking and immigration in Europe, and give a comprehensive examination of EU and its member countries' experiences in refugee management. The overall impact

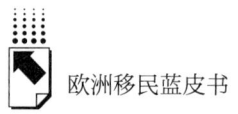

of refugee crisis on the political ecology of EU countries and on EU and the relations among its member countries are also discussed in the keynote reports. Furthermore, the specialist reports give in-depth analyses over immigration and refugee crisis's impact on society, economy, culture, and foreign relations of Europe. Specially, the impact on social safety, economic growth, media report, and national cooperation are discussed. In the last, the regional and country reports take examples of Germany, France, Italy, Switzerland, Britain, Poland, and North Europe, and discuss the development of immigration and refugee management experiences in these countries. In conclusion, on the one hand, this book provides an in-depth understanding over the latest development of European migration; on the other hand, this book gives wide discussion on the strategy, experience, and effect of Europe countries in refugee crisis management.

Keywords: Refugee; Politics; European; Migration

Contents

Ⅰ Keynote Reports

B. 1 European Immigration Management under the Impact
Refugee Crisis   *Mao Guomin* / 001

Abstract: During 2016 and 2017, the European refugee crisis has some new changes and features. Though the first-time asylum-seeking application is decreasing generally, there are still tremendous pressures in refugee management for European countries, since source countries and refugee constitution have significant changes, in addition to the heavy cumulation of application cases. The strategies and effects of refugee management are testing European countries in diverse fields, including politics, economy, society, culture and foreign relations. Particularly, the political balance is shaking, the economic recovery is slow, the cultural conflict is wide, and the non-traditional safety problems are increasing. In refugee crisis management, the overall strategy of European Union (EU) is to combine push and pull factors to confine and channel refugee's entry. There are republican-assimilation mode, separation-rejection mode, and multiculturalism mode among EU member states in refugee management. Currently, the crisis has been relieved greatly due to EU and its member states 'efforts. But, there are hidden dangers. This refugee crisis has led to EU's division, and showed EU's crisis in legitimate authority. In the future, EU and its member states should strengthen their inside cooperation and international cooperation, help immigrant and refugee source countries in economic and social development. Only so can the refugee crisis be solved in its root.

Keywords: Refugee Crisis; EU; Immigration; Management

B.2　The Political Ecology of EU Countries After the
　　　Refugee Crisis　　　　　　　　　　　　*Liu Qisheng* / 024

Abstract: Frequent gamesin 2017 are played within the EU and between the EU and foreign countries, but the problem of the stock and increment of refugees and immigrants is far from being solved. Faced with such a situation, citizens of the EU are deeply dissatisfied with it, and then the Extreme Right-Wing Party takes advantage of the public sentiment to enable their party to grow strong. In the EU, the Extreme Right-Wing Party has become a force that cannot be ignored, which has broken the tradition that the Party and Camp are divided with "fairness and justice" and "security and freedom". Thus, the power of the traditional Party would be weakened and thoroughly changed the steady situation ofthe competition between the two major national Parties of the original centre-right and centre-left. However, apart from their slogans of anti-foreigner and negating history, the Extreme Right-Wing Party has not put forward a clear and complete program of governing the country. Therefore, it is hard for the other Parties to accept it, leading tothe difficulties in the component for governments and the fragmentation in the domain of Political Parties. For a long time in the future, the struggle between the traditional political Parties of the EU and the Extreme Right-Wing Parties will affect the political stability of all countries and the policy trend of refugees and immigrants.

Keywords: Problems of Refugees and Immigrants; Political Games; Extreme Right-Wing Party; Fragmentation in the Domain of Political Party

B.3　Impacts of Refugee Crisis on European Union and Relations
　　　among its Member Countries　　　　*Dominique Vidal* / 040

Abstract: Currently, Refugee Crisis becomes a central question in European Union's common policy implementation. It causes lots of divergency and tension among its member countries. Though there are common asylum seeking policies in EU, its member countries seldom can reach accordance over these policies' implementation. The conflicts among member countries are evident in EU's agreements with Turkey and Libya. In refugee management, each member country puts its national interests over EU's common policy, due to its distinct political, historical, and social situations. The difficulty in implementing common policies and the tension between member countries indicate the diversity, vulnerablity, and contradictoriness within EU.

Keywords: Refugee Crisis; European Union (EU); Member Countries; Common Policy

II Special Reports

B. 4 Impact of Immigration on European Society

Tian Dewen, Jiang Chengsong / 054

Abstract: After the second world war, European countries accepted a great number of immigrants, due to the lack of low skilled labor force. These immigrants played an active role in the post-war reconstruction of Europe. However, since 1970s, especially after the 1990s, with the increasing of international immigrants from different regions, ethnicities, and cultural backgrounds, the influence of immigrants on European society is increasingly complicated. There are various immigration problems in European countries, such as social security chaos, terrorist attacks, and the wave of refugees. These immigrants also have a wide range of impacts on European society. They not only affect the social harmony and security in Europe, but also have a certain degree of negative impact on the social and cultural integration of European countries. This report examines the social problems of immigrants in Europe and further explores the negative impact of immigration on European society.

Keywords: Immigrants; Immigrants Problems; Social Impact

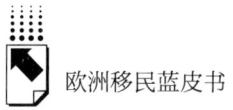

B.5 Impact of Immigration on European Social Economy:
Experience and Evidence *Cheng Yonglin, Hou Yaling* / 072

Abstract: At present, the models of economic and social governance in European countries are experiencing a strong exogenous impact brought by large-scale migration, especially by the influx of refugees. Since 2015, the total number of long-term immigrants in EU countries has reached a record 5,669,866. In the short term, the massive influx of immigrants has increased the financial burden on local governments and may drag down the restorative growth of the national economy. In the medium to long term, immigrants have a positive impact on local public finances, economic development and labor market. Immigrants provide a large pool of cheap labor for European countries, help ease the pressure of population aging, raise the revenue of local governments, ease the pressure of government indebtedness and promote economic development. To this end, the EU countries have actively adjusted their own immigration policies to help immigrants integrate into local communities and ease the external shocks and financial burdens caused by the immigration and refugee flows of large-scale immigrants in the short term.

Keywords: Immigrant Population; Immigrant Structure; Macro Economy; Fiscal Policy

B.6 Media and Europe's Migrant / Refugee Crisis

Du Huizhen / 086

Abstract: With over a million of people arriving at Europe since 2015, migrant /refugee crisis has become a focal topic in public debate and media coverage. The media representation of the Crisis has gone through dramatic shifts from keeping migrants out, to highlight refugee sufferings and welcome them, and then to portray refugees as a threat to security. European media has played an important role in setting the agenda, influencing the decision-makers' response to the crisis and in mobilizing the public's support for humanitarian cause. Nevertheless, some stereotypical and biased reporting of migrants/refugees, the radical right group's anti-migration and securitization discourse, the online fake news and hate speech all contribute to the political polarization and social division in Europe.

Keywords: Media; Europe; Migrant/Refugee crisis

B. 7 Achievements and Drawbacks of Italo-Libyan Collaboration on Migration Control

Zang Yu, Xiong Qian / 106

Abstract: Sincethe 1990s, the Middle Mediterranean Route from Libyan Coast to Southern Italy has been one of the favorite paths of illegal economic migrants. After the collapse of Gaddafi Regime, migratory flows on this route have been spurred and sharply increased, due to the lack of Libyan border controls. In order to defend the South Gate of the EU and ease its excessive economic and social burdens brought by increasing irregular arrivals, Italy has carried out cooperation with Libya. This essay aims to outline the cooperation between Italy and different Libyan parties, including the Sarraj Government, militias and Fezzan Tribes, on the rebuilding of migration control and analyze its achievements and drawbacks. In the conclusion part, this article gives forecast over the prospects of Italo-Libyan collaboration on migration issues.

Keywords: Italy; Libya; Migration Control; Cooperation

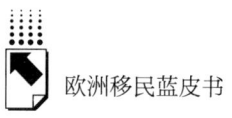

Ⅲ Regional and Country Reports

B.8 Analysis on German Immigration Status Quo and
Immigration Policy *Lin Lu* / 120

Abstract: For a long time, Germany has been the most important country of immigration in Europe. Germany received a large number of asylum-seeker refugees after the outbreak of European refugee crisis in 2015. The integration of these migrants were considered to beanissueofcommon concern for German people. German government in this regard, has taken various measures to help immigrants integrate into society, for instance, learning German and looking for jobs. On the other hand, immigrants have brought great challenges to the German government and society. Overcoming these issues requires the efforts of all sectors of society. This article introduces the general information of immigrants in Germany, especially refugees. It summarizes the latest measures taken by Germany to help immigrants integrate, and analyzes the issuesof German immigration management and explores the possible way to deal with them.

Keywords: Germany; Immigration Policy; Immigration Integration

B.9 Analysis of French Refugee Policy in the Era of Macron

Wang Mu / 134

Abstract: The "Influxes of refugees" intensified since the summer of 2015 have brought a huge impact on European society and politics. In 2017, the newly elected President of France Emmanuel Macron, with the slogan of "comprehensive reform," tried to show a new attitude towards the handling of the refugee issue. At first, this article will analyze the refugee policy adopted by the French government since the dissolution of the "Jungle" and the difficult situation it faces; then, taking the border disputes caused by the refugees between France and Italy as a starting point, we will discuss with more detail France's attitude and position on the issue of refugees; lastly, this article will provide an in-depth analysis of the propositions and plans for resolving the "refugee crisis" during the whole period of the Macron's election, contacting the ongoing reform of the French Immigration in order to reveal the direction and influence of the new French government on refugee policy.

Keywords: Macron; Influx of Refugees; Refugee Policy

B.9 Italy's Asylum-seeking Policy, Effect, and New Progress
Alessandra Venturini / 147

Abstract: In the late 1980s, Italy became an immigration country. In the past few years, it has been one of the most important destinations for asylum seekers. Their entry reaches a peak in 2015 −2016 in Italy. This article introduces features of Italian asylum seekers from the theirscale, nationality, gender, and main concentration areas. In Italy, there are three stages for asylum-seekers'acceptation and integration. This article gives comments to the tasks, methods, pros and cons of the three stages. Particularly, the SPRAR system provides good opportunities for asylum-seekers and new immigrants to accumulate job experiences. Italy's mode of refugee and immigrant management provides reference for other countries in conducting immigration control, especially social integration. Italy is making an effort to foster a more extensive participation in immigration management by international community.

Keywords: Italy; Migration; Asylum Seekers; Integration

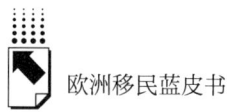

B.11　Refugee Issues in Switzerland in the Context of
　　　Multiculturalism　　　　　　　　　　　　　　Liu Wei / 162

Abstract: Although Switzerland did not join the EU, it joined the Schengen treaty, and it has achieved the free movement of people through a series of bilateral agreements with the EU. After the European refugee crisis in 2015, although the trend of refugee numbers is declining, Switzerland receives a very large number of refugees compared to its own population. Nevertheless, the reception of refugees in Switzerland is subject to multiple constraints: the composition of immigrants in the country, the power of the right party, differences in different languages and economic zones. The refugee reception issues reveal the domestic political and economic and cultural tensions in Switzerland, and reflect the complexity of the Swiss multiculturalism.

Keywords: Switzerland; Refugees; Multiculturalism; Regional Differences

B.12　The UK's Migration Crisis: Divided Nation
　　　and Governance Dilemma　　　　　　　　Liu Chunyan / 176

Abstract: Immigration crisis, geopolitical crisis and deterioration of economic environment have caused many socioeconomic problems in the United Kingdom in recent years. Particularly, the immigration issues have been the focus for the public. There are many divergent opinions on such issues. It may cause division in society in the context of populist upsurge. With the deepening of the socioeconomic dilemma and political game, migration crisis causes great change of the power relations and governance structure in British politics. The social cleavages will have many negative effects on British socioeconomic and political developments, and then might have a detrimental impact on the stability and identity of British in the long term.

Keywords: UK; Migration Crisis; Divided Nation; Governance Dilemma

B. 13　Coping Strategy and Refugee Management in North Europe Countries: Taking Sweden as a focus　　*Liu Yuzhen* / 192

Abstract: North Europe countries, particularly Sweden, have played important roles in the current European Refugee Crisis management. In total, five North Europe countries have accepted about 14 percentage refugees who entered the Europe Union regions in the period of 2011 to 2017. Though there are differences in the practice of refugee management, the five countries have similar refugee policies and management believes. This article focuses on Sweden's refugee policy and refugee management experiences, and discusses Sweden's strategy and the social impact of refugee acceptance on Sweden society. Overall, Sweden government and society think the acceptance of refugees produces more positive benefits than negative costs. However, the acceptance produces heavy financial burden and is changing the social structure and culture features of Sweden. As a result, Sweden and other North Europe countries are strengthening their border controls. Their refugee policies will be kept tight in the future.

Keywords: North Europe; Sweden; Refugee; Management

B. 14　An Analysis of the Migration Pattern of Central and Eastern European Countries within the EU— in the Example of Poland　　*Zhang Hexuan* / 205

Abstract: After the EU enlargement in 2004, Polish migrants have poured into the European Union, especially the UK and Germany, making a great shift in the migration patterns of both sides. There are three most crucial motivations for their decisions of migration. They are searching of experience, disappointment to motherland, and making a better living. The majority of Polish migrants are young, male, with good education background; meanwhile, most of them are working in

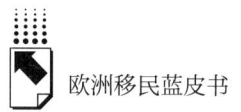

low-qualified sectors, which leads to the "brain drain" phenomenon. This article introduces the pattern of contemporary Polish migration in EU, presents the whole picture of current Polish migration, their motivations and types, socio-demographic characters as well as their new trends.

Keywords: Polish Migration; Motivation of Migration; Brain Drain; Pattern Analysis

社会科学文献出版社　　**皮书系列**

✤ 皮书起源 ✤

"皮书"起源于十七、十八世纪的英国,主要指官方或社会组织正式发表的重要文件或报告,多以"白皮书"命名。在中国,"皮书"这一概念被社会广泛接受,并被成功运作、发展成为一种全新的出版形态,则源于中国社会科学院社会科学文献出版社。

✤ 皮书定义 ✤

皮书是对中国与世界发展状况和热点问题进行年度监测,以专业的角度、专家的视野和实证研究方法,针对某一领域或区域现状与发展态势展开分析和预测,具备原创性、实证性、专业性、连续性、前沿性、时效性等特点的公开出版物,由一系列权威研究报告组成。

✤ 皮书作者 ✤

皮书系列的作者以中国社会科学院、著名高校、地方社会科学院的研究人员为主,多为国内一流研究机构的权威专家学者,他们的看法和观点代表了学界对中国与世界的现实和未来最高水平的解读与分析。

✤ 皮书荣誉 ✤

皮书系列已成为社会科学文献出版社的著名图书品牌和中国社会科学院的知名学术品牌。2016年,皮书系列正式列入"十三五"国家重点出版规划项目;2013~2018年,重点皮书列入中国社会科学院承担的国家哲学社会科学创新工程项目;2018年,59种院外皮书使用"中国社会科学院创新工程学术出版项目"标识。

权威报告·一手数据·特色资源

皮书数据库
ANNUAL REPORT(YEARBOOK) DATABASE

当代中国经济与社会发展高端智库平台

所获荣誉

- 2016年,入选"'十三五'国家重点电子出版物出版规划骨干工程"
- 2015年,荣获"搜索中国正能量 点赞2015""创新中国科技创新奖"
- 2013年,荣获"中国出版政府奖·网络出版物奖"提名奖
- 连续多年荣获中国数字出版博览会"数字出版·优秀品牌"奖

成为会员

通过网址www.pishu.com.cn访问皮书数据库网站或下载皮书数据库APP,进行手机号码验证或邮箱验证即可成为皮书数据库会员。

会员福利

- 使用手机号码首次注册的会员,账号自动充值100元体验金,可直接购买和查看数据库内容(仅限PC端)。
- 已注册用户购书后可免费获赠100元皮书数据库充值卡。刮开充值卡涂层获取充值密码,登录并进入"会员中心"—"在线充值"—"充值卡充值",充值成功后即可购买和查看数据库内容(仅限PC端)。
- 会员福利最终解释权归社会科学文献出版社所有。

卡号:217273445782
密码:

数据库服务热线:400-008-6695
数据库服务QQ:2475522410
数据库服务邮箱:database@ssap.cn
图书销售热线:010-59367070/7028
图书服务QQ:1265056568
图书服务邮箱:duzhe@ssap.cn

中国社会发展数据库（下设12个子库）

全面整合国内外中国社会发展研究成果，汇聚独家统计数据、深度分析报告，涉及社会、人口、政治、教育、法律等12个领域，为了解中国社会发展动态、跟踪社会核心热点、分析社会发展趋势提供一站式资源搜索和数据分析与挖掘服务。

中国经济发展数据库（下设12个子库）

基于"皮书系列"中涉及中国经济发展的研究资料构建，内容涵盖宏观经济、农业经济、工业经济、产业经济等12个重点经济领域，为实时掌控经济运行态势、把握经济发展规律、洞察经济形势、进行经济决策提供参考和依据。

中国行业发展数据库（下设17个子库）

以中国国民经济行业分类为依据，覆盖金融业、旅游、医疗卫生、交通运输、能源矿产等100多个行业，跟踪分析国民经济相关行业市场运行状况和政策导向，汇集行业发展前沿资讯，为投资、从业及各种经济决策提供理论基础和实践指导。

中国区域发展数据库（下设6个子库）

对中国特定区域内的经济、社会、文化等领域现状与发展情况进行深度分析和预测，研究层级至县及县以下行政区，涉及地区、区域经济体、城市、农村等不同维度。为地方经济社会宏观态势研究、发展经验研究、案例分析提供数据服务。

中国文化传媒数据库（下设18个子库）

汇聚文化传媒领域专家观点、热点资讯，梳理国内外中国文化发展相关学术研究成果、一手统计数据，涵盖文化产业、新闻传播、电影娱乐、文学艺术、群众文化等18个重点研究领域。为文化传媒研究提供相关数据、研究报告和综合分析服务。

世界经济与国际关系数据库（下设6个子库）

立足"皮书系列"世界经济、国际关系相关学术资源，整合世界经济、国际政治、世界文化与科技、全球性问题、国际组织与国际法、区域研究6大领域研究成果，为世界经济与国际关系研究提供全方位数据分析，为决策和形势研判提供参考。

法律声明

"皮书系列"(含蓝皮书、绿皮书、黄皮书)之品牌由社会科学文献出版社最早使用并持续至今,现已被中国图书市场所熟知。"皮书系列"的相关商标已在中华人民共和国国家工商行政管理总局商标局注册,如LOGO( )、皮书、Pishu、经济蓝皮书、社会蓝皮书等。"皮书系列"图书的注册商标专用权及封面设计、版式设计的著作权均为社会科学文献出版社所有。未经社会科学文献出版社书面授权许可,任何使用与"皮书系列"图书注册商标、封面设计、版式设计相同或者近似的文字、图形或其组合的行为均系侵权行为。

经作者授权,本书的专有出版权及信息网络传播权等为社会科学文献出版社享有。未经社会科学文献出版社书面授权许可,任何就本书内容的复制、发行或以数字形式进行网络传播的行为均系侵权行为。

社会科学文献出版社将通过法律途径追究上述侵权行为的法律责任,维护自身合法权益。

欢迎社会各界人士对侵犯社会科学文献出版社上述权利的侵权行为进行举报。电话:010-59367121,电子邮箱:fawubu@ssap.cn。

社会科学文献出版社